ESSAI SUR L'HISTOIRE

DE LA

RÉSOLUTION DE LA VENTE

POUR DÉFAUT DE PAIEMENT DU PRIX

ET SON ÉTAT

DANS LE DROIT FRANÇAIS MODERNE

PAR

Louis NAZ

AVOCAT

DOCTEUR EN DROIT

« C'est une grande et belle règle dans une
« législation, que celle qui proclame, avec
« l'inviolabilité de la foi promise, l'inviola-
« bilité des conditions du contrat. »
(M. Demolombe, *Traité des Contrats*,
T. II, N° 536).

PARIS

A. DURAND & PÉDONE-LAURIEL

9, RUE CUJAS, 9

1870

ESSAI SUR L'HISTOIRE

DE LA

RÉSOLUTION DE LA VENTE

POUR DÉFAUT DE PAIEMENT DU PRIX

Chambéry, imprimerie d'Albert Bottero, place Saint-Léger.

ESSAI SUR L'HISTOIRE

DE LA

RÉSOLUTION DE LA VENTE

POUR DÉFAUT DE PAIEMENT DU PRIX

ET SON ÉTAT
DANS LE DROIT FRANÇAIS MODERNE

PAR

Louis NAZ

AVOCAT

LAURÉAT DE LA FACULTÉ DE DROIT DE GRENOBLE

« C'est une grande et belle règle dans une
« législation, que celle qui proclame, avec
« l'inviolabilité de la foi promise, l'inviola-
« bilité des conditions du contrat »
(M. Demolombe, *Traité des Contrats*,
T. II, N° 536).

PARIS
A. DURAND & PÉDONE-LAURIEL
9, RUE CUJAS, 9

1870

A MON EXCELLENT ET VÉNÉRÉ MAITRE

M. PHILIPPE JALABERT

DOYEN DE LA FACULTÉ DE DROIT DE NANCY

Hommage

d'affectueuse et vive reconnaissance.

ESSAI SUR L'HISTOIRE
DE LA
RÉSOLUTION DE LA VENTE
POUR DÉFAUT DE PAIEMENT DU PRIX
ET SON ÉTAT
DANS LE DROIT FRANÇAIS MODERNE.

DROIT ROMAIN.

NOTIONS PRÉLIMINAIRES.

Des effets de la condition dans les actes juridiques.

I. De la condition en général. — Origine et progrès de son admission dans les rapports de droit. — Le principe de la résolution légale pour inexécution des charges n'est point un legs des traditions romaines ; œuvre bienfaisante de l'équité et du progrès, c'est seulement dans nos codes actuels qu'on en voit la notion s'agrandir et la théorie protectrice se développer et s'étendre. Précieuse innovation de nos anciennes coutumes, cette règle si sage qui, dans les contrats synallagmatiques, garantit à chacune des parties l'accomplissement des obligations imposées à l'autre, cette règle, dis-je, n'eut jamais, à aucune époque de la jurisprudence romaine, l'empire absolu que lui reconnaît notre législation moderne. A Rome, la rigoureuse solennité des modes générateurs des droits, la perpétuité de ceux-ci considérée comme une condition essentielle de leur existence, et, par le fait, l'indissolubilité absolue des contrats, ont longtemps été le grand obstacle contre lequel elle a dû fatalement se heurter.

A l'origine, le droit personnel est inconnu; la loi, l'occupation, les cérémonies du *nexum* sont, au milieu du chaos de la société naissante, les seuls moyens d'acquérir la propriété. Le droit quiritaire, comme toute législation a son enfance, laisse à peine à l'intention un rôle appréciable dans la disposition des droits. Indifférent par principe à tout ce qui n'est pas en quelque sorte définitif et immuable, il ne connaît que des opérations au comptant. Pour lui, obligation et exécution ne sont qu'un; la loi suprême, c'est le fait accompli.

Sous ce régime, où l'on ne s'occupe du droit qu'au moment où il est déjà au pouvoir du titulaire (*hanc rem meam esse aio*), il ne saurait y avoir de place pour les restrictions conditionnelles. La transmission est perpétuelle, irrévocable; toute incertitude sur son existence devient par là même impossible.

Avec la loi des décemvirs, l'idée d'obligation se fait jour. Le contrat de fiducie, autorisé par la sixième table, nous en révèle le premier germe. La loi et l'occupation subsistent comme moyens primitifs, mais la mancipation absorbe le *nexum*, et devient en peu de temps le mode presque général de transférer les droits réels.

Toutefois on ne fut pas longtemps sans apercevoir, dans la solennité des formes qu'elle exigeait, une entrave sérieuse à la création des droits. Frappés de cet inconvénient, les jurisconsultes entreprirent alors de transformer l'institution primitive et d'en soumettre les exigences formalistes aux besoins journaliers de la pratique. A peine sensible dès l'abord, ce travail ne tarda pas à prendre un caractère plus tranché, et bientôt, de cette lutte persévérante de la jurisprudence contre la rigueur du droit civil, on vit surgir comme monument de son triomphe le système complet des *causæ civiles,* génératrices d'obligations. La tradition, d'abord nécessaire pour constituer le lien juridique dans les contrats réels, s'efface peu à peu dans la vente, le louage, la société et le mandat; la stipulation implique la numération d'une somme, et l'*expensilatio*, devenue un mode légal de libération, suppose, elle encore, un paiement accompli.

Néanmoins, malgré cette large part faite au consentement, l'axiome de la perpétuité des droits demeure inébranlable; l'empreinte matérielle de la mancipation, conservée dans toute la rudesse de son origine, perpétue l'obstacle opposé par le droit quiritaire à l'effet des conditions et du temps. Aussi peut-on s'étonner de voir la clause résolutoire apparaître au milieu de cet état de choses. C'est pourtant à cette époque que, timide comme l'est toute idée novatrice, elle se manifeste dans les contrats sous l'extérieur d'un pacte accessoire. La translation est toujours entière et absolue, mais l'aliénateur se réserve la garantie d'une rétrocession ultérieure ; ce n'est pas le droit lui-même qui sera résoluble, c'est la résolution seule qui devient conditionnelle (*pura sub conditione resolvenda*).

A l'aide du droit prétorien, soutenu plus tard des constitutions impériales, la condition entre dans une phase nouvelle : toutes les idées qui jusque-là en avaient paralysé l'essor succombent enfin sous les attaques incessantes des préteurs; l'innovation du domaine bonitaire devient entre leurs mains une arme victorieuse contre la solennité des modes primitifs, la volonté du disposant constitue la loi essentielle des conventions, la doctrine de la perpétuité s'ébranle, le droit civil lui-même apprend à respecter l'intention des parties.

Pendant cette période, la condition résolutoire est universellement admise; la manière seule dont elle opère partage profondément les jurisconsultes. Les uns, fidèles à l'ancien principe *pura...... quæ sub conditione resolvitur*, tiennent toujours pour l'intégrité de la transmission et la nécessité d'une clause accessoire; les autres, au contraire, peu soucieux de l'immutabilité des droits, déclarent l'aliénation directement résoluble. Pour ceux-ci la translation n'a eu lieu qu'à temps; aussitôt le fait résolutoire accompli, l'événement entraîne par lui seul le retour *ipso jure* entre les mains de l'ancien maître du droit de propriété dont il s'était départi.

Inaugurée par Ulpien et Marcellus, cette opinion paraît être restée durant la période classique dans un isolement qui s'est prolongé jusqu'à Justinien ; mais, sous cet empereur, sa prépondérance fait fortune, et les textes nous la montrent généralement accueillie par les compilations officielles.

Telle était la condition résolutoire au dernier âge de la jurisprudence romaine. Je ferai voir dans la suite de cette étude les résultats auxquels aboutit cette réforme sous l'influence réunie de la pratique et des siècles ; mais, avant d'entrer dans les détails de cet examen, je dois dire tout d'abord quelques mots des caractères de la condition en général et de son effet dans les actes juridiques.

II. Définition de la condition. — Sa division en condition suspensive et en condition résolutoire. — Envisagée comme modalité dans les actes juridiques, la condition est *un événement futur et incertain auquel se trouve subordonnée l'existence définitive ou la résolution d'un rapport de droit*. Un événement déjà réalisé, fût-il encore inconnu des parties, ne peut être considéré comme une condition. Le doute n'existant plus en fait, ou l'obligation manque de lien, ou elle se forme aussitôt ; tout a été, dès le principe et par cette circonstance même, irrévocablement défini. « *Quæ enim per rerum naturam sunt certa, obligationem non morantur, licet apud nos incerta sint* (1). »

De même, un événement à venir, mais assuré, constitue un terme, et non point une condition : « *Qui sub*

(1) *Inst. de verb. oblig.*, § 6 *in fine* (III, 15). *Adde* L. 10, § 1, *De condition. instit.* (D. 28-7).

conditione stipulatur quæ omnimodo extitura est, purè videtur stipulari (1). »

Les conditions sont susceptibles de varier à l'infini, mais, quelles que soient les modifications qu'on leur fait subir, ces différences pratiques n'agissent point sur leurs effets. On les divise cependant, d'après une classification généralement admise à l'école, en possibles et impossibles, licites et prohibées, expresses ou tacites, positives ou négatives, potestatives ou casuelles, *promiscuæ* et *non promiscuæ*. Je passe sur ces divers caractères qui n'intéressent pas mon sujet, pour m'occuper exclusivement d'une division bien connue et suivant laquelle on distingue dans les conditions celles qui suspendent la naissance d'un rapport de droit et celles qui en retardent la résolution après qu'il s'est valablement formé. Les commentateurs modernes appellent, les premières, conditions suspensives, les secondes, conditions résolutoires. Cette terminologie, qui ne trouve pas dans les sources romaines d'expressions techniques correspondantes, ne doit être acceptée en quelque sorte que sous bénéfice d'inventaire. Certains auteurs la rejettent même comme fausse et dangereuse. Dans l'opinion de ces jurisconsultes, il n'y a qu'une espèce de condition, ayant pour unique effet de laisser dans le vague le point de savoir laquelle des deux parties est *ab initio* titulaire du droit. Tant que l'événement demeure suspendu, cette incertitude est invincible. Il peut très bien se faire que l'aliénateur n'ait rien perdu du droit subordonné à la

(1) L. 9, § 1, *De novat.* (D. 46-2); — Cpr. L. 8, § 7, *De condition. instit.* (D. 28-7), et L. 44, *De manum. testam.* (D. 40-4).

condition, mais l'hypothèse inverse est tout aussi supposable; à l'avenir seul est réservée la fixation de cette alternative. Les contractants se trouvent donc ainsi l'un et l'autre dans une égale ignorance de l'issue de leur convention; toutefois, l'exercice intérimaire du droit ne pouvant être simultané, il faudra qu'une entente préalable ou la volonté du disposant décide auquel des deux appartiendra l'administration *pendente conditione*. Mais, qu'on le remarque bien, la qualité d'administrateur ne préjuge nullement la question de propriété; l'exercice du droit pendant l'intérim n'est qu'un point de fait très accessoire, sans influence aucune sur la translation conditionnelle (1).

Cette théorie, bien qu'elle soit en droit pur d'une logique irréprochable, ne pouvait se maintenir chez les Romains dans son exactitude mathématique. Aux yeux de leurs jurisconsultes, l'administration équivaut à la jouissance directe, et dès lors, selon que le disposant la retient pour soi ou l'abandonne à l'acquéreur, ils présentent le droit lui-même comme affecté d'une condition qui, dans le premier cas, en retarde l'existence, et, dans le second cas, en ajourne l'extinction.

Que cette doctrine du dessaisissement quand même ait quelquefois en pratique dépassé l'intention de l'aliénateur, j'en conviendrai sans doute, mais cette atteinte à la volonté des parties devenait nécessaire sous un régime où la restriction du droit à sa naissance était incompatible avec les modes légitimes d'aliéna-

(1) En ce sens, Thibaut, *Civilistische abhandlungen*, p. 361 (cité par de Savigny, *System.*, § 120, note O, trad. Guenoux, t. III, p. 158); — Cpr. Mainz, *Traité des obligations*, § 36, p. 146.

tion. Qui ne voit en effet l'impossibilité d'introduire une condition suspensive dans la *cessio in jure* ou la *mancipatio* : la première, étant une revendication feinte, ne saurait se prêter à la réclamation actuelle d'un droit qui peut-être n'existera pas, et la seconde, exigeant pour la solennité de sa forme la déclaration d'un droit de propriété acquis antérieurement à l'acte, une affirmation conditionnelle serait évidemment contradictoire. On conçoit alors que dans les circonstances où la clause résolutoire ne pouvait emprunter la forme suspensive, on dût traiter l'aliénation résoluble comme un contrat en principe pur et simple, mais susceptible d'être un jour révoqué aussitôt que viendrait à s'accomplir l'événement auquel il est soumis. D'après ce système *pura est emptio, quæ sub conditione resolvitur* (1), la condition ne laisse pas d'être encore suspensive ; seulement, au lieu de modifier le contrat dans sa formation, comme elle l'eût fait en conservant son état rationnel, elle n'aboutit dans l'espèce qu'à suspendre éventuellement sa révocation.

Cependant, lorsqu'il s'agit de conditions qui, sans influer sur l'acte lui-même, ont pour but essentiel d'éteindre le droit transmis, les jurisconsultes romains paraissent se rapprocher du langage de nos commentateurs, et volontiers je croirai avec M. Bufnoir que notre formule moderne ne leur était pas aussi étrangère qu'on a bien voulu l'affirmer (2). C'est ainsi qu'ils nous entretiennent dans divers fragments de droit con-

(1) L. 2, *De in diem addict.* (D. 18-2) ; — L. 4, § 5 *eod.*; — Cpr. L. 1, *De donation.* (D. 39-5).

(2) Bufnoir, *Théorie de la condition en droit romain*, p. 62.

féré AD CONDITIONEM par opposition au droit établi *sub conditione*; témoins la loi 4 au Digeste, *De servitut.*, où Papinien enseigne qu'on ne peut instituer une servitude, *neque sub conditione, neque* AD CERTAM CONDITIONEM, et encore ce passage du § 50 des *Fragmenta vaticana*, dans lequel Paul se demande si la déduction de l'usufruit *ex conditione* ou AD CONDITIONEM est conciliable avec la *mancipatio* ou la *cessio in jure*. C'est bien là, sans aucun doute, la reconnaissance explicite d'une condition *résolutoire* mise en regard d'une condition suspensive! Ou ces textes n'ont aucune signification, ou bien ils sont en toute sincérité la justification irréfragable d'un système que nos interprètes n'ont fait que généraliser.

« D'ailleurs, ajoute M. Bufnoir, on doit reconnaître « que cette révocation conditionnelle convenue *ab* « *initio* soit de l'acte lui-même, soit des droits qu'il « a conférés, constitue une situation *sui generis* qu'il « est commode et utile de qualifier par une locution « spéciale, en disant que l'acte est fait, que le droit « est établi sous condition *résolutoire* ou *extinc-* « *tive* (1). »

Néanmoins, comme le savant maître dont j'ai rapporté les paroles, j'observerai qu'il ne faut pas perdre de vue, en adoptant les expressions usuelles de la pratique, que le contrat romain se forme pur et simple, *hic et nunc*, en dépit de toute condition extinctive, et que sa perfection à l'origine est un point sur lequel les jurisconsultes semblent appuyer avec le plus d'instance.

(1) *Op. cit.*, p. 63.

Ces notions étant connues, j'esquisse en deux mots la théorie générale de la condition suspensive et de la condition résolutoire, et, les suivant l'une et l'autre à travers les trois phases que peut successivement présenter leur état, je ferai ressortir les différentes règles, dont l'étude du pacte commissoire nous fournira plus loin l'application particulière.

III. Des effets de la condition. — A. CONDITION SUSPENSIVE. — *Pendente conditione*, le droit, objet de la convention, n'est encore qu'une simple éventualité; quoique susceptible de prendre naissance au premier jour, il n'existe cependant point, et, douteux lui-même, comme l'événement auquel il est soumis, il demeure suspendu aussi longtemps que se prolongera l'incertitude de la condition. De là les conséquences ci-après : le droit n'étant qu'une expectative, l'obligation fait défaut, *nihil interim debetur* (1). Le titulaire conditionnel est sans action pour faire exécuter le contrat (2), et, s'il obtient la délivrance amiable de la chose, il n'en deviendra ni propriétaire ni possesseur *ad usucapionem* : l'aliénateur conserve à son encontre la ressource énergique de la revendication (3). La *condictio indebiti* lui est également ouverte en répétition des sommes qu'il aurait payées par erreur (4). Les risques sont à la charge du débiteur

(1) L. 13, § 5, *De pign. et hypoth.* (D. 20-1).

(2) L. 54, *De verb. signif.* (D. 50-16); — L. 213, *eod.*

(3) L. 8, *De peric. et comm. rei vend.* (D. 18-6); — L. 2, § 2, *Pro emptore* (D. 41-4); — L. 1, § 2, *Pro dote* (D. 41-9).

(4) L. 16, *De condict. indeb.* (D. 12-6).

éventuel; mais si l'obligation vient à se former, ils agiront, même pour le temps antérieur, au préjudice du créancier, et, sauf le cas de perte totale arrivée par circonstance fortuite, celui-ci supportera toutes les détériorations que la chose aurait subies dans l'intervalle (1). D'autre part cette possibilité de l'existence d'un droit, cette *spes debitum iri* comme on l'appelle aux Institutes (2), établit entre les contractants une sorte de lien juridique qui les autorise, chacun par devers soi, à prendre soin de tout ce qui pourrait, le cas échéant, influer sur leurs intérêts. C'est ainsi que le disposant ne doit rien entreprendre de nature à empêcher la condition de s'accomplir; s'il enfreint cette défense, il sera tenu de la même manière que si l'événement s'était réalisé : « *In jure civili receptum est, quoties per eum cujus interest conditionem non impleri, fiat, quominus impleatur perinde haberi, ac si impleta fuisset conditio* (3). » C'est ainsi encore que le débiteur éventuel est recevable à prendre toutes les mesures conservatoires que nécessitera la sauvegarde de cette éventualité, et que la loi lui permet par conséquent de se faire consentir une hypothèque (4), de réclamer des fidéjusseurs (5), de poursuivre la séparation des

(1) L. 8, *De peric. et commod. rei vend. et trad.* (D. 18-6).

(2) *Inst.*, § 4, *De verb. oblig.* (III-15).

(3) L. 161, *De reg. juris* (D. 50-17); — *Adde*, L. 39, *eod. tit.*; L. 81, § 1, *De condit. et demonstr.* (D. 35-1); L. 50, *De contrah. empt.* (D. 18-1); L. 5 et L. 8, *De lege commiss.* (D. 18-3).

(4) L. 9, § 1, L. 11, § 1, *Qui potior. in pign.* (D. 20-4).

(5) L. 6, § 2, *De fidejuss.* (D. 46-1); Cpr. *Inst.*, § 3, *De fidejuss.* (III-20). Si le créancier éventuel était un légataire, il pourrait exiger la *Satisdatio legatorum*. L. 10, *Ut legat. seu fideicomm. servand. caus. cav.* (D. 36-3), et L. 8, § 4, *Qui satisd. cog.* (D. 2-8).

patrimoines (1), de requérir au besoin l'envoi en possession provisoire : « *In possessionem mitti solet creditor*, dit Paul, *etsi sub conditione ei pecunia promissa sit* (2). »

Cette chance de devenir créancier est encore considérée par les Romains comme figurant dans le patri-

(1) L. 4, *De separation*. (D. 42-6).

(2) L. 6, *Quib. ex caus. in possess.* (D. 42-4). Cette dernière conséquence de la possibilité de l'existence d'un droit n'est pas aussi claire que semble le supposer le fragment ci-dessus. Ulpien, dans la loi 7, au même titre (§ 14), décide positivement le contraire, et Paul lui-même est plus explicite encore dans la loi 14 (§ 2, *cod. tit.*) : *Creditor autem conditionalis*, dit-il, *in possessionem non mittitur, quia is mittitur qui potest bona ex edicto vendere*. Je n'insisterai pas ici sur les nombreuses conciliations qui ont été présentées par les commentateurs. Toutes plus ou moins arbitraires, elles ne sont en général que d'ingénieux efforts d'imagination. Cependant celle proposée par Donneau parait assise sur un fondement plus rationnel. Sa conformité avec l'ensemble des principes pourrait bien, à mon avis, lui assurer quelque chance de vérité. Dans le système du judicieux écrivain, l'envoi en possession est accordé au créancier conditionnel qui vient en concours avec d'autres, tandis qu'il est refusé à celui qui le demande tout seul (*Donellus ad leg.* 14, D. *Quib. ex caus. in possess. eatur*, 23, *comm.* 11). Je ne crois pas en effet qu'on puisse dénier au créancier sous condition qui se présente dans les poursuites entreprises par d'autres créanciers, le droit de se faire attribuer éventuellement le dividende qui peut lui revenir ; mais, d'autre part, il me semble incontestable que le créancier conditionnel n'ayant l'exercice d'aucune action, ne pourra pas en l'absence de tous autres demander l'envoi *ex causa judicati*. Si néanmoins le débiteur étant décédé, personne ne se présentait pour recueillir sa succession, je ne verrai rien qui empêchât le créancier conditionnel d'obtenir l'envoi en possession des biens de l'hérédité. Puisqu'on l'admettait au bénéfice de la *separatio bonorum*, on devait forcément lui accorder la *missio in possessionem* de l'hoirie du défunt. (Cpr. M. Bufnoir, *op. cit.*, p. 293 et 294. — Voyez aussi pour d'autres interprétations Accurce, *ad leg.*, 14, *Quib. ex caus. in posses.* ; Cujas, *Observat.*, lib. X, cap. 32 ; Wissembeck, *Exercit. in Pandectas, pars* II, *disput.* 22, n° 3 ; Pothier, *Pandect.*, l. 42, t. 4, n° 3 ; Tambour, *Des voies d'exécution sur les biens des débiteurs*, t. I, pages 162-164.)

moine actif du futur titulaire du droit; non-seulement il peut l'aliéner, mais de plus il la transmet à ses successeurs, s'il décède avant l'accomplissement de la condition; « *Eamque ipsam spem,* continue notre texte, *in hæredem transmittimus, si priusquam conditio existat, mors nobis contigerit* (1). » Toutefois, cette transmissibilité n'est possible qu'en matière d'obligations résultant d'un contrat; ainsi elle n'aurait jamais lieu au bénéfice des héritiers d'un légataire ou d'un institué qui viendrait à mourir *pendente conditione :* « *Is cui sub conditione legatum est,* dit Ulpien, *pendente conditione non est creditor, sed tunc cum exliterit conditio; quamvis eum qui stipulatus est sub conditione, placet etiam pendente conditione creditorem esse* (2). » La libéralité testamentaire a par elle-même un caractère tellement personnel, que le droit de la recueillir ne peut être acquis que par l'individu auquel elle est directement adressée (3).

Déficiente conditione. Lorsque la condition défaillit ou qu'il est assuré qu'elle ne se réalisera pas, la convention est non avenue, l'état de choses existant avant le contrat ne subit aucune modification, tout ce qui a été fait est mis à néant. Il suit de là que toutes les fois

(1) *Inst.*, § 4, *De verb. oblig.* (III-15). *Adde*, L. 24, *De novat. et deleg.* (D. 46-2); L. 42, *De oblig. et action.* (D. 44-7); L. 57, *De verb. oblig.* (D. 45-1); L. 36, § 1, *De usufr.* (D. 7-1).

(2) L. 42, *De oblig. et action.* (D. 44-7).

(3) Mais si l'expectative résultant du legs conditionnel n'est pas transmissible héréditairement, il n'en est pas de même de la dette de l'institué envers le légataire sous condition; celle-ci est toujours transférée comme charge du patrimoine aux mains des héritiers du débiteur : *Legato sub conditione relicto*, dit Paul, *si hæres, a quo sub conditione legatum est, pendente conditione moriatur, hæredem suum obligatum relinquet.* L. 56, *De condition. et demonstrat.* (D. 35-1).

qu'il s'agissait d'acte générateur d'un droit, il n'y avait en réalité jamais eu de créance, et que les prestations qui avaient eu lieu devaient être aussitôt rendues comme indûment touchées (1).

Existente conditione. Le rapport de droit se manifeste aussi parfait que s'il n'avait pas été suspendu, la convention produit immédiatement tous ses effets juridiques ; les divers droits qu'elle avait pour but de créer viennent à existence sur l'heure même et le créancier est admis à les faire valoir par tous les moyens légaux.

La condition suspensive une fois réalisée, son accomplissement réagissait sur le temps antérieur. Les textes nombreux qui nous enseignent cette doctrine prouvent suffisamment que telle était la solution qu'adoptèrent, au moins en tant que règle générale, les jurisconsultes romains. D'abord, à propos des contrats, la loi 11 au Digeste, *Qui potiores in pignore*, est spécialement explicite en ce sens : « *Cum enim semel conditio extitit, perinde habetur, ac si tempore quo stipulatio interposita est, sine conditione facta esset : quod et melius est.* » (D. 20-4.)

Certains interprètes ont cru reconnaître dans l'intention présumée des parties le fondement de cet effet rétroactif de la condition réalisée (2) ; mais cette opinion rencontre un démenti péremptoire dans la loi 40 *De stipulatione servorum*. Par ce fragment, en effet, Pomponius déclare que le bénéfice de l'obligation

(1) L. 37, *De contrah. empt.* (D. 18-1) ; L. 8, *De peric. et commod. rei vend.* (D. 18-6).

(2) Voyez notamment Mainz, *Traité des obligations*, § 86, note 19, p. 148.

contractée par un esclave, tant qu'il est en la puissance du maître, est acquis à ce dernier, encore que l'effet de la stipulation eût été remis à une époque où l'esclave serait aliéné ou affranchi, parce que son pouvoir, lorsqu'il a contracté, était exclusivement celui de la personne à qui il appartenait. « *Idque est,* poursuit le texte, *si filius familias contrahat, namque etiam quod in emancipationis suæ tempus contulerit, nobis debebitur, si tamen dolo malo id fecerit.* » Si donc le père ou le maître profite d'un contrat auquel les parties désiraient le rendre étranger, ce n'est évidemment pas sur une interprétation de la volonté que repose l'effet rétroactif de la condition. Pour moi, je me rendrai de préférence à l'avis de ceux qui voient dans la rétroactivité une idée du droit pur par laquelle les jurisconsultes de Rome auraient voulu corriger la règle, peu exacte d'ailleurs, qui retardait la naissance de l'obligation jusqu'à l'arrivée du fait prévu ; je dis que cette règle n'était pas irréprochable, car au fond ce n'est pas l'événement de la condition suspensive qui crée le droit, en réalité il ne fait que le confirmer ; quoique conditionnel, le contrat ne s'en forme pas moins à l'instant où il est intervenu, et, pour être éventuels comme lui, les droits qu'il engendre n'en naissent pas moins en même temps que la convention. C'est donc uniquement afin de prévenir les conséquences extrêmes de la doctrine contraire, qu'un raisonnement subtil les avaient poussés à admettre, que les Romains imaginèrent la fiction juridique de la rétroactivité (1).

(1) Comp. M. Bufnoir, *op. cit.*, p. 307.

L'accomplissement de la condition réagira aussi sur le passé toutes les fois que cette restriction aura été introduite dans une institution d'héritier. L'hoirie s'ouvre en effet à l'instant même du décès, et, bien que le droit du successeur puisse rester longtemps indécis, cet intervalle d'incertitude ne l'empêchera pas de remonter nécessairement, aussitôt que la situation sera fixée, à l'époque de la mort du *de cujus*.

Mais en matière de legs, la doctrine romaine n'apportait aucun correctif à la règle en vertu de laquelle la créance du légataire ne prenait naissance qu'au jour de l'événement de la condition. Dans le legs *per vindicationem*, la chose qui en faisait l'objet demeurait *pendente conditione* dans le patrimoine de l'héritier; il pouvait, suivant son caprice, la vendre, la donner, la constituer en gage ou la grever de servitudes; seulement, aussitôt la condition arrivée, toutes les aliénations intermédiaires étaient non avenues (1).

(1) L. 81 *De leg.* 1° (D. 30); — L. 105 *De cond. et demonstr.* (D. 35-1); — L. 11 *Quemad. serv. amitt.* (D. 8-4). — Il y avait eu une vive controverse entre les Proculéiens et les Sabiniens sur le point de savoir à qui appartenait *antequam extiterit conditio*, la propriété de la chose léguée conditionnellement *per vindicationem*. Les premiers la tenaient provisoirement pour *res nullius*; les Sabiniens, au contraire, la regardaient dans l'intervalle comme le domaine exclusif de l'héritier (Gaius, C. II, § 200). Ce fut ce dernier système qu'adoptèrent les compilateurs du Digeste. Cpr. L. 66 *De rei vind.* (D. 6-1); — L. 12, § 5, *De usufr.* (D. 7-1); — L. 12, § 2, *famil. ercisc.* (D. 10-2); — L. 32, § 1, *De leg.* 1° (D. 30); — L. 1, § 4 *De senatusc. Silaniano* (D. 29-5); — L. 13, § 1, *De pign.* (D. 20-1); — L. 2 *De statulib.* (D. 40-7). Il n'y avait que deux cas où les actes de disposition faits *ante conditionem* par l'héritier étaient considérés comme nuls *ab initio*; c'était l'hypothèse où il aurait rendu *religiosus* le fonds légué, et celle où, s'agissant d'un esclave, il l'aurait affranchi. *Si locus sub conditione legatus sit, interim hæres inferendo mortuum non facit locum religiosum* (L. 34 *De religiosis*, D. 11-7).

Cette annulation inévitable dont on frappait ainsi les actes faits *interim* par l'institué a conduit certains commentateurs à soutenir que, dans les legs *per vindicationem*, la propriété du légataire éventuel était reportée par l'effet de la condition à l'instant même de l'acceptation d'hérédité (1). Cette opinion ne me paraît pas admissible. Séduits par l'identité de certains résultats pratiques, ses défenseurs n'ont pas remarqué qu'elle se brisait infailliblement contre des textes aussi explicites qu'irréfutables. D'abord c'est la loi 11 *Quemadm. serv. amitt.* qui, tout en prononçant l'extinction des servitudes passives conférées *interim* par l'héritier, déclare conservées au légataire toutes les servitudes actives obtenues dans les mêmes circonstances. Comment expliquer ce maintien des droits réels avantageux à la chose léguée, si la propriété du légataire réagit au jour de l'addition. C'est ensuite la loi 17, *Quib. mod. usufr. amitt.* Dans ce fragment, Julien suppose qu'un testateur a légué purement et simplement l'usufruit d'un fonds à une personne, et à une autre la nue propriété de ce même fonds conditionnellement; la situation étant encore indécise, le légataire de l'usufruit acquiert la nue propriété; dans la suite la condition se réalise! Que devra recueillir le légataire? La nue propriété, si l'effet rétroactif a lieu. Eh bien non! c'est le *dominium* plein et entier que

Servum qui sub conditione legatus est, interim hæres manumittendo liberum non facit. L. 11 *De manumiss.* (D. 40-1); — Cpr. L. 29, § 1, *Qui et à quib. manum.* (D. 40-9). Ces actes avaient en effet aux yeux des jurisconsultes romains un caractère d'irrévocabilité telle qu'il eût été impossible de les anéantir plus tard par l'effet d'une condition.

(1) Voyez notamment M. Vernet, *Textes choisis*, p. 146.

lui accorde notre loi : « *Neque interest,* poursuit le jurisconsulte, *quod detracto usufructu proprietas legata sit; enim dum proprietatem acquiris, jus omne legati ususfructus amisisti.* » L'arrivée de la condition laisse subsister intactes toutes les suites de la consolidation qui s'est opérée dans l'entre-temps.

Plus loin c'est Marcellus qui nous parle d'un testateur ayant légué sous condition un fonds de terre et purement et simplement un chemin pour y arriver. Si le *dies cedens* du legs de la servitude est échu avant que la condition soit accomplie, quel sera le sort de ce legs? Il deviendra caduc, car on ne peut user d'une servitude constituée au profit d'un fonds dont on n'est pas propriétaire. Il serait au contraire valide si l'événement de la condition attribuait rétroactivement la propriété de l'héritage au légataire (1).

Enfin sous la loi 16 *De statuliberis,* je trouve une décision d'Ulpien qui place dans le domaine de l'héritier l'enfant que la femme *statulibera* met au monde *pendente conditione* (2).

(1) L. 3, *De servit. leg.* (D. 34-3).

(2) Consultez pour de nouvelles applications de cette doctrine de la non-rétroactivité L. 81, *De leg.* 1° (D. 30); — L. 1, § 4, *De seto. silan.* (D. 29-5); — L. 6, *De manumiss. testam.* (D. 40-4); — L. 11, *De opt. leg.* (D. 33-5); — L. 12, § 5, *De usufr.* (D. 7-1); — L. 1, *An serv. ex suo facto* (Cod. 4-14). En dehors des textes qui tous, comme on l'a vu, sont contraires à la rétroactivité, il est, ajoute M. Bufnoir, une considération bien simple qui auraient dû éloigner de cette théorie ceux qui s'en sont fait les promoteurs et les partisans. « C'est que cette prétendue rétro-« activité est inconciliable avec l'un des effets les plus importants de la « règle qui reporte à l'événement de la condition le *dies cedens* du legs « conditionnel. En vertu de cette règle, si le légataire est une personne « *alieni juris,* et que, dans l'intervalle de l'adition d'hérédité à l'évé-« nement de la condition, il soit devenu *sui juris*, il doit recueillir le

La solution sera également la même lorsqu'il s'agira de rechercher si, dans le cas d'une tradition conditionnelle, l'accomplissement de la condition fait remonter le droit de l'*accipiens* au jour où la chose lui a été remise : « *Dat aliquis*, dit Julien, UT TUNC DEMUM ACCIPIENTIS FIAT, CUM ALIQUID SECUTUM FUERIT : *non proprie donatio appellabitur, sed totum (hoc) donatio sub conditione est* (1). » Et plus loin : « *Si pecuniam mihi Titius dederit absque ulla stipulatione, ea tamen conditione*, UT TUNC DEMUM MEA FUERIT *cum Seius consul factus esset* (2). » Certes ces expressions : *ut tunc demum* ne feront jamais, que je sache, un argument en faveur de la rétroactivité. La loi 11 *De donat. int. vir. et uxor.* est plus formelle encore : « *Sed interim res non statim fiunt ejus cui donatæ sunt, sed tunc demum, quum mors insecuta est;* MEDIO IGITUR TEMPORE DOMINIUM MANET APUD EUM QUI DONAVIT (3). »

« legs pour lui-même. Mais évidemment, alors, sa propriété ne peut « pas remonter à une époque où il était incapable d'être propriétaire ; « elle ne pourrait remonter à l'adition sous peine d'être acquise à la « personne sous la puissance de qui se trouvait alors le légataire, ce « qui serait en contradiction avec les principes que je viens de rap- « peler. » (*Op. cit.*, p. 375).

(1) L. 1, *De Donat.* (D. 39-5).

(2) L. 2, § 5, *eod.*

(3) Notre règle souffrait cependant une exception en matière de donations entre époux. Le conjoint donateur ne pouvant jamais de son vivant transférer la propriété au donataire, la libéralité était toujours nécessairement sous condition suspensive ; alors, toutes les fois qu'il résultait du but que s'était proposé le disposant, que son intention avait été de rendre l'*accipiens* propriétaire au moment de la tradition, on atténuait la rigueur du droit au moyen d'une fiction de rétroactivité. (Cpr. L. 11, §§ 1 et 9, *De donation. inter vir. et uxor.* (D. 24-1), L. 40, *De mort. caus. donation.* (D. 39-6) ; — Voyez aussi L. 20, *De donation. inter vir. et uxor.*)

Ici donc le *tradens*, resté *ante conditionem* propriétaire exclusif, a pu disposer à son bon plaisir de tous les objets livrés, mais par contre ici, comme pour les legs, l'arrivée de la condition met à néant toutes les aliénations consenties par le débiteur (1).

B. Condition résolutoire. — *Pendente conditione*, le rapport de droit affecté d'une condition résolutoire est, ainsi que je l'ai fait remarquer plus haut, identique à un rapport de droit pur et simple; tout s'exécute comme s'il n'était soumis à aucune modalité; une seule chose y est conditionnelle, c'est la résolution : *Pura est emptio sub conditione resolvenda.*

De là les conséquences suivantes :

Le débiteur sera immédiatement tenu de prester, de faire ou de ne pas faire.

En supposant que l'aliénateur soit propriétaire de la chose aliénée et qu'il ait suivi la foi de l'acquéreur quant à la prestation de l'équivalent, la tradition transfère à l'*accipiens* la propriété de la chose livrée.

L'acquéreur devenu propriétaire peut valablement aliéner son droit, le restreindre, le donner en gage, consentir des hypothèques ou conférer des servitudes.

Il profite des accessions; il perçoit et gagne les fruits (2).

Il exerce contre les tiers et contre son auteur les actions protectrices de son droit.

Si l'aliénateur n'était pas propriétaire, le titre résoluble permet d'usucaper (3).

(1) Cpr. L. 9, § 1 et L. 11, § 1, *Qui potior. in pign.* (D. 20-4).

(2) L. 2, § 1, *De in diem addict.* (D. 18-2); — L. 5, *De lege commissoria.* (D. 18-3).

(3) L. 2, § 1, *De in diem addict.* (D. 18-2).

Enfin l'acquéreur supporte les risques dans le cas où l'aliénation a été maintenue par la défaillance de la condition résolutoire (1).

Mais, bien que le rapport de droit conditionnel soit, quant à ses effets immédiats, assimilé à un rapport de droit pur et simple, il n'en est pas moins soumis pour l'avenir à toutes les chances d'une résolution éventuelle. Aussi les actes de dispositions faits *pendente conditione* par le titulaire du droit résoluble sont-ils, comme le droit lui-même, susceptibles de s'évanouir *ipso jure* par l'événement de la condition résolutoire (2).

Deficiente conditione. Le droit est désormais pur et simple ; tous les effets qui s'étaient produits provisoirement deviennent définitifs ; les prestations qui ne seraient pas encore effectuées devront être accomplies comme si l'aliénation avait été exempte de toute modalité *ab initio.*

Existente conditione. Le rapport de droit disparaît.

(1) Les risques seront au contraire pour le vendeur si la condition se réalise. L'argument du système opposé, que la situation des parties dans l'aliénation *ad conditionem* est précisément l'inverse de celle qui leur est faite quand le droit est transmis *sub conditione*, cet argument, dis-je, me paraît reposer sur une grave erreur. En traitant comme aliénateur, sous condition suspensive, l'acquéreur sous condition résolutoire, on considère l'extinction d'un droit comme une aliénation nouvelle, et on assimile ainsi la résolution à une retranslation. Ce n'est pas en effet à raison de sa qualité de débiteur éventuel que l'aliénateur est responsable des risques ; s'il supporte cette charge, c'est uniquement parce qu'il est *aliénateur* sous condition, et que le transport ne peut plus avoir lieu lorsque la chose a péri *ante conditionem.* (Comp., M. Bufnoir, *op. cit.*, p. 455 et suiv.)

(2) Voyez notamment L. 4, § 3, *De in diem addict.* (D. 18-2), et L. 3, *Quib. mod. pign. solv.* (D. 20-6).

La résolution, dans le système qui avait prévalu, reporte *ipso jure* la propriété du droit transmis sur la tête de l'aliénateur. Celui-ci peut dès lors la revendiquer en quelques mains qu'elle se trouve, aussi bien contre l'*accipiens* dont le droit s'est éteint qu'à l'encontre de tous autres détenteurs à qui elle aurait été transmise *ante conditionem* par le titulaire provisoire.

Au contraire, dans l'opinion dominante à l'époque classique, les parties auraient seulement été obligées l'une envers l'autre de se rétablir par des restitutions réciproques dans l'état où elles se fussent trouvées si l'aliénation n'avait pas eu lieu. De là pour elles les obligations suivantes :

L'acquéreur devait rendre la chose avec tous ses accessoires, fruits et alluvions, en un mot *omne commodum rei*. Il était tenu en outre de réparer toutes les détériorations survenues par sa faute, et de céder les diverses actions qu'il pouvait avoir obtenues à l'occasion de la chose (1).

De son côté, l'aliénateur devait restituer l'équivalent qu'il avait reçu ; si c'était un prix en argent, il était comptable des intérêts de la somme (2).

De plus il devait rembourser le montant de toutes les impenses nécessaires (3), et j'ajouterai même la plus-value des impenses utiles.

Quant à l'action que le droit romain accordait aux

(1) L. 4, *De lege commissoriâ*. (D. 18-3) ; — L. 4, § 4, *De in diem addictione*. (D. 18-2).

(2) Mais les intérêts ne seraient pas dus s'il s'agissait d'une résolution pour inexécution de charges ; en les perdant, l'acquéreur ne fait que subir les conséquences de sa faute.

(3) L. 16, *De in diem addict*. (D. 18-2).

parties pour poursuivre l'exécution des obligations que je viens d'énumérer, elle fut toujours exclusivement personnelle; seulement nous voyons par divers passages du Digeste qu'il y avait eu controverse quant au mode de procéder : avant Auguste, on leur donnait l'action même du contrat; sous cet empereur, à la formation des deux grandes écoles des Proculéiens et des Sabiniens, ceux-ci continuèrent à tenir pour l'ancienne pratique, tandis que ceux-là inauguraient l'action *præscriptis verbis*. Dans la suite, des rescrits de Sévère et Antonin donnèrent la préférence à l'action du contrat (1), et enfin une constitution d'Alexandre Sévère accorda au choix l'action du contrat ou l'action *præscriptis verbis* (2).

Devait-on, après la résolution encourue, considérer l'aliénation comme n'ayant jamais existé? J'admets positivement que non!

D'abord, relativement au titulaire du droit résoluble, qu'il y ait ou non rétroactivité, peu importe! Sans doute il ne pourra conférer à autrui un droit plus étendu que le sien propre, mais il est libre dans cette

(1) L. 4, *De lege commissoriâ*. D. 18-3.

(2) L. 2, C. *De pact. inter empt. et vendit.* (4-54). Je ne fais ici qu'énoncer les conséquences de la condition résolutoire accomplie; je me réserve d'établir ces différentes solutions en expliquant les effets du pacte commissoire (*infra* chapitre III, section II, § 2). Je n'entrerai pas non plus, quant à présent, dans le détail des actions dont j'ai fait connaître la nomenclature ci-dessus; cette question trouvera également sa place plus tard (*infra* chapitre III, section I, § 2, article 2). Tout ce que je dirai pour le moment, c'est que l'usage de la revendication fut le résultat du triomphe des idées d'Ulpien et de Marcellus, mais qu'en l'introduisant, la théorie nouvelle n'avait pas exclu l'emploi de l'action personnelle *venditi* ou *præscriptis verbis*.

limite, quelle que soit la solution de faire sur la chose tous les actes de maître. Et quant à savoir ensuite si, le cas échéant, l'extinction de son droit réagira sur le temps antérieur, ou ne fera qu'effacer dans le futur les actes de disposition ; ce n'est à ses yeux qu'un point secondaire, pour lui tout à fait indifférent. Mais le problème de la rétroactivité se présente avec toute son importance, lorsqu'on l'examine au point de vue des actes consentis par l'aliénateur *pendente conditione*. Si l'arrivée du fait résolutoire anéantit rétroactivement la propriété de l'acquéreur, elle valide par le fait dès l'origine tous ces droits dont l'efficacité était suspendue par la condition ; si, au contraire, il n'y a point de rétroactivité, tout acte supposant le *dominium* est impossible à l'aliénateur, et partant ce qu'il a pu faire *interim* sur la chose est considéré comme fait *à non domino*.

Cette observation posée, il est facile de comprendre l'intérêt qui s'attache pour nous à la connaissance exacte du système romain en matière de rétroactivité. Or je crois pouvoir dès à présent admettre en principe que, d'après la théorie qui résulte des textes, les parties étaient considérées, par l'effet de la résolution, comme ayant traité *ab initio* sous un terme final incertain, et que le retour de la propriété à l'aliénateur s'opérait uniquement pour l'avenir, sans la moindre influence sur le passé.

C'est là en effet une règle sur laquelle nos sources ne permettent aucun doute : partout dans les fragments qui prononcent l'extinction des droits conférés sur la chose par le propriétaire éventuel, nous voyons dominer cette idée que la constitution de ces droits s'est faite régulièrement, et que leur existence s'est prolongée jusqu'à l'événement de la condition résolutoire; « *ex quo colligitur*, enseignait Ulpien, *quod emptor medio tempore dominus esset* (1). » Ainsi, d'après ce jurisconsulte, le *dominium*, en faisant retour au *tradens*, laisse une trace de la translation primitive, « un fait accompli que rien ne peut effacer, la pro- « priété intérimaire acquise purement et simplement « par l'acheteur (2). »

D'ailleurs comment expliquer, en dehors de cette doctrine, que le vendeur qui récupérait l'objet aliéné ne pût exercer les actions *furti* ou *ex lege aquiliâ*, compétant à l'acquéreur à l'occasion de la chose, qu'en obtenant de celui-ci la cession expresse de son droit (3)? Et comment expliquer encore, en supposant la rétroactivité, que ce même vendeur, reconnu créancier des fruits et accessoires perçus *ante conditionem* par l'*accipiens*, fût non recevable à les revendiquer contre les tiers au bénéfice desquels son débiteur s'en serait dessaisi (4)? S'il eût recouvré sa propriété même dans le passé, toutes ces actions lui auraient appartenu *de plano*, et il les aurait intentées librement en son nom personnel (5).

(1) L. 4, § 3, *De in diem addict.* (D. 18-2); — Cpr. L. 3, *Quib. mod. pign. solv.* (D. 20-6).

(2) M. Vernet, *Textes choisis*, p. 147.

(3) L. 4, § 4, D. *De in diem addict.* (18-2); Cpr. L. 12, § 5, D. *De usufructu* (7-1).

(4) L. 6, D. *De in diem addict.* (18-2).

(5) Cpr. L. 11 D. *Quemadm. serv. amitt.* (8-4); — L. 7, § 1 D. *De fundo dotali* (23-5). Voyez aussi M. Bufnoir, *Théorie de la condition*, p. 480 et suivantes.

Les conditions à l'événement desquelles est attachée la résolution d'un droit ne sont pas toujours la conséquence d'un accord privé, elles sont encore dans certains actes juridiques l'œuvre immédiate de la loi. La jurisprudence romaine admit en effet la réserve tacite de résolution pour inexécution des charges, et, bien qu'elle ne fût pas, comme chez nous, sous-entendue dans toute convention bilatérale, les textes nous offrent néanmoins plus d'un exemple de droits devenant résolubles *ipso jure* par la seule force de la loi. Ainsi :

1° Le locataire a un droit résoluble pour défaut de paiement de la *merces* pendant deux années (1) ;

2° Le droit du locataire devient sujet à résolution par l'abus qu'il ferait de la jouissance (2) ;

3° La créance du bailleur est résoluble par le trouble qu'il apporterait ou laisserait apporter à la jouissance du preneur (3) ;

4° Le bailleur a une créance résoluble s'il néglige de pourvoir aux grosses réparations de l'objet loué (4).

5° L'emphytéose est résoluble si le titulaire se rend coupable d'abus dans la jouissance (5).

6° L'emphytéote est privé de son droit lorsqu'il

(1) Cpr. L. 54, § 1 ; L. 56, D. *Loc. cond.* (19-2) ; — L. 3, C. *De loc. cond.* (4-65) ; — Nov. 120. *De alienat. et emphyt. et loc.* Cap. 8.

(2) L. 56, D. *Loc. cond.* (19-2) ; — L. 3, C. *De loc. cond.* (4-65) ; — Nov. 120. *De alienat. et emphyt. et loc.* Cap. 8.

(3) L. 24, § 4 ; L. 13, § 7 ; L. 25, § 2 ; L. 27, § 1 ; L. 60, D. *Loc. cond.* (19-2) ; — L. 28 ; L. 33, D. *De damno infecto* (39-2).

(4) L. 25, § 2, D. *Loc. cond.* (19-2).

(5) Nov. 120, *De alienat. et emphyt. et locat.*, Cap. 8 ; — Authent. *Qui rem*, L. 14, C. *De sacros. eccles.* (1-2).

cesse d'acquitter le canon pendant deux ans, si le domaine direct est réservé à l'Eglise, et pendant trois ans, quand il s'agit d'un fonds appartenant à un propriétaire laïc (1).

7° L'emphytéose est révocable si le concessionnaire est demeuré trois ans sans payer les tailles ou autres contributions imposées à l'immeuble dont il a le domaine utile (2).

8° La société est résoluble à la demande de l'un des sociétaires, lorsque ses coassociés refusent d'accomplir quelqu'une des conditions sous lesquelles il a pris part à la société (3).

9° Dans les contrats réels innommés, celui qui a exécuté le pacte peut agir en résolution contre la partie qui ne tient pas son engagement (4).

10° Le légataire perd le bénéfice de la libéralité, s'il n'exécute pas les charges qui sont la condition du legs (5).

11° La donation entre vifs est révocable si le donataire ne remplit pas les obligations que lui a imposées le donateur (6).

Je n'indique pas comme une cause de résolution légale le défaut par l'acheteur d'acquitter le prix de la chose vendue; il est généralement reconnu que le

(1) L. 2, C. *De Jure emphyt.* (4-66); — Nov. 120 *loc. cit.*; — Authent. *Qui rem*, L. 14, C. *De sacros. eccles.* (1-2).

(2) L. 2, C. *De Jure emphyt.* (4-66).

(3) L. 14, D. *Pro Socio.* (17-2).

(4) Tit. *De condict. caus. dat. caus. non sec.* (D. 12-4); — Tit. *De condict. ob. caus. dator.* (C. 4-6); — Cpr. Donneau, ad leg. 8, C. *De contrah. empt.*, T. VIII, p. 755.

(5) L. 19, D. *De leg. III* (32-1); — L. 17, § 4, D. *De condit. et demonstr.* (35-1).

(6) L. 10, C. *De revoc. donat.* (8-56).

non-paiement n'a jamais été en droit romain une condition tacite de la résolution de la vente. La loi 8 au Code *De contrahenda emptione* (4-48), ne donne au vendeur que l'action en paiement et non l'action en répétition de la chose : « *Si non donationis causa, sed vere vineas distraxisti, nec pretium numeratum est : Actio tibi pretii, non eorum quæ dedisti, repetitio competit.* »

Il ne faut pourtant pas conclure de là que l'action en paiement du prix soit, dans tous les cas possibles, l'unique défense que le vendeur romain puisse opposer à la mauvaise foi des acheteurs ; dans les principes même qui régissent le contrat de vente, il trouve d'autres moyens de sauvegarder ses intérêts ; seulement cette garantie est plus ou moins solide, selon que la propriété a été ou non transférée à l'acheteur.

Lorsqu'il y a eu aliénation, et que le vendeur a accordé un terme parce que l'acheteur a fourni un gage ou toute autre sûreté analogue, le précepte de notre loi 8 reçoit une rigoureuse application, et le vendeur, qui a ainsi échangé son droit de propriété contre un droit de créance, n'a plus contre son débiteur que l'action personnelle *ex vendito*. Réduit à cette seule ressource, il court le risque de perdre et la chose et le prix. Mais pourquoi le traiter mieux qu'un créancier ordinaire? N'a-t-il pas suivi la foi de l'acheteur?

Si, au contraire, le *dominium* n'a pas été transféré, le vendeur jouit d'un droit de rétention sur l'objet vendu : « *Quasi pignus retinere potest eam rem quam vendidit* (1). » Mais il peut arriver que tout en demeu-

(1) L. 13, § 8, *De act. empt. et vend.* (D. 19-1).

rant propriétaire, le vendeur ait fait la tradition. Il est alors admis à revendiquer sa chose, sauf à poursuivre par l'action *empti* la condamnation de l'acheteur jusqu'à concurrence de la somme due.

Ce système de protection était, il faut l'avouer, peu susceptible d'offrir au vendeur un secours sérieux, et les résultats auxquels il aboutissait ne lui étaient souvent rien moins que favorables. En effet la vente continuant de subsister, il n'avait aucun moyen de tirer de sa chose un parti plus avantageux; son droit de disposition restait paralysé entre ses mains, car l'acheteur pouvait d'un moment à l'autre réclamer la tradition.

Frappés du peu d'efficacité de cette garantie, quelques auteurs ont prétendu que le droit romain avait consacré la résolution légale de la vente pour défaut de paiement du prix.

Domat, qui professait cette opinion, appuyait son système sur la loi 6 au Code *De Pactis inter emptorem et venditorem* (1). Voici l'espèce de cette loi : Un fonds a été vendu pour une somme très modique en considération d'un engagement spécial de l'*accipiens* (*certæ rei contemplatione*). Cette promesse déterminée, obligation principale de celui-ci, n'ayant pas été accomplie, l'Empereur déclare le contrat résolu. Quel est le motif de cette résolution ? Ce n'est pas le défaut de paiement d'un prix de vente, car le *tradens* restitue l'argent qu'il a touché; or je montrerai bientôt que, dans la loi commissoire, le vendeur retient au

(1) *Lois civiles*, Livre Ier, Titre II, Section 12, N° 13.

contraire les acomptes qu'il a reçus. Le fondement de la décision est donc ici la violation de la promesse de l'acquéreur : « *Non impleta promissi fide dominii tui jus in suam causam reverti conveniat.* » Ainsi ramenée à sa portée naturelle, la loi 6, on le voit, ne fait qu'appliquer à une convention *da ut facias* le principe que les contrats innommés sont résolubles au profit de celui qui a exécuté le pacte, quand l'autre partie ne satisfait pas à son obligation. Et s'il y avait eu doute sur la réponse à faire, c'était uniquement à raison de cette circonstance qu'un prix en argent étant intervenu dans le contrat, il aurait pu le transformer en une vente et par le fait rendre impossible la résolution pour inaccomplissement des charges. Mais l'Empereur, considérant que la somme convenue n'était qu'un point accessoire, et que le fait promis était l'engagement essentiel, décida que l'intervention de quelques écus dans l'opération n'en détruisait pas le caractère primitif. Si d'ailleurs on vérifie le texte, on y voit que le rescrit a précisé avec un soin minutieux les diverses particularités de l'espèce, et qu'il a rigoureusement évité de se servir d'expressions dont le sens aurait pu donner lieu à équivoque : les mots de *vente*, de *vendeur* ou d'*acheteur* ne s'y trouvent pas prononcés une seule fois.

De nos jours, la doctrine de la résolution légale de la vente pour défaut de paiement du prix a rencontré dans M. Machelard un nouveau défenseur ; mais, moins absolu que Domat, le romaniste moderne restreint sa décision à l'hypothèse où la propriété n'aurait pas été transmise à l'acheteur : « Nous estimons, dit-il, que,

« si le vendeur ne s'est pas dessaisi de la propriété, « le juge de l'action *venditi* pourra parfaitement « laisser au vendeur la libre disposition de la chose « vendue, et condamner seulement l'acheteur à des « dommages et intérêts pour inexécution du contrat. « Il nous paraîtrait bien dur, tout en accordant au « vendeur, jusqu'à concurrence du prix, une con- « damnation qu'il ne pourrait peut-être pas ramener « à effet, de le mettre à la discrétion de l'acheteur « qui serait autorisé, quand il lui plaira, à demander « la livraison. Dira-t-on que le vendeur a la ressource « de l'envoi en possession et de la *venditio bonorum?* « Elle ne le mettrait pas à l'abri d'une perte, puisqu'il « aurait à subir le concours de la masse des créan- « ciers. Il est vrai qu'il a sur l'objet vendu qu'il n'a « pas livré un droit de rétention : *Quasi pignus reti-* « *nere potest eam rem quam vendidit*. (L. 13, § 8, « *De action. empti*. D. 19-1). Mais encore est-il qu'il « lui sera interdit de tirer parti de sa chose en traitant « avec un meilleur acheteur. » Pour obvier alors à cette insuffisance de l'action *vinditi*, le savant professeur permet au juge qui ne rencontre que des obligations de part et d'autre, d'établir une compensation entre l'engagement de l'acheteur et celui du vendeur, et de ne condamner ensuite que pour la différence, de manière à obtenir de la sorte une résolution du contrat, sauf des dommages et intérêts. Cet arrangement n'a d'ailleurs rien que de conforme à nos textes, car toutes les lois du Code qui refusent le droit de résilier la vente « indiquent par leurs termes mêmes qu'il y « avait eu aliénation. La loi 12 *De rei vindicatione*,

« énonce formellement que la propriété a été trans-« férée, *dominium transtulisti*. Il en est de même de « la loi 1 *De rerum permutatione*, où on lit ; *posses-« sionem dedit*. Les lois 8 *De contrah. emptione*, et « 14 *De rescindenda venditione*, supposent égale-« ment une aliénation; *distractis prædiis, vere dis-« traxisti*. Quant à la loi 6 *De contrahenda emptione* « qui, à défaut d'une *lex commissoria*, n'autorise en « général que le droit de poursuivre le paiement, et « non celui d'obtenir la rescision du contrat, elle est « plutôt en notre faveur, puisqu'elle admet la voie de « la rescision comme possible. Seulement cette voie ne « doit pas être accordée facilement, ce qui doit s'en-« tendre des cas où l'exécution du contrat est prati-« cable. Mais la rescision n'est pas repoussée absolu-« ment s'il apparaît au juge que l'acheteur ne peut « satisfaire à ses obligations, et que la résiliation « est nécessaire pour sauvegarder les intérêts du « vendeur (1). »

Quant aux principes de la compensation, ils ne sont pas blessés non plus, car, dans les actions de bonne foi, le juge devait tenir compte des créances réciproques, lors même qu'elles étaient de nature différente; et, d'autre part, toutes les obligations issues de la même cause étant, lorsqu'elles sont déduites ensemble *in judicium*, transformées par la *litis contestatio*, les engagements dérivés du contrat de vente « ont dis-« paru pour faire place à une appréciation *ex æquo* « *et bono* de cette question : *Quidquid dare facere* « *opportet* (2). »

(1) *Obligations naturelles*, page 53 (note 1).
(2) M. Machelard, *Op. et loc. cit.*

Cette opinion est surtout séduisante par son utilité pratique ; cependant il ne me paraît pas qu'on puisse l'accueillir comme l'expression exacte de la théorie adoptée par le droit romain. Sans doute, lorsque l'acheteur se pourvoit seul par l'action *ex empto*, ou quand les deux actions *empti et venditi* ont été simultanément déduites *in judicium*, les règles générales admises en matière de compensation permettent d'arriver indirectement à faire résoudre la vente ; mais si le vendeur agit seul, il devient impossible de compenser l'une par l'autre les obligations réciproques des parties, car l'acheteur ne produisant pas son action, tout le pouvoir du juge se réduira forcément à condamner ce dernier au paiement du prix.

Quant aux textes, je ne vois pas que nulle part ils aient distingué, au point de vue de la résolution, entre le cas où il y a eu transport du *dominium* et celui où la translation ne s'est pas opérée. M. Machelard soutient que tous les fragments du Code qui refusent la résolution indiquent par leurs termes que l'aliénation avait eu lieu. Cette assertion est-elle bien rigoureusement véridique ? Les mots *possessionem dedit*, qu'emploie la loi 1 *De rerum permutatione*, ne supposent-ils pas plutôt que le vendeur a simplement abandonné la possession et qu'il s'est retenu la propriété. De même les expressions : *Distractis prædiis* de la loi 8 *De contrahenda emptione*, et celles analogues : *Vere distraxisti* que nous lisons dans la loi 14 *De rescendenda venditione*, ne signifient-elles pas qu'il s'agit d'une vente et non pas d'une aliénation ? C'est bien là en effet le sens que nos sources donnent au verbe *distrahere*, et, pour ne citer qu'un exemple, je rappellerai ce passage de la loi 28 au Digeste *De contrahenda emptione*, où Ulpien dit, en parlant de la vente de la chose d'autrui : « *Rem alienam quem distrahere posse, nulla dubitatio est.* »

Si maintenant j'examine la loi 6 *De actionibus empti*, je n'aperçois rien dans la phrase : *Non facile ad rescindendam perfectam venditionem*, qui annonce une réserve de la faculté laissée au juge de résoudre le contrat par voie de compensation. Pour moi, l'interprétation la plus vraisemblable de ces termes du rescrit, c'est de les entendre comme se référant au droit du vendeur de poursuivre la rescision de la vente pour dol, violence ou lésion d'outre moitié.

Il est donc établi que la clause de résolution pour défaut de paiement du prix n'était jamais sous-entendue de par la loi dans la vente romaine ; mais il ne s'ensuit pas qu'il fût interdit de se soustraire à la rigueur du principe en suppléant au silence du législateur par une réserve expresse de résiliation. C'est de ce pacte résolutoire, appelé chez les Romains *lex commissoria*, que je dois ici spécialement m'occuper.

DU PACTE COMMISSOIRE.

PRINCIPES GÉNÉRAUX.

CARACTÈRE DE LA LOI COMMISSOIRE. — CONDITIONS DE VALIDITÉ DE CE PACTE.

On définit la *lex commissoria* une clause accessoire de la vente en vertu de laquelle le contrat sera résolu si l'acheteur ne paie pas le prix dans un délai fixé.

Le premier exemple d'une vente conclue sous cette convention nous est rapporté par Cornélius Nepos. Le biographe latin raconte qu'Atticus, après la proscription d'Antoine, prêta de l'argent sans intérêts à Fulvie pour payer un fonds que dans sa bonne fortune elle avait acheté *in diem* (1).

La *lex commissoria* pouvait être ajoutée indifféremment soit comme condition suspensive, soit comme condition résolutoire ; son effet était alors, selon le caractère que lui donnaient les parties, ou de suspendre la formation de la vente, ou de laisser le contrat pur et simple en rendant seulement sa résolution conditionnelle. Cette double forme a été contestée, et peut-être la controverse n'était-elle pas tout à fait inconnue des jurisconsultes romains. Sabinus, d'après

(1) Vie d'Atticus, ch. IX. — Voyez aussi Cicéron, *Lettres* à Atticus, XII, 28 et 30. — Cpr. Cujas, *Paratitla*, ad Tit. C. *De pact. int. empt. et vend.*

la loi 2 *Pro emptore,* semblerait partisan de la vente conditionnelle ; au contraire, les expressions de Paul : « *sed videamus utrum* » indiqueraient plutôt une tendance à l'opinion opposée. De même, le langage d'Ulpien dans la loi 1 *De lege commissoria : « magis est ut,* » permet de croire qu'il donne son avis dans une question indécise. La même hésitation s'est manifestée parmi les commentateurs. Quelques-uns d'entre eux nient que la loi commissoire pût être suspensive (1). Ainsi entendue, disent-ils, elle n'aurait aucun avantage pour le vendeur dans les ventes au comptant, et, dans les ventes à terme, elle lui serait préjudiciable en mettant à sa charge les risques de la chose.

Il est vrai que lorsque dans la vente il n'y a pas eu transport de propriété, mais seulement tradition, le *tradens* peut, d'après le droit commun, revendiquer l'objet à défaut de paiement, mais le contrat ne laisse pas de subsister même après cette revendication ; tandis que, par la loi commissoire suspensive, le vendeur cesse dorénavant d'être tenu de la livraison, quand même l'acheteur viendrait plus tard lui faire offre du prix.

Il est vrai encore que, si la vente est à terme, la *lex commissoria* suspensive chargera des risques le

(1) Cpr. Accurse, *ad leg.* 1 *De lege commissoria ;* — Perez, *Prælectiones in codicem*, L. IV, T. 54, N° 7 ; — Cujas, *ad Tit. De pactis int. emptor. et vendit. Comment. in cod.*, IV-54 ; — Faber, *Rationalia in Pandectas, ad leg.* 1 *De lege commissoria ;* — Wissemback, *Exercitationes in Pandectas*, pars I, disput. 31, L. 18, N° 17 ; — Strykius, *ad Tit. De lege commissoria ;* — Verlohner, *ad eumdem Titulum ;* — Brunnemann, *Commentaria in Pandectas, ad leg.* 1 *De lege commissoria*, N° 3 ; — Lauterbach, *Dissert.*, disp. 152, § 3, *et comment. in Pandect*, T. I, p. 874 ; — Despeisses, 1re partie, Titre 1, Section 6, N° 3, 8°.

vendeur non payé; mais, outre que, dans bien des circonstances, ces risques seront insignifiants (dans la vente d'une prairie, par exemple), ce vendeur gagnera encore de remplacer par une action *in rem* l'action purement personnelle que lui aurait conférée, du moins suivant la doctrine classique, une *lex commissoria* résolutoire.

Si maintenant Ulpien, après avoir dit, en parlant de l'*addictio in diem*, qu'il fallait consulter l'intention des parties pour décider si ce pacte rendait la vente conditionnelle ou la laissait pure et simple; si Ulpien, dis-je, s'est ensuite montré plus affirmatif au sujet de la clause commissoire, et a proposé d'y voir de préférence une condition extinctive du contrat, c'est que, selon la théorie adoptée par ce jurisconsulte, la *lex commissoria* résolutoire engendrait également une action réelle, et qu'à ses yeux elle était préférable à la forme suspensive, qui faisait supporter au vendeur la perte de la chose.

On fait encore une dernière objection : les ventes conclues sous condition protestative *ex parte rei* sont nulles (1); or le paiement du prix, condition suspensive de la vente, dépend de la seule volonté de l'acheteur : en refusant de s'acquitter au terme convenu, il serait libre d'anéantir le contrat. Il n'en est pas de même, ajoute-t-on, quand la vente est faite avec *addictio in diem*, parce que l'événement de la condition n'est pas remis alors *ad merum arbitrium emptoris*, et qu'un tiers peut, en dépit de ce dernier, rendre meilleure la condition du vendeur (2).

(1) L. 7 *De contrah. empt.* (D. 18-1); — L. 13, *Cod. eod. tit.* (4-38).
(2) Cpr. Despeisses, 1re partie, Titre I, Section 6, N° 3, 8°.

En admettant même comme exact le principe dont on argumente, le raisonnement ci-dessus repose évidemment sur une erreur. Il suppose que le non paiement a toujours, et malgré les parties, un effet fatal et inévitable, comme dans le cas de la condition ordinaire: *Si navis ex Asia venerit.* Mais telle n'est pas la portée de la réserve qui nous occupe : tout ce que les contractants ont voulu, c'est que la vente ne se formât pas si l'acheteur était dans l'impossibilité de payer. Ils n'ont pas prétendu laisser une porte ouverte à la mauvaise foi. Si le prix n'est pas acquitté à l'échéance, le vendeur sera certainement recevable à se prévaloir du défaut d'obligation, mais il ne sera pas tenu de gré ou de force de recourir à ce procédé, et il usera légitimement de tous les moyens propres à obtenir l'exécution du contrat (1). Et puis, en outre, le défaut de paiement du prix, dût-il même être considéré comme une condition dépendant du pur vouloir de l'acquéreur, je ne crois pas que cette circonstance fût de nature à enlever toute force à la convention. Aux Institutes, le § 4 *De emptione et venditione* (III-23), dispose expressément que l'absence de lien chez la personne qui s'engage *ad merum ipsius arbitrium*, n'est pas un obstacle à ce que l'autre partie soit civilement obligée : « *Emptio tam sub conditione quam pure contrahi potest : sub conditione veluti* SI STICHUS INTRA CERTUM DIEM TIBI PLACUERIT, *erit tibi emptus aureis tot.* »

Au Digeste, la même doctrine est professée par Paul à propos de la vente *ad gustum* : « *Gustus enim ad*

(1) Cpr. L. 2, D. *De lege commiss.* (18-3).

hoc proficit ut improbare liceat. » Ulpien, au contraire, se prononce clairement pour la nullité du contrat : « *Nam si arbitrium domini accipiamus, venditio nulla est* » (1), et cette opinion se retrouve posée en règle générale par la constitution 13 au Code *De contrahenda emptione* : « *In vendentis vel ementis voluntatem collata conditione comparandi, quia non adstringit necessitate contrahentes, obligatio nulla est.* »

Ces divergences de solutions, sensibles jusque dans les textes d'une même origine, ont été diversement expliquées par les romanistes.

D'après M. Ortolan, dès que le contrat intervient sous une condition exclusivement au pouvoir de l'acheteur, l'indication d'un délai préfixe est indispensable pour qu'il sorte à effet (2). Mais cette doctrine, assise tout entière sur un argument *à contrario* tiré de ce passage des Institutes : « *Si Stichus* INTRA CERTUM DIEM *tibi placuerit,* » est aussitôt renversée par la loi 4 *De peric. et commod. rei vend.*, où Ulpien déclare positivement qu'une vente *ad gustum* peut se conclure sans fixation de terme : « *Si dies degustationi adjectus non erit, quandoque degustare emptor poterit* (3). »

Pour M. de Savigny, lorsque, dans une convention synallagmatique, l'une des parties se réserve cette faculté illimitée : *Si velim,* il n'y a d'engagement pour personne, l'obligation n'existe pas ; seulement, à ce principe conforme à l'avis d'Ulpien et aux décisions du

(1) L. 7, D. *De contrah. empt.* (18-1).
(2) *Explic. histor. des Inst.*, t. III, p. 283.
(3) L. 4, § 1, *De peric. et commod.* (D. 18-6).

Code, il apporte une dérogation ; c'est l'espèce de la loi 34 *De contrah. empt.*, la vente *ad gustum* (1). L'explication est simple et facile, mais elle n'a d'autre appui que le grand nom de l'auteur.

Plus exclusif encore que M. de Savigny, un autre jurisconsulte d'Outre-Rhin, M. Fitting, ne voit aucune exception à la nullité du contrat où l'une des parties s'engage sous sa seule volonté. Selon cet auteur, la vente *ad gustum* n'est pas purement remise *ad merum arbitrium emptoris*; elle ne pourra tomber qu'à raison de certains vices constatés dans le vin vendu et qu'on désignait limitativement par les expressions *acor* et *mucor* (2). Il ne s'émeut pas davantage de l'argument tiré de la vente *ad comprobationem*, et voici comment il accorde avec ses idées le § 4 des Institutes rapporté plus haut. Suivant le système du savant professeur, la maxime *expressa nocent, non expressa non nocent*, sépare essentiellement la vente : *Stichus si tibi placuerit*, de celle-ci : *Stichus, si volueris, sit tibi emptus*, etc. ; si dans le second cas elle dépend du pur caprice de l'acquéreur, elle est simplement subordonnée dans le premier à une certaine manifestation extérieure, à une condition potestative proprement dite tout à fait analogue à celle-ci : *Si capitolium ascenderis*. Tout cela est fort ingénieux sans doute, mais les bases de l'édifice ne sont peut-être pas inébranlables. En premier lieu, la formule de Paul : « *Gustus enim ad hoc proficit, ut improbare liceat,* » ne laisse pas de prise aux restrictions qu'on lui im-

(1) *System.*, § 117, note I. (Trad. Guénoux, tome III, p. 183.)
(2) L. 4, § 1, D., *De peric. et commod. rei vend. et trad.* (18-6).

pose; en amoindrir la portée, en borner les effets à quelques hypothèses, selon moi obscures et arbitraires, c'est plutôt suivre son imagination que constater ce qui est. Quant à distinguer ensuite la condition : *Si res placuerit*, de celle : *Si volueris*, c'est non-seulement faire de la subtilité scholastique, mais c'est de plus anéantir l'autorité du texte d'Ulpien, dont M. Fitting a étayé son principe. Si on refuse à la première le sens qu'on prête à la seconde, il faudra reconnaître en effet que les termes de la loi 7 *De contrah. empt.* : « *Si rationes domini computasset arbitrio,* » ne soumettent pas plus expressément la vente au pur agrément de l'acheteur que la condition : *Si res tibi placuerit* (1).

Pour moi, ici encore je me rallie à M. Bufnoir, et je pense que, dans les contrats synallagmatiques, il n'était pas impossible que l'une des parties restât tenue de sa promesse alors même que l'autre n'avait en réalité consenti à rien. Les solutions si explicites des Institutes et de Paul en matière de vente *ad comprobationem* et *ad gustum* ne me paraissent pas comporter une autre interprétation. L'un s'oblige si l'autre le veut; je n'aperçois nulle raison spéciale de réprouver un engagement ainsi conclu. Ne voyons-nous pas d'ailleurs un fait analogue se produire dans la vente d'une chose hors du commerce par un vendeur de bonne foi : l'acheteur pourra le contraindre d'exécuter sans qu'il ait lui-même aucun moyen de poursuivre

(1) V. dans la *Zeitschrift für Handelsrecht*, tome II, p. 228 et suiv., un article de M. Fitting cité par M. Bufnoir, et ce dernier auteur, *op. cit.*, p. 122, à la note, et 124, à la note également.

l'exécution ; on lui refuse l'action *venditi* tout en le laissant tenu de l'action *ex empto* (1).

Restent maintenant les textes d'Ulpien et du Code. M. Goldschmidt les concilie heureusement avec le système que je soutiens, en les faisant rapporter non pas à la nullité du contrat tout entier, mais seulement à la nullité de l'obligation soumise au bon plaisir de l'obligé. D'abord les termes généraux de la constitution 13 se prêtent sans inconvénient à cette manière de voir, et, pour ce qui est du fragment 7 *De contrah. empt.*, l'examen attentif de cette loi nous démontre que le jurisconsulte s'y est uniquement préoccupé de la question de savoir si le vendeur est sérieusement engagé par un lien juridique, et qu'il n'a rien entendu statuer sur le droit de celui-ci de demander l'exécution de la vente (2).

Aucune raison juridique ne venait donc prohiber l'emploi de la *lex commissoria* suspensive, et, au milieu du silence des textes dont on s'est armé contre son admissibilité, je crois pouvoir trouver néanmoins dans la loi 2 *Pro emptore* un argument favorable. Dans le § 2 de cette loi, Paul rapporte une décision de Sabinus aux termes de laquelle l'acheteur *sub lege commissoria* n'était admis à usucaper qu'à partir de l'époque où le paiement avait eu lieu : « *Sabinus si sic empta sit, ut nisi pecunia intra diem certum soluta esset, inempta res fieret, non usucapturum nisi*

(1) § 5, *De empt. vendit.* (*Inst.*, III, 23).

(2) Voyez en ce sens, dans le Ier volume de la *Zeitschrift für Handelsrecht*, un article de M. Goldschmidt cité par M. Bufnoir, et ce dernier auteur, *op. cit.*, pages 123 et suivantes.

persoluta pecunia. » Or on ne peut expliquer ce point de départ de l'usucapion qu'en supposant que le jurisconsulte se réfère à une espèce où la *lex commissoria* formait une condition suspensive. Je sais bien qu'à cette interprétation de la doctrine de Sabinus on a opposé les critiques de Paul : « *Sed videamus, utrum conditio sit hoc an conventio? Si conventio est, magis resolvetur, quam implebitur.* » La solution de Sabinus, a-t-on dit, est en désaccord avec tous les principes, et voilà précisément pourquoi Paul la rejette. Mais c'est se méprendre sur le sens de la phrase : *si conventio est, magis resolvetur quam implebitur,* que de lui attribuer cette portée. Paul ne reprend pas Sabinus d'avoir heurté un des principes les plus élémentaires du droit romain ; ses expressions indiquent assez qu'il ne lui reproche pas ce qui eût été une erreur juridique ; *scribit diffidenter,* dirai-je avec Cujas ; il se contente, en des termes réservés (*sed videamus utrum*), de critiquer, à raison de sa formule trop générale, la réponse de Sabinus. Tout dépend de l'intention des parties, dit-il ; il faut rechercher si le but du vendeur a été de rendre la vente conditionnelle, ou seulement de se ménager, en cas de besoin, une issue pour arriver à la résiliation. A-t-il entendu stipuler une *lex commissoria* résolutoire, l'usucapion commence à courir immédiatement. Vainement s'arme-t-on du § 4 de la même loi 2 *Pro emptore* pour soutenir que Paul, qui, dans ce dernier passage, enseigne, d'après Julien, que l'*in diem addictio* ne peut être ajoutée à la vente comme condition suspensive, n'a pu faire dans le § 3 une distinction qu'il repousse dans le § 4. Ce raisonnement ne me séduit pas davantage : je ne conteste pas que les tendances de Paul ne soient plutôt favorables à la résolution ; mais qui l'eût empêché d'être aussi précis à propos de la *lex commissoria* qu'au sujet de l'*addictio in diem?* Et s'il est resté au moins évasif dans sa critique de Sabinus, c'est tout simplement parce que la forme suspensive était plus accréditée dans le premier pacte qu'elle ne l'était dans le second.

Je m'arrêterai moins encore à l'objection tirée des termes mêmes dans lesquels est formulé le paragraphe 3 : *Si sic* EMPTA *sit*...... INEMPTA *res fieret*. Ce n'est là qu'une pure dispute de mots. La vente conditionnelle, pour être retardée dans sa formation, n'en est pas moins toujours et partout qualifiée de vente, dès l'instant où elle est consentie, et la chose qui fait l'objet de la *spes debitum iri* est bien, quoi qu'on en dise, la chose *achetée* qu'il est nécessaire de désigner par sa dénomination propre (1).

(1) On a encore invoqué en faveur de notre système la loi 38, § 2 *Ad legem Falcidiam* (D. 35-2), où Hermogénien décide qu'il faut compter dans le patrimoine du vendeur l'esclave vendu avec pacte commissoire ou *addictio in diem;* ce qui suppose bien, a-t-on dit, que le jurisconsulte se place dans l'hypothèse d'une vente conditionnelle à la suite de laquelle le vendeur a livré, tout en restant propriétaire. Mais ce fragment spécial au calcul de la quarte Falcidie n'a pas, selon moi, un rapport bien direct avec la thèse à établir : Son unique objet étant de déterminer l'actif de l'hoirie, on peut soutenir qu'à ce point de vue il n'était pas nécessaire que le vendeur eût conservé le *dominium*, et qu'il suffisait de l'éventualité d'un recouvrement pour que le droit résoluble fût considéré comme partie intégrante de la succession du vendeur. — Cpr. dans le sens de l'admissibilité de la *lex commissoria* suspensive : Mynsinger, *Inst. ad* § 4, *De empt. vendit.*, N° 4 ; — Donneau, *Comment. de jure civili*, L. XVI, cap. 19, § 6 ; — Voet, *Comment. in Pand.*, L. 18, T.

La vente étant un contrat de bonne foi, la clause commissoire sera régie par toutes les règles applicables aux pactes joints à un contrat *bonæ fidei*. Jetons un coup d'œil rapide sur ces règles.

Le pacte est-il ajouté *in continenti* au moment même du contrat, il fait corps avec ce contrat, il en devient en quelque sorte une partie intégrante, et son exécution se poursuit par l'action même qui résulte de la convention principale : « *Interdum*, disait Ulpien, *pactio format ipsam actionem, ut in bonæ fidei judiciis, solemus enim dicere pacta conventa inesse bonæ fidei judiciis; sed hoc sic accipiendum est, ut, si quidem ex continenti pacta subsecuta sunt, etiam ex parte actoris insint* (1). »

Le pacte intervient-il *ex intervallo*, il faut rechercher s'il a trait aux éléments essentiels du contrat, ou bien aux *adminicula contractus*. Dans ce dernier cas, il ne produisait en principe aucune action ; seulement, lorsqu'il avait pour but de diminuer la dette, il était possible de le faire valoir *exceptionis ope*. Mais s'il portait *super substantialia contractus*, et qu'il fût ajouté avant toute exécution : « *omnibus integris manentibus*, » les parties étaient considérées comme ayant révoqué l'ancien contrat pour lui en substituer un nouveau qui sortira son plein et entier effet : « *Pacta conventa quæ postea facta detrahunt ali-*

3, N° 1 ; — Nood, *ad tit. de lege commiss.*; — Bruni, *Inst.*, *de empt. vendit.*, N° 5 ; — Richeri, *Inst.*, t. IV, L. III, Tit. 19, § 4231 ; — Molitor, *Des obligations en droit romain*, t. II, N° 511 ; — Mainz, *Traité des obligations*, § 79, texte et note 14, p. 321 ; — M. Bufnoir, *op. cit.*

(1) L. 7, § 5, *De Pactis* (D. 2-14).

quid emptioni, contineri contractu videntur; quæ vero adjiciunt, credimus non inesse..... Si omnibus integris manentibus, de augendo vel minuendo pretio rursum convenit, recessum a priore contractu et nova emptio intercessisse videtur (1). »

Je fais maintenant l'application de cette théorie à la loi commissoire. Ajoutée *in continenti*, elle fera sans aucun doute partie de la vente, aussi bien que toute autre convention accessoire, et sera exécutée comme le contrat lui-même *tam ex parte actoris, quam ex parte rei*. Insérée *ex intervallo*, elle conservera toute son efficacité pourvu qu'elle intervienne *rebus adhuc integris;* car c'est bien sur la substance même de la convention qu'elle réagit, puisqu'elle remplace un marché pur et simple par une vente résoluble *sub conditione*. Mais s'il y avait déjà eu commencement d'exécution, que, par exemple, le vendeur eût livré l'objet, la *lex commissoria* serait impuissante à créer une action ; il est de principe en effet que, même en intervenant *circa substantialia*, le pacte adjectice n'est jamais susceptible de modifier un contrat exécuté partiellement (2). Le seul effet qu'elle pourrait produire serait d'assurer au vendeur une *exceptio*

(1) L. 72, *De contrah. empt.* (D. 18-1).

(2) Les anciens auteurs, qui refusent l'action résolutoire au vendeur *sub lege commissoria* toutes les fois sans distinction où la *lex* a été apposée après coup, paraissent avoir entendu les expressions *in continenti* comme équivalentes de *rebus integris*. Ce qui me ferait croire à cette confusion, c'est que généralement, lorsqu'à *in continenti* ils opposent *ex intervallo*, ils prennent soin de choisir une espèce où il y a déjà eu commencement d'exécution. C'est ainsi que Lauterbach écrivait : « *Requirunt doctores ut in continenti fiat : ubi res non integra, fieri*

pacti conventi pour le cas où l'acheteur, après avoir restitué la chose, viendrait ensuite, sans offrir le prix, réclamer une nouvelle délivrance par l'action *ex empto*.

En général, la clause commissoire renferme la fixation d'une époque avant laquelle l'acheteur devra s'acquitter, s'il ne veut encourir la résolution du contrat. Les différentes espèces mentionnées par nos sources contiennent toutes cette détermination ; cependant ce n'est pas là une condition de l'existence et de la validité du pacte. On trouve dans les lois 31, § 22, *De ædilitio edicto*, 3 *De contrahenda emptione*, et 41 *De rei vindicatione*, les formules de deux autres clauses de résolution de la vente conçues sans indication de jour, et rien n'empêche de supposer qu'il pouvait en être de même dans la *lex commissoria*. La vente étant un contrat consensuel et du droit des gens, la volonté des parties en est la loi suprême, *pacta dant legem contractui*; et tant que les conventions privées ne dérogent pas à ces principes essentiels dont nul n'est maître de s'affranchir, il n'y a pas de raison pour les déclarer sans effet. Aucun texte, à la vérité, ne présente le pacte commissoire sous la forme indéfinie : *Nisi pretium solutum fuerit, inempta res fiat* (1), mais la seule conclusion à tirer de cette cir-

non potest » (*In Pandect., ad tit. de lege commiss., Thes. 5*), et que Brunnemann, citant un exemple de *lex commissoria* apposée *ex intervallo*, suppose précisément qu'avant de la stipuler le vendeur avait obtenu un premier à-compte sur le prix (*In Pandect., ad leg. 1 De lege commiss. N° 6*).

(1) Je montrerai plus loin que la loi 23 *De obligation. et action.* (D. 44-7) invoquée par Cujas comme statuant sur le délai à concéder à l'acheteur, lorsque la *lex commissoria* n'en précisait pas la durée, n'a pas le sens que lui attribue notre grand jurisconsulte.

constance, c'est que l'assignation d'un terme était un usage ordinairement reçu dans la pratique. Prétendre argumenter de ce silence pour faire du délai de paiement un élément essentiel à la validité de notre pacte, serait ici d'autant plus maladroit que nous savons par la loi 41 *De rei vindicatione* (D. 6-1) que, même dans l'*addictio in diem*, la désignation d'un jour n'était pas indispensable. Si donc il en est ainsi dans une clause dont le nom même semblerait indiquer la nécessité d'un terme, pourquoi se montrerait-on plus exigeant à propos de la *lex commissoria* ? Que maintenant les jurisconsultes n'aient pas fait à celle-ci l'application spéciale des règles du droit commun qu'ils ont faite à celle-là, cela s'explique sans peine : vraisemblablement ils n'ont pas prévu que l'incertitude qu'aurait pu faire naître la qualification d'*addictio in diem* fût possible en matière de pacte commissoire (1).

Le pacte commissoire étant une véritable condition à l'événement de laquelle est subordonnée l'existence ou la résolution de la vente, je l'étudierai, suivant une division bien connue, à trois époques distinctes : lorsqu'elle est en suspens, lorsqu'elle est défaillie, lorsqu'elle est réalisée.

(1) V. dans ce sens Zoésius, *in Pandectas, ad tit. De lege commissoria*, n° 7 ; — Perez, *Prælection. in codic. ad tit. De pact. int. empt. et vendit.*, n° 9 ; — Cujas, *ad leg.* 23, *De oblig. et action.* ; — Brunnemann, *Comment. in Pandect., ad leg.* 4, *De lege commiss.* ; — Voet, *Comment. in Pandect.*, l. 18, t. 3, n° 4 ; — Lauterbach, *Comment. in Pandect., ad tit. De lege commiss. Thes.* 55 ; — Pothier, *du contrat de vente*, n° 474 ; — Mainz, *Traité des obligations*, § 79, notes 13 et 16.

CHAPITRE Ier.

La loi commissoire est pendante.

SECTION Ire.

La loi commissoire a été envisagée comme condition suspensive.

Le propre de la condition suspensive étant de soumettre l'existence du contrat à l'accomplissement d'un fait déterminé, toutes les fois que les parties auront imprimé ce caractère au pacte commissoire, les effets de la vente seront en suspens comme la vente elle-même. Ainsi, tant que l'événement ne se réalise pas, il n'y a ni action *empti* pour l'acheteur, ni action *venditi* pour le vendeur; celui-ci, demeuré propriétaire exclusif de sa chose, reste le maître de l'hypothéquer et de l'aliéner, il en perçoit les fruits et se les approprie, toute demande en revendication lui appartient, il a seul qualité pour y défendre. — Jusqu'à l'acquittement du prix, l'acheteur qui aurait obtenu la tradition est impuissant à usucaper *pro emptore :* « *Ubi autem conditionalis venditio est,* dit Ulpien, *negat Pomponius usucapere eum posse* (1).» « *Si sub conditione emptio facta sit,* enseignait Paul, *pendente*

(1) L. 4, *De in diem addict.* (D. 18-2).

conditione, emptor usu non capit (1).» Ces décisions ne présentent d'ailleurs qu'une application spéciale du principe posé par la loi 8 *De peric. et commod. rei vendit. et trad.* : « *Quod si pendente conditione, res tradita sit, emptor non poterit eam usucapere pro emptore.* »

Mais la tradition éventuelle ne confère-t-elle pas au moins à l'*accipiens* la possession *ad interdicta*?

Sell a soutenu la négative (2); et, en faveur de son système, il a invoqué la loi 38, § 1 *De acquir. posses.*: « *Si quis possessionem fundi ita tradiderit, ut ita demum cedere ea dicat, si ipsius fundus esset, non videtur possessio tradita, si fundus alienus sit. Hoc amplius existimandum est,* POSSESSIONES SUB CONDITIONE TRADI POSSE SICUT RES SUB CONDITIONE TRADUNTUR, *neque aliter accipientis fiunt, quam conditio extiterit.* »

Je ne vois rien dans ce fragment qui puisse résoudre la difficulté en question; pour moi comme pour quiconque lira ce passage, sans parti pris, la décision de Julien signifie tout simplement que la tradition peut être conditionnelle, aussi bien lorsqu'elle tend au déplacement de la possession que quand elle a pour objet le transfert de la propriété; et comme ce texte est le seul que puisse alléguer l'auteur allemand, j'en conclus que sa doctrine ne rencontre pas de soutien dans nos sources. En trouverait-elle davantage dans les prin-

(1) L. 2, § 2, *Pro emptore* (D, 41-4); *Adde*, § 3, *ibid.* le passage cité plus haut de Sabinus : *Si sic empta sit, ut nisi pecunia intra certum diem soluta esset, inempta res fieret, non usucapturum nisi soluta pecunia.*

(2) *Bedingte traditionen*, p. 36 et suiv.

cipes? Je ne le crois pas! On a cherché cependant, et on a fait une objection sérieuse. L'effet immédiat de la tradition, a-t-on dit, c'est de rendre l'*accipiens* possesseur de la chose livrée; la translation du *dominium* n'est que la conséquence de ce déplacement de la possession; donc rendre la tradition conditionnelle, c'est tenir également *in pendenti* le transport de la possession. Je me rendrai volontiers à ce raisonnement, s'il était établi que la transmission de la propriété est toujours une conséquence essentielle de la mise en possession; mais il me semble qu'on a fait la règle de ce qui est seulement le cas le plus ordinaire; je croirai plutôt que l'intention des parties est ici la seule loi qu'il faille consulter, car si la propriété est le plus fréquemment transmise avec la possession, il est pourtant des cas, dans le *pignus* par exemple, où la tradition ne confère à l'*accipiens* qu'une simple possession. « Or, dit M. Bufnoir, on ne peut pas sup-« poser raisonnablement que le *tradens*, en mettant « en fait la chose à la disposition et à la garde de l'*ac-« cipiens*, ait voulu cependant conserver la possession « juridique, et avec elle les interdits destinés à la pro-« téger (1). »

Je pense donc, comme le savant professeur, qu'en dehors d'une déclaration contraire, on doit présumer l'acheteur immédiatement en possession; que c'est à lui par conséquent qu'appartiennent les interdits, et qu'il pourrait les exercer même contre le *tradens* si le trouble était l'œuvre de ce dernier.

Cette opinion, sans être expressément consacrée

(1) *Op. cit.*, p. 391.

par les textes, peut néanmoins s'appuyer des divers fragments qui refusent à l'*accipiens* le droit d'usucaper *ante conditionem* (1). Cette impossibilité d'usucapion, les jurisconsultes la motivent exlusivement par un défaut de *justa causa ;* or, si le *tradens* s'était retenu la possession, on l'expliquerait bien plus naturellement par cette considération radicale qu'il n'y a pas eu de possession. Si donc on est obligé de recourir à ce motif relativement secondaire de l'absence d'une *justa causa,* c'est évidemment parce que la tradition a rendu l'*accipiens* possesseur en même temps que détenteur (2).

Tous les risques de la chose sont à la charge du vendeur (3). Si pourtant il était convenu entre les intéressés que celui-ci garderait la chose aux périls de l'acheteur, Ulpien pensait que cette convention devait être exécutée : « *Si in venditione conditionali, hoc ipsum convenisset ut res periculo emptoris servaretur puto pactum valere* (4). »

Mais si la condition tient en suspens les obligations respectives des parties, le contrat n'en crée pas moins une *spes debitum iri* dont l'acquisition exige de part et d'autre la capacité actuelle de s'engager. Et c'est tout simple, puisque c'est le consentement échangé

(1) Cpr. § 111 des *fragm. vatic.*

(2) En ce sens M. Bufnoir, *op. cit.*, p. 390 et suiv., ainsi qu'un article par lui cité de M. le professeur Jehring : *Examen critique du livre de Sell* (Richter'sJahrbücher, 1847, p. 882).

(3) Arg. de la loi 8 *De peric. et comm. rei vend. et trad. : Quod si extiterit (conditio), Proculus et Octavenus, emptori esse periculum aiunt.*

(4) L. 10, *De peric. et comm. rei vend. et trad.* (D. 18-6).

dès à présent qui doit plus tard donner à la vente son existence définitive.

SECTION II.

La loi commissoire a été insérée au contrat comme condition résolutoire.

L'existence de la vente n'est pas suspendue jusqu'à l'époque où le prix sera payé par l'acheteur. Elle se forme immédiatement ; le contrat est parfait à son origine ; il n'y a de conditionnel que sa résolution.

Ainsi :

Les parties doivent être, au jour même de la vente, juridiquement capables de s'obliger.

L'acheteur aura l'action *empti* pour obtenir de son vendeur la délivrance de la chose, et réciproquement il sera contraint par l'action *ex vendito* de venir recevoir l'objet et de le retirer.

L'exécution de la vente résoluble produit les mêmes effets que l'exécution d'une vente pure et simple, notamment si le vendeur est propriétaire : l'acheteur acquiert par la tradition le *dominium* de la chose vendue ; il pourra légitimement aliéner cette chose, l'hypothéquer, la donner en gage ou la grever de servitudes (1).

Les fruits qu'il perçoit lui appartiennent. Il peut exiger par l'action *ex empto*, la remise de ceux qui ont été recueillis entre la vente et la livraison.

(1) Cpr. L. 4, § 3 *De in diem addict.*; — L. 3, *Quib. mod. pign. solv.* (D. 20-6).

Il intente les revendications et y défend (1); c'est à lui qu'est donné l'interdit *quod vi, aut clam* (2).

S'il a acheté de bonne foi d'un non-propriétaire, il est placé par son titre *in causa usucapiendi* (3). Et cette faculté ne l'autorise pas seulement à faire courir son usucapion *a die traditionis,* elle lui permet en outre de joindre sa possession à celle de son auteur, et d'achever ainsi une usucapion en cours dont les effets ne seront pas anéantis par la résolution de la vente.

Enfin, que la chose soit détruite ou seulement détériorée, l'acheteur supporte les risques toutes les fois que le vendeur opte pour le maintien du contrat malgré l'accomplissement de la clause résolutoire. En fait, ils seront toujours à sa charge, car le vendeur étant recevable à demander le paiement du prix, encore que déjà la *lex commissoria* soit encourue, il va de soi qu'il se gardera bien de se prévaloir d'une résolution qui lui ferait perdre du même coup et la chose et le prix (4).

(1) Arg. L. 29, D. *De M. C. Donat.* (39-6).

(2) Arg. de la L. 4, D. *De lege commiss.* (18-3).

(3) L. 2, § 1, D. *De in diem addict.* (18-2).

(4) L. 2. *De lege commiss.* — Cette obligation pour l'acheteur *sub lege commissoria* de supporter les risques de la chose vendue, ne contredit nullement la doctrine énoncée plus haut (page 21, note 1), que la perte totale est à la charge de l'aliénateur, lorsque le droit transmis est résolu par l'événement d'une condition; je dirai même qu'elle en est la reconnaissance virtuelle, car, en déclarant que la perte de la chose est pour l'acheteur, lorsque la résolution ne s'opère pas de plein droit, notre règle admet d'une manière implicite qu'il en serait différemment si la condition se réalisait *ipso jure.* (V. en ce sens M. Bufnoir, *op. cit.*, p. 456 et suiv.)

CHAPITRE II.

La loi commissoire est défaillie.

SECTION Ire.

La loi commissoire a été considérée comme condition suspensive.

Lorsque le paiement n'a pas lieu et que le vendeur renonce à son droit de demander le prix, la convention est mise à néant ; tout ce qui s'est fait est non avenu : « *Quod si sub conditione res venierit, siquidem defecerit conditio, nulla est emptio sicuti nec stipulatio* (1). » « *Similis erit sub conditione factæ venditioni, quæ nulla est, si conditio defecerit* (2). » Il en résulte que si dans l'intervalle le vendeur avait provisoirement livré la chose, cette mise en possession conditionnelle deviendrait nulle comme la vente elle-même. Le temps pendant lequel la chose serait restée au pouvoir de l'acheteur n'est pas perdu pour le *tradens* qui aurait été *in causa usucapiendi* au moment de la tradition. Demeuré possesseur *ad usucapionem*, malgré l'abandon de la *possessio ad interdicta*, la situation n'est point changée à son égard par la remise temporaire de l'objet entre les mains de l'acheteur.

(1) L. 8 pr., *De peric. et comm. rei vend. et trad.* (D. 18-6).
(2) L. 37, *De contrah. empt.* (D. 18-1).

SECTION II.

La loi commissoire a été insérée au contrat comme condition résolutoire.

Le prix une fois payé, la vente est irrévocable; tous les effets produits par le contrat résoluble, alors que la condition était *in pendenti*, sont désormais définitifs : « *Deficiens solutiva facit ut adjecta fuisse non videatur; manet prior contractus firmus ac stabilis, omni extinguendi spe sublata.* »

CHAPITRE III.

La loi commissoire est accomplie.

SECTION Ire.

Comment s'accomplit le pacte commissoire.

La loi commissoire est réalisée aussitôt que l'événement dont dépendent l'existence ou la résolution de la vente, s'est effectivement produit.

§ I.

La loi commissoire a été apposée au contrat comme condition suspensive.

L'événement auquel est soumise la formation de la vente étant ici encore l'acquittement du prix, aussitôt que l'acheteur se sera exécuté, le contrat suspendu jusqu'alors deviendra par le fait même aussi parfait que s'il eût été *ab initio* pur et simple : « *Cum enim semel conditio extitit*, dit Gaius, *perinde habetur, ac si illo tempore quo stipulatio interposita est, sine conditione facta esset* » (1).

§ II.

La loi commissoire a été stipulée comme condition résolutoire.

Deux cas peuvent se présenter : ou la *lex commissoria* fixe un délai dans lequel le prix doit être payé, ou bien il a été simplement convenu que, si l'acheteur ne s'exécutait pas, la vente serait résolue.

Première hypothèse. — *Le pacte contient la fixation d'un délai.* — L'échéance du terme vaut interpellation. L'acheteur doit offrir son prix sans demande préliminaire du vendeur ; l'arrivée de l'époque prévue par le contrat suffit à le mettre en demeure : « *Dies pro homine interpellat.* » Marcellus hésitait à admettre cette solution : « *Dubitat commissoria utrum tunc locum habeat, si interpellatus non solvat, an vero si non obtulerit ;* » mais Ulpien, qui rappelait ainsi le doute de son devancier, le condamne aussitôt en ajoutant : « *Et magis arbitror, offerre eum debere, si vult se legis commissoriæ potestate solvere* (2). »

(1) L. 11, § 1, D. *Qui potior. in pign.* (20-4).

(2) L. 4, § 4, *De lege commiss.* (D. 18-3) ; — Cpr. L. 10, § 1, *De Rescind. vindit.* (D. 18-5) ; — L. 23, *De oblig. et act.* (D. 44-7) ; — L. 77, *De verbor. oblig.* (D. 45-1) ; — L. 12, *Cod. De contrah. et committ. stipul.* ; — Perez, *ad tit. De pact. inter emptor. et vindit.*, n° 9 ; — Brunnemann,

Une sommation serait même intempestive ou dangereuse : faite avant l'expiration du délai, elle serait illégale (qui a terme ne doit pas être inquiété), et faite après, elle impliquerait renonciation au bénéfice de la clause commissoire. Cette opinion, professée par le président Favre (1) et reproduite par Molitor (2), a paru trop hardie. Cujas soutient que le verbe *petere* signifie uniquement demander en justice, que les textes où il se trouve l'entendent dans ce sens, et que la décision de son savant contemporain n'est que le résultat d'une confusion regrettable de la demande en justice avec l'interpellation extrajudiciaire (3).

C'est donc sur la portée du mot *petitio* que roule toute la controverse ; or, je crois que les jurisconsultes eux-mêmes n'avaient pas là-dessus une théorie bien arrêtée. Marcellus, nous l'avons vu, recommandait la sommation préalable ; Ulpien, au contraire, la prohibait : de plus, tandis que Hermogénien envisage la *petitio* comme une renonciation décisive à l'action résolutoire, Paul, dans la loi 38 *De minoribus*, emploie le même mot comme synonyme de *denuntiatio*, et voit dans cette réclamation du prix une démarche qui *pourrait être considérée* comme entraînant la re-

Comment. in Pandect. ad leg. 4 *De lege commiss.*, n° 3 ; — Voet, *Comment. in Pandect. ad tit. De lege commiss.*, n° 4 ; — Richeri, *Inst.* L. III, T. 19, § 4232 ; — Faber, *Rationalia in Pandect, ad leg.* 4 *De lege commiss.*, *Codex Fabrianus* L. IV, T. 36, *def.* 13, *De erroribus pragmatic. decad.* 21 ; — Despeisses, 1re partie, T. 1, sect. 6, n° 3 ; — Ferrière, *Dictionn. de pratique*, V°. *Pacte de la loi commissoire ;* — Mainz, *Traité des oblig.*, § 79, p. 321.

(1) *Rational. in Pandect. ad lege* 4 *De lege commiss.*

(2) *Traité des obligations, de la vente*, t. II, n° 510.

(3) Voyez aussi Strickius, *in Pandect. ad tit. De lege commiss.*

nonciation du vendeur : « *Et dicebam posse magis ea ratione restitui eam* (pupillam emptoris hæredem), *quod venditor* DENUNTIANDO *post diem, quo placuerat esse promissum et* PRETIUM PETENDO, RECESSISSE A LEGE SUA VIDERETUR. »

Il est donc avéré que la *denuntiatio* comprenait la *petitio* amiable du prix, et que les jurisconsultes romains n'étaient pas d'accord sur les effets de cette *denuntiatio*; cependant, bien que le système contraire puisse s'appuyer de l'avis de Marcellus, j'estime qu'en présentant comme périlleuse l'interpellation après terme, le président Favre donnait non-seulement un conseil de prudence, mais qu'il se tenait en outre dans les termes exprès de la doctrine prédominante à Rome (1).

L'acheteur n'échappera pas aux conséquences de la loi commissoire en payant une partie de son prix avant la commise du pacte (2), l'exécution incomplète d'une clause pénale étant assimilée à une inexécution absolue (3). Il ne pourra non plus se mettre

(1) Le débat qui s'était produit sur ce point est encore constaté dans la loi 12 au code *De contrah. et committ. stipul.* Par cette constitution, Justinien décide que, pour suppléer à l'obscurité des lois anciennes et afin de prévenir d'interminables procès, la peine dans les stipulations pénales à jour fixe serait encourue sans aucun avertissement : « *Sciat minime se posse debitor ad evitandam pœnam adjicere, quod nullus eum admonuit : Sed etiam citra ullam admonitionem eidem pœnæ pro stipulationis tenore fiet obnoxius ; cum ea quæ promisit, ipse in memoria sua servare, non ab aliis sibi manifestari debeat poscere.* »

(2) Arg., L. 6, § 2, *De lege commiss.*

(3) L. 47, *De action. empt. et vend.* (D. 19-1) ; — L. 23, *De oblig. et action.* (D. 44-7) ; — L. 5, § 4, et L. 85, § 6, *De verb. oblig.* (D. 45-1). — Voyez aussi Lauterbach, *Dissert. disp.*, 152, § 16.

à l'abri de la résolution en purgeant sa demeure après l'échéance du terme; un paiement tardif n'empêche pas le fait résolutoire de s'être accompli : « *Et quidem finita est emptio* (1). » C'était là du moins le droit consacré en matière de clause pénale : « *Si arbiter intra Kalendas septembris dari jusserit*, dit Celse, *nec datum erit; licet postea offeratur, attamen semel commissam pœnam compromissi non evanescere.* » Or, nous lisons dans la loi 23 *De oblig. et action.*, qu'Africain envisageait la *lex commissoria* comme une peine; par conséquent il est rationnel d'appliquer à notre espèce la décision ci-dessus de Celsus; ici, comme dans l'obligation avec clause pénale, on peut alléguer le motif : « *Quoniam semper verum est intra Kalendas datum non esse* (2). »

Cette rigueur avec laquelle le droit romain interprétait la réalisation du pacte commissoire a entraîné dans la voie des correctifs la plupart des commentateurs, mais sans autre appui sérieux que des raisons d'équité; ces adoucissements, il faut le dire, ne résistent pas à l'autorité de nos textes.

Ainsi, dans la règle : *Omnia judicia sunt absolutoria*, Cujas a cru trouver un motif pour enseigner que l'acheteur pouvait se soustraire à la résiliation en offrant son prix, même au cours de l'instance.

Cette argumentation me paraît mal procéder. Le principe que l'acquiescement aux prétentions du ven-

(1) Cpr. Perez, *Prælectiones in codic. ad tit. De pact. int. empt. et vendit.*, n° 9; — Despeisses, 1re partie, tit. 1, sect. 6, n° 3, 7°; — Mainz, *Traité des oblig.*, § 88, p. 356.

(2) L. 23, *De recept. qui arbitr. recep.* (D. 4-8). Cpr. L. 23, *De oblig. et action.* (D. 44-7).

deur amène l'absolution de l'acheteur, produirait au contraire un résultat tout différent de celui qu'on lui prête; car, lorsque le demandeur soutient que la propriété du défendeur est résolue, à quoi peut acquiescer celui-ci, sinon à la chute de son droit? Et en supposant même, comme le fait Cujas, que le demandeur accepte les offres, le principe invoqué demeure encore sans influence, puisque alors la *purgatio* résulterait non plus de l'acquiescement privé de l'acheteur, mais bien d'une convention bilatérale des parties.

D'autres interprètes ont allégué les fragments 73, § 2, et 91, § 3, *De verbor. oblig.* L'un et l'autre attestent la possibilité d'une *purgatio* dans les stipulations ayant pour objet un corps certain; mais c'était seulement sur quelques-unes des suites de la demeure que cette *purgatio* timidement permise (*hæsitatur*) étendait son action. Ainsi, par exemple, elle influait sur la responsabilité du *promissor* au point de vue des risques; si le corps certain périssait postérieurement aux offres de celui-ci, l'obligation était éteinte. Il eût été injuste de rendre le débiteur victime de la mauvaise volonté du stipulant. Le passage ci-après du même § 3 de la loi 91 indique nettement ces effets restreints d'une exécution postérieure à la *mora*: « *Et Celsus adolescens scribit eum qui moram fecit in solvendo Sticho, quem promiserat, posse emendare eam moram postea offerendo : esse enim hanc quæstionem de bono et æquo : in quo genere plerumque sub auctoritate juris scientiæ perniciose (inquit) erratur, et sane probabilis hæc sententia est quam quidem et Julianus sequitur : nam dum quæritur de damno, et par utriusque causa sit, quare non potentior sit, qui teneat, quam qui persequitur?* »

Au surplus, ces textes sont, à mon avis, étrangers à la question; statuant tous les deux à propos d'un engagement pur et simple, leur autorité serait toujours fort contestable en présence de la décision de Celsus particulière à l'obligation sous clause pénale (1).

Poursuivant ensuite leur principe prétendu dans ses applications usuelles, nos adversaires ont entrepris de déterminer dans quelles limites l'acheteur serait recevable à jouir du bénéfice de la *moræ purgatio*.

Un premier système voit dans l'arrivée du terme moins une mise en demeure de l'acheteur qu'une interpellation à l'adresse du vendeur. Il impose à ce dernier l'obligation de faire connaître sur l'heure s'il opte pour le maintien de la vente ou pour sa résolution, et permet à l'acheteur de se libérer tant que le vendeur n'aura pas pris parti. Cette opinion se base sur la réponse de Papinien relatée dans la loi 4 *De lege commiss.* : « *Statim atque commissa lex est, statuere venditorem debere utrum commissoriam velit exercere an potius pretium petere.* » Une interprétation trop littérale du mot *statim* constitue, on le voit, tout le fondement de cette théorie; mais attribuer à cette expression une portée aussi rigoureuse, une signification aussi absolue, n'est-ce pas faire dire à notre paragraphe au-delà de ce qu'il contient en réalité? La *moræ purgatio* ne me paraît pas ici le moins du monde en jeu; tout ce que veut indiquer le jurisconsulte, c'est que le vendeur ne peut laisser indéfiniment l'acheteur

(1) L. 23, *De recept. qui arbitr. recep.* *Supra* p. 60.

dans l'incertitude, qu'il doit manifester son option dès qu'il y a commise, et qu'il lui est interdit de revenir sur son choix après qu'il l'aura légalement dénoncé.

Rien dans tout cela, que je sache, ne fait de l'abstention du vendeur une excuse dont le débiteur puisse se mettre à couvert afin de valider le contrat par un paiement tardif. La seule conclusion à en tirer, c'est que l'acheteur pourra faire sommation au vendeur de déclarer sans délai s'il entend ou non se prévaloir du pacte commissoire : « *Poterit vero emp-* « *tor*, dit Brunnemann, *contractu non impleto, statim* « *cogere venditorem ut dicat an lege commissoria uti* « *velit* (1). »

Une autre opinion moins sévère accorde au vendeur, pour délibérer, dix jours, pendant lesquels les propositions de l'acheteur demeurent sans effet ; mais une fois ce laps de temps écoulé sans qu'il ait fait connaître ses intentions, les offres de paiement faites dans l'intervalle sont déclarées satisfactoires, et la vente devient irrévocable (2). Quant à la justification de ce délai, on la trouve dans la loi 21 *De pecunia constituta;* mais l'argument d'analogie qu'on oppose n'a pas de raison d'être. Le paragraphe 1er de ce fragment est en effet relatif à un pacte de constitut fait sans terme ; or *constituere*, dans son acception précise, signifiant prendre jour, on aurait pu soutenir en quelque sorte qu'il n'y avait pas de dette; afin d'éviter alors

(1) *Comment. in Codic. ad leg. 4 De pact. int. emptor. et vendit.*, n° 4 ; — *Adde* Strikius, *ad tit. De lege commiss.*

(2) Lauterbach, *in Pandectas, ad tit. De lege commiss.* § 18 ;— Hilliger, *sur Donneau, Lib.* 19, *Tit.* 10, *Nota* 4.

cette conséquence que repousse l'équité prétorienne, Paul décide qu'il convient de laisser au débiteur un *modicum spatium* qui ne sera pas moindre de dix jours. Cette observation suffit à démontrer que la concession du jurisconsulte n'a pas de rapport avec notre matière, et que le raisonnement *à pari* qu'on en a tiré ne saurait avoir aucune valeur.

Seconde hypothèse. — *La convention n'a pas fixé de terme.* — A quel moment faut-il dire : *Commissa lex est?* Puisqu'on ne peut pas invoquer ici la maxime : *dies pro homine interpellat*, on rentre forcément sous l'empire des règles ordinaires de la *mora;* une sommation est indispensable ; le débiteur n'est en demeure qu'autant que « *interpellatus opportuno loco non solverit* (1). » Les interprètes ont beaucoup varié sur le point de savoir à quelle époque cette interpellation pouvait être faite. Voet, par un raisonnement d'analogie tiré de la loi 31, § 22 *De ædilitio edicto*, propose timidement un répit de soixante jours (2). Cette opinion a le tort d'être purement arbitraire ; je n'entrevois même pas quel rapport elle peut établir entre les deux cas : l'espèce du paragraphe cité relative à la clause : *nisi placuerit, res redhibeatur*, offre d'autant moins d'analogie avec la nôtre que, dans ce fragment, la concession du terme de soixante jours n'était qu'une interprétation légale de la volonté des parties. Ici en effet l'admissibilité du terme n'était pas discutée, il va de soi que la personne

(1) L. 32, pr. D. *De usuris et fructibus* (22-1).
(2) FORTE *per sexaginta dierum lapsum* (*Comment. in Pandect. ad tit. De lege commissoria, n° 4*).

qui achète un objet en se réservant de le rendre, s'il ne lui convient pas, ne peut être tenue de se décider sur-le-champ ; s'il en était ainsi, la condition *si displicuerit* serait pleinement inutile; il n'y avait de difficulté possible qu'en ce qui touche la durée de l'intervalle dans lequel elle doit prendre parti, et c'est là-dessus qu'Ulpien répond : « *In factum actio intra sexaginta dies utiles accommodatur emptori ad redhibendum.* » Mais toute autre est notre hypothèse ; la question qu'elle soulève n'est pas de savoir si le délai accordé à l'acheteur pour payer sera plus ou moins long, mais bien de rechercher si le vendeur peut ou non demander immédiatement l'exécution de la vente; or il est difficile que sur ce point le texte invoqué fournisse le moindre élément de solution.

Un autre système assez généralement suivi veut qu'avant de constituer l'acheteur *in mora*, on lui laisse pour s'exécuter un certain laps de temps (*modicum spatium*). Cette doctrine est fondée sur la loi 23 *De obligationibus et actionibus;* dans ce texte, Africain décide d'abord qu'une clause pénale accompagnée d'un terme est encourue par le seul fait de l'échéance, et qu'une offre d'exécuter faite après la sommation ne relève pas de la peine, si d'autre part le débiteur ne prouve que l'inaccomplissement de l'obligation ne lui est pas imputable; puis il ajoute qu'il en est de même au cas de compromis ; que, si un arbitre a condamné l'une des parties à payer à l'autre à un jour fixé une certaine somme, le débiteur n'échappera à la stipulation pénale insérée dans le compromis, que s'il n'a pas dépendu de lui d'effectuer le paiement : « *Adeo ut et illud Servius rectissime existimaverit, si quando dies qua pecunia daretur, sententiæ arbitri comprehensa non esset, modicum spatium datum videri. — Hoc idem dicendum et cum quid ea lege venierit, ut, nisi ad diem pretium solutum fuerit, inempta res fiat.* »

On a prétendu que l'assimilation contenue dans cette dernière phrase se référait immédiatement à la réponse donnée par Servius, que, lorsque la sentence arbitrale n'avait précisé aucun délai pour l'exécution, il était permis d'accorder au débiteur un *modicum spatium* pour se libérer (1). Mais cette interprétation ne me paraît pas exacte ; Africain ne relate qu'incidemment la décision de Servius, et son observation finale semble devoir se rapporter plus rationnellement aux principes exposés dans le corps du fragment qu'à la citation qui la précède. Comment admettre en effet qu'Africain ait eu l'intention d'étendre au pacte commissoire les règles qu'il pose à propos du compromis pour la circonstance où le débiteur est condamné à payer sans délai, lorsque, précisément dans sa formule de *lex commissoria*, il suppose qu'un terme y a été inséré : « *ut nisi* AD DIEM *solutum fuerit pretium.* » D'ailleurs le motif pour lequel on concède un *modicum spatium* au débiteur condamné par une sentence arbitrale n'est plus opposable lorsqu'il s'agit d'un acheteur. Le débiteur peut ne pas trouver de suite la somme qu'il est tenu de compter ; il est pos-

(1) Cujas, *Tract. VII ad Africanum, in leg.* 23 *De oblig. et action.*, — Cpr. Lauterbach. *Dissertationes. disp.* 152. § 17; — Nood, *ad tit. De lege commiss.*, § 1; — Molitor, *Traité des obligations en droit romain*, T. II, n° 512.

sible que, sans être coupable de la moindre négligence, il n'ait pas eu moyen de satisfaire à la sentence à l'instant où elle a été rendue ; il est alors bien naturel qu'on lui laisse le temps de se procurer les fonds dont il a besoin pour s'acquitter. L'acheteur, au contraire, s'est engagé volontairement ; il a consenti en toute liberté à la condition inscrite dans la vente ; il était maître de réclamer un sursis et, en cas de refus, de renoncer au marché. J'estime donc que notre loi 23 ne s'occupe que du cas où la *lex commissoria* a été ajoutée au contrat avec détermination de délai et que la phrase dernière d'Africain rend applicable à ce pacte, non pas la décision de Servius, mais bien la doctrine édictée au commencement du texte sur l'effet de l'expiration du terme dans la clause pénale du *nauticum fœnus* ou du compromis. Le passage incidemment cité de Servius doit être par conséquent restreint à l'espèce particulière de la sentence arbitrale prononcée sans terme, et l'on ne saurait dès lors en argumenter pour astreindre le vendeur à laisser toujours à l'acheteur un *modicum spatium* avant de le mettre en demeure. Tout ce qu'on peut dire, c'est que la *mora* est une question de fait qui ne peut être résolue *a priori* : « *An mora facta intelligatur, neque constitutione ulla, neque juris auctorum quæstione decidi posse*, CUM SIT MAGIS FACTI QUAM JURIS (1). » D'où il suit que l'opinion la plus raisonnable serait celle qui donnerait au juge toute latitude pour apprécier souverainement l'opportunité de l'interpellation ; s'il reconnaît qu'elle a été prématurée, que le débiteur n'é-

(1) L. 32. D. *De usuris* (22-1).

tait pas tenu d'une exactitude si rigoureuse, qu'en fait celui-ci est victime d'exigences injustes ou ridicules, il pourra légitimement déclarer qu'il n'y a pas eu retard. Mais aucun précepte obligatoire ne lui commande cette décision, elle sera exclusivement le résultat de l'appréciation qu'il aura souverainement faite des circonstances de la cause. A tel point que, si les parties ont entendu que le prix serait payé comptant, il y aurait de sa part déni de justice à refuser au vendeur le droit d'exiger le paiement à l'heure même, et, si la sommation n'aboutit pas, de se prévaloir aussitôt du pacte commissoire (1).

Il reste à savoir maintenant jusqu'à quelle époque l'acheteur sera recevable à purger sa demeure. Je pense avec Cujas qu'il ne sera forclos de cette faculté que par la *litis contestatio*. C'est la doctrine enseignée en matière de clause pénale par la loi 84 *De verbor. oblig.*, les lois 23, § 12, et 52 *De receptis*. Or, puisque la loi 23 *De oblig. et action.* applique les mêmes règles à la *lex commissoria* et à la *stipulatio pœnæ* pour le cas où elles seraient consenties avec indication de terme, quel inconvénient verrait-on à admettre la même analogie lorsque la convention ne contient pas de *dies?* Si le débiteur *in mora*, mais dont la demeure ne résulte pas de l'expiration d'un terme conventionnel, peut se soustraire à la peine en s'exécutant *ante acceptum judicium*, pourquoi n'en serait-il pas de même de l'acheteur, puisque la *lex commissoria* n'est en définitive qu'une forme particulière de la clause

(1) Cpr. M. Rousselier, *Du droit de résolution et du privilège accordés au vendeur non payé*, p. 54 et suiv.

pénale? Si donc le contrat porte d'une manière générale que la vente sera résolue si le prix n'est pas acquitté, dès qu'il se trouve qu'au moment de la *litis contestatio* le paiement a eu lieu, le juge devra rejeter la prétention du poursuivant et mettre le défendeur hors de procès, car c'est à la *litis contestatio* qu'il doit se reporter pour statuer sur le mérite des allégations des parties (1).

ARTICLE 1er.

Exercice de l'action en résolution.

C'est un principe incontesté en droit romain que l'accomplissement du pacte commissoire opère de plein droit la résolution du contrat de vente. Mais, à côté de ce principe, il en est un autre non moins irréfutable, c'est que cette résolution ne se produit jamais que sous le consentement du vendeur. La *lex commissoria* intervenant toujours dans l'intérêt exclusif de ce dernier, lui seul pouvait en exiger l'exécution, et même, en cas de non-paiement, il lui était loisible d'y renoncer et de poursuivre simplement l'acheteur par l'action *venditi* (2). Si le vendeur eût été nécessairement contraint d'exercer le droit résultant pour lui de la clause résolutoire, il aurait pu arriver que cette réserve, introduite tout entière en sa faveur, eût tourné bien souvent à son préjudice, car l'ache-

(1) Cujas, *Tract. VII in Africanum, ad leg.* 23; *De oblig. et action.*; *ad tit. De oblig. et action., ead. leg.*; *ad leg.* 84, *De verb. oblig.*; — Lauterbach, *Dissertationes*, *disp.* 152, § 17 et § 19; — Mainz, *Traité des obligations*, § 79, note 16, p. 321.

(2) L. 2, § 3, *De lege commiss.* (D. 18-3).

teur aurait été maître, en ne payant pas le prix, de faire résoudre la vente et de se décharger ainsi de tous les risques que le contrat mettait à sa charge. C'est ce que Pomponius a très bien mis en lumière dans notre loi 2, *De lege commiss.* : « *Cum venditor fundi in lege ita caverit, si ad diem pecunia soluta non sit, (ut) fundus inemptus sit. Ita accipitur inemptum esse fundum si venditor inemptum cum velit, quia id venditoris causâ caveretur : nam si aliter acciperetur exusta villa in potestate emptoris futurum ut non dando pecuniam inemptum faceret fundum qui ejus periculo fuisset.* »

Deux conditions étaient donc requises pour l'exercice légal de l'action résolutoire : avoir qualité pour agir, et vouloir user du droit de résolution.

Si maintenant je recherche contre qui seront dirigées les poursuites, ma solution devra se borner au principe général : contre l'acheteur et contre ses héritiers. Réfléchiront-elles sur les tiers? Je ne puis le savoir encore. La réponse à cette question dépend de la nature des actions qu'exercera le vendeur.

Article 2e.

Nature de l'action résolutoire.

Avant Auguste, l'exécution de la clause commissoire se poursuivait, comme l'exécution des engagements dérivés de la vente, par l'action personnelle *venditi*. C'était là une application pure et simple de la règle précédemment exposée, d'après laquelle les pactes joints *in continenti* à un contrat de bonne foi sont protégés par l'action même qui résulte de la convention principale (1).

Sous le règne d'Auguste, lorsque éclata la rivalité des deux grandes écoles Sabinienne et Proculéienne, la doctrine se divisa.

Partant de cette idée que l'événement de la condition résolutoire anéantissait la vente et faisait disparaître ainsi tous rapports de vendeur à acheteur, les Proculéiens soutinrent qu'il était illogique, contradictoire même, d'employer, pour détruire les effets d'une opération, le moyen qui précisément était destiné à la faire valoir; ils substituèrent par conséquent à *l'actio venditi* l'action également personnelle *præscriptis verbis*.

Les Sabiniens, au contraire, demeurèrent fidèles au principe, et, soit esprit de parti, soit conviction, ils défendirent énergiquement la légalite de l'action primitive : « En matière de vente, disait Pomponius, on a plus d'égard à la volonté des contractants qu'aux termes dont ils se sont servis; or il est certain que par la clause de résolution les parties n'ont pas voulu faire tomber tous les engagements nés du contrat, mais que leur intention a été seulement de dissoudre l'obligation du vendeur en laissant subsister son droit contre l'acheteur. Si donc les obligations de celui-ci sont maintenues, il n'y a rien d'illogique à ce que l'action *ex vendito* survive à l'accomplissement de la condition résolutoire (2). »

La *lex commissoria*, on le voit, était considérée

(1) *V. supra*, p. 45.

(2) L. 6, § 1, *De contrah. emp.* (D. 18-1).

par ce jurisconsulte non comme entraînant l'extinction radicale du lien juridique, mais comme un pacte ajouté *in continenti* à une vente pure et simple, produisant la même action que cette vente, et susceptible de faire naître, le cas échéant, à la charge des parties, des obligations en sens inverse de celles qu'avait engendrées le contrat.

Cette controverse, qui n'avait d'ailleurs aucun intérêt pratique et où tout se réduisait à une pure discussion de théorie, fut tranchée en faveur de l'action *venditi* par un rescrit impérial d'Antonin et Sévère. C'est ce que nous apprend Ulpien dans la loi 4 *De lege commissoria :* « *Et quidem finita est emptio,* dit-il, *sed jam decisa questio est, ex vendito actionem competere, ut rescriptis imperatoris Antonini et D. Severi declaratur* (1).

Toutefois cette consécration du système Sabinien n'était pas exclusive de l'action *præscriptis verbis.* Paul, à propos de la vente *ad comprobationem,* nous montre cette dernière admise concurremment avec l'action du contrat : « *Si convenit,* dit-il, *ut res quæ venit, si intra certum tempus displicuisset, redderetur, ex empto actio est, ut Sabinus putat, aut proxima empti in factum datur.* »

De même une constitution d'Alexandre Sévère, insérée au Code Justinien, autorise le vendeur à intenter à son choix l'action *venditi* ou l'action *præscriptis verbis :* « ..... *Ut contractus fides servetur, actio præscriptis verbis, vel ex vendito tibi dabitur* (2). »

Jusqu'ici la question pratique n'est pas mise en jeu:

(1) Cpr. L. 6 et L. 4, § 4, *De in diem addict.*
(2) L. 2, *De pact. int. empt. et vendit.*, (C. 4, 54.)

on a discuté sur la manière de procéder, mais de part et d'autre l'accord est unanime pour ne donner au vendeur qu'une action personnelle. Le principe est toujours immuable; la propriété ne peut vivre *ad tempus*.

Cette doctrine présentait dans ses applications des dangers sérieux. Le simple recours *in personam* laissait les parties bien loin du but qu'elles s'étaient proposé en stipulant le pacte commissoire.

Ainsi, le vendeur n'ayant qu'un droit de créance, il est soumis, en cas d'insolvabilité de l'acheteur, à subir le concours des autres créanciers.

En outre, quand des droits réels ont été conférés sur la chose par le propriétaire intérimaire, la constitution de ces charges est un fait acquis et irrévocable. Le vendeur pourra bien, à la vérité, se pourvoir en dommages-intérêts; mais si son débiteur est insolvable, et il en sera le plus fréquemment ainsi, la ressource devient illusoire, et ses réclamations demeurent sans effet.

Enfin, en supposant que la chose ait été aliénée *ante conditionem*, le vendeur qui exerce la commise n'a aucun titre légal pour agir utilement contre le tiers acquéreur.

Un moyen infaillible de parer à ces inconvénients et de garantir au vendeur l'efficacité de la *lex commissoria* était de lui accorder la *rei vindicatio*; muni de cette action, il eût été à l'abri et des acquisitions des tiers et des menaces éventuelles de l'insolvabilité de l'acheteur. Mais, pour arriver à cette réforme, il fallait battre en brèche un axiome séculaire et poser en principe le transport *ad tempus* du droit de propriété.

Cette doctrine et ses conséquences étaient-elles admises par les jurisconsultes romains, ou bien la condition résolutoire engendrait-elle simplement une obligation ? Ce point est demeuré pour nous un des problèmes les plus ténébreux de l'histoire du droit.

Peut-on, dans un acte translatif de propriété, introduire une clause en vertu de laquelle le *dominium* serait soumis entre les mains de l'acquéreur à une résolution conditionnelle? Toutes les ressources de la dialectique, aidées des puissants trésors d'une vaste érudition, se sont épuisées sur cette thèse épineuse sans en avoir fait disparaître complétement les obscurités. De nombreux systèmes se sont produits sous l'influence de ces remarquables travaux ; on peut, en négligeant les nuances de détail, les ramener à trois.

Le premier, enseigné par Riesser et reproduit par Mainz dans son *Traité des obligations,* soutient qu'à toutes les époques de la jurisprudence romaine le principe immuable de la perpétuité des droits s'est opposé d'une manière absolue à la transmission de la propriété sous condition résolutoire.

Le second, généralement adopté en Allemagne, affirme au contraire que ce transport d'un droit résoluble a *toujours* été possible.

Le troisième, enfin, dû tout entier à l'initiative de notre éminent romaniste M. Pellat, établit des distinctions entre les diverses périodes historiques. Suivant cette opinion, la clause résolutoire, exclue par l'ancien droit quiritaire, se manifeste, dès l'époque classique, à la faveur du patronage de certains jurisconsultes, et finit par l'emporter décidément sous la législation de Justinien.

J'ai annoncé déjà que je me rattachais en toute conviction à cette manière de voir de l'illustre doyen de la faculté de Paris. Le caractère d'immutabilité avec lequel le *dominium* apparaissait aux jurisconsultes classiques rendait irréalisable toute limitation dans la durée de ce droit ; le frapper d'une résolution possible, c'était détruire ce caractère dominant, le constituer *ad conditionem ;* c'était établir *ad tempus* ce qui, par essence, ne pouvait être qu'irrévocable (1). Par conséquent, celui qui aurait voulu, en aliénant sa propriété, se réserver pour certaines circonstances éventuelles le droit de la reprendre, n'avait d'autre ressource que d'obliger par avance l'acquéreur à lui en faire la rétrocession le cas échéant.

Je trouve un premier monument de cette doctrine dans la très ancienne institution de la fiducie. Cette

(1) Je crois devoir observer qu'il ne faut pas confondre la condition qui affecte un acte juridique avec celle dont dépend l'existence même du droit que cet acte a pour objet de créer. La condition, en effet, est susceptible de modifier, suivant les circonstances, tantôt l'acte juridique qu'on emploie pour constituer un droit, tantôt le droit lui même qu'on se propose d'établir. Il suit de là qu'une condition pourrait être repoussée par le mode générateur du droit, alors même que la nature de celui-ci n'y ferait aucun obstacle, et, à l'inverse, qu'elle pourrait être inconciliable avec la nature du droit à transmettre, bien que, d'autre part, elle fût pleinement compatible avec l'acte juridique destiné à lui donner naissance. La question que j'examine ici est uniquement celle de savoir s'il était possible chez les Romains de créer un droit de propriété résoluble ; or, à ce point de vue, on n'a pas à s'enquérir, pour répondre, de la nature du mode translatif employé ; celui-ci reste évidemment pur et simple ; c'est ainsi que le § 48 des *Fragmenta vaticana* nous montre une constitution par *in jure cessio* d'un usufruit *ad conditionem*. La seule chose à rechercher à présent, c'est si le droit soumis à une condition extinctive a pu légitimement passer ainsi modifié des mains de l'aliénateur à celles de l'*accipiens*.

clause résolutoire se rencontrait spécialement dans les conventions *pignoris causa* intervenues entre le débiteur et son créancier. Celui-ci recevait par un des modes ordinaires d'aliénation l'objet destiné à lui servir de gage, et promettait ensuite par un pacte accessoire de faire au débiteur restitution de sa chose aussitôt que la dette serait acquittée. Mais le paiement n'opérait pas de plein droit le retour de la propriété transmise, il engendrait simplement au profit de l'aliénateur l'action personnelle *fiduciæ* pour obtenir une rétrocession.

Divers textes sont également très précis pour ne reconnaître à l'aliénateur qu'une action *in personam* à l'effet de récupérer son droit lors de l'événement de la condition.

Ainsi, le donateur à cause de mort qui avait transféré le *dominium* des choses données, en déclarant qu'il les reprendrait si sa santé venait à se rétablir, ou si la donation était révoquée, n'avait, pour faire exécuter la convention, que la voie personnelle de la *condictio causa data, causa non secuta*. Cette règle est nettement posée dans la loi suivante de Paul : « *Idemque est, si mortis causa fundus fuit donatus, et revaluerit qui donavit, atque ita condictio nascatur* (1). »

Ainsi encore, dans la vente *pura sub conditione resolvenda*, le vendeur ne pouvait, à l'arrivée de la condition résolutoire, qu'exiger de l'acheteur qu'il lui restituât l'objet vendu : « *Quum servus inemptus fac-*

(1) L. 38, § 3, *De usuris* (D. 22-1) ; — Cpr. L. 35, § 3, L. 13 et L. 39, *De mort. caus. donation.* (D. 39-6).

tus sit, dit Celse, *non posse emptorem furti agere cum venditore, ob id, quod is servus post emptionem* ANTEQUAM REDDERETUR *subripuisset* (1). »

Le moyen de coërcition accordé au créancier était, d'après les Sabiniens, l'action *venditi*, et, suivant les Proculéiens, l'action *præscriptis verbis*. La loi 2 au Code *De pactis inter empt. et vendit.* trancha la controverse en permettant au vendeur d'intenter à son gré celle des deux actions qu'il lui plairait de choisir : « *Si fundus parentes tui ea lege vendiderunt, ut, sive ipsi, sive hæredes eorum emptori pretium quandocumque vel intra certa tempora obtulissent, restitueretur, teque parato satisfacere conditioni dictæ hæres emptoris non paret, ut contractus fides servetur, actio præscriptis verbis vel ex vendito tibi dabitur*..... (2). »

La constitution 3 au même titre est plus rigoureuse encore. Elle dénie expressément au vendeur la possibilité d'agir par la revendication, et ce refus si formel est une reconnaissance énergique du principe de la perpétuité des droits.

Enfin nous savons par deux constitutions impériales que le transfert de la propriété *ad tempus* était impossible dans l'ancien droit.

Dans la première, qui forme la loi 26 au Code *De legatis*, Justinien, en reconnaissant valables les legs et fidéicommis temporaires, rappelle la nullité dont les frappait la jurisprudence antérieure. Dans la seconde, qui est un rescrit de Dioclétien et Maximien rapporté

(1) L. 67, § 3, D., *De furtis* (47-2).
(2) Cod. IV-54.

au § 283 des *Fragm. vatic.*, nous trouvons directement consacrée la législation que Justinien annonce vouloir abolir : « *Si stipendiariorum proprietatem dono dedisti, ita ut post mortem ejus qui accepit, ad te rediret, donatio irrita est,* QUUM AD TEMPUS PROPRIETAS TRANSFERRI NEQUERIT. »

Jusqu'ici l'ensemble des documents dont l'origine remonte à l'époque classique est, nous l'avons vu, tout à fait opposé à la théorie d'une translation conditionnelle du droit de propriété ; cependant, au milieu de cet accord unanime des jurisconsultes, nous voyons Marcellus inaugurer une opposition hardie sur laquelle devait s'élever plus tard un système tout nouveau. En effet, Ulpien, s'inspirant de l'opinion de son devancier, ne tarda pas à battre en brèche l'édifice séculaire de la perpétuité des droits, et, peu soucieux d'une règle que la science avait toujours respectée comme un principe immuable, il posa en thèse que la propriété transmise sous condition résolutoire revenait *ipso jure* à l'aliénateur par le seul effet de la condition accomplie.

Nous trouvons dans la loi 41, *De rei vindicatione*, tirée de son commentaire sur l'édit (D. 6-1), une application directe de cette idée : « *Si quis hac lege emerit, ut si alius meliorem conditionem attulerit, recedatur ab emptione, post allatam conditionem jam non potest in rem actione uti. Sed et si cui in diem addictus sit fundus, antequam adjectio sit facta, uti in rem actione potest, postea non poterit.* »

Ce fragment prévoit deux espèces différentes. Dans la première, le seul fait d'une proposition plus avantageuse anéantit la vente, tandis que, dans la seconde, elle ne tombera que par l'acceptation des offres meilleures (1). Ulpien se réfère, dans l'un et l'autre cas, à l'hypothèse d'une vente pure et simple résoluble sous condition, et son avis est que l'acheteur, devenu propriétaire par la tradition, est recevable dans l'entre-temps à exercer l'action *in rem*, mais qu'il perd ce droit aussitôt qu'une offre plus avantageuse a été faite ou agréée. Or on ne peut expliquer ce refus de la revendication *post allatam conditionem* qu'en admettant que l'acheteur est, *ipso jure*, dépouillé de sa propriété.

La loi 29, *De mortis causâ donationibus*, extraite de la même source, n'est pas moins explicite en ce sens : « *Si mortis causa res donata est, et convaluit, qui donavit, videndum an habeat in rem actionem... Si... ut jam nunc haberet, redderet, si convaluisset, vel de prælio vel peregre rediisset, potest defendi, in rem competere donatori, si quid horum contigisset...* » Si donc le donateur est libre de revendiquer sans autre qu'en vertu de l'événement qui devait l'autoriser à reprendre sa chose, c'est bien que l'accomplissement de la condition a fait revenir de plein droit le *dominium* entre ses mains.

Ailleurs, sous les lois 4, § 3, *De in diem addict.*, et 3, *Quib. mod. pign. solv.*, Ulpien mentionne une solution de Marcellus, et s'appuie de l'autorité de ce jurisconsulte pour décider que, dans la vente avec *addictio in diem*, l'arrivée du fait résolutoire anéantit les hypothèques consenties *interim* par l'acheteur sur la chose vendue. Il accordait donc bien au vendeur

(1) V. M. de Vangerow, *Lehrbuch der Pandekten*, § 96, *b*, t. 1, p. 153.

une action réelle, car l'action *in personam* eût été impuissante à frapper les tiers qui avaient traité avec l'acheteur.

Enfin la loi 13, *De pignerat. act.* (D, 13-7), démontre une fois de plus quelle était la doctrine personnelle d'Ulpien. Voici l'espèce que ce fragment suppose : Un créancier gagiste vend l'objet qui lui a été remis en gage, et stipule dans le contrat que la vente sera résolue si le débiteur rembourse à l'acquéreur son prix d'achat. Julien enseignait qu'en vertu de cette convention, le créancier serait contraint par l'*actio pigneratitia* de faire au débiteur abandon de son action *venditi*. Mais Ulpien ajoute : « *Sed et ipse debitor, aut* VINDICARE REM *poterit, aut in factum actione adversus emptorem agere.* » Comment se rendre compte de cette revendication, si l'on ne reconnaît pas que, dans l'esprit d'Ulpien, l'effet de la résolution est de réintégrer immédiatement l'aliénateur dans son droit ?

Cette manière de voir fut peu goûtée des jurisconsultes classiques, et, pendant toute la période qui précéda le règne de Justinien, elle n'a dû se soutenir que par les efforts d'une bien faible minorité. Mais, sous cet empereur, le système que nous avons vu si longtemps repoussé sortit de son isolement, et la préférence qu'il obtint des compilateurs officiels consacra le triomphe décisif du droit nouveau.

Deux textes me paraissent surtout péremptoires pour attester le changement introduit dans la législation romaine. Ce sont les lois 26 au code *De legatis* (6-37) et 2 également au code *De donat. quæ sub modo* (8-55).

La loi 26, je l'ai dit tout à l'heure, a pour objet de valider les legs *ad tempus* auxquels les constitutions précédentes refusaient toute efficacité :

« *Illud quod de legatis, vel fideicommissis temporalibus utpote irritis, a legum conditoribus definitum est, emendare prospeximus, sancientes, et talem legatorum vel fideicommissorum speciem valere et firmitatem habere. Quum enim jam constitutum est, fieri posse temporales donationes et contractus, consequens est, etiam legata vel fideicommissa, quæ ad tempus relicta sunt, ad eamdem similitudinem confirmari...* »

La légitimité de l'aliénation *ad conditionem* est établie en termes non moins exprès dans la loi 2 *De donationibus quæ sub modo.*

« *Si prædiorum proprietatem dono dedisti, ita ut post mortem ejus qui accepit, ad te rediret, donatio valet,* QUUM ETIAM AD TEMPUS CERTUM VEL INCERTUM EA FIERI POTEST, *lege scilicet, quæ ei imposita est conservanda.* »

Ce qui donne surtout de l'importance à cette décision, c'est qu'en la comparant au § 283 des *Fragmenta vaticana* que j'ai transcrit plus haut, on voit que la constitution 2 ci-dessus n'est autre que l'ancien rescrit de Dioclétien et Maximien, dont on a changé le sens afin de le mettre en harmonie avec le dernier état de la législation. Ce rapprochement ingénieux, si heureusement imaginé par M. Pellat (1), rend plus sensible encore la réforme opérée par Justinien dans la doctrine de la transmission des droits.

(1) *Propriété et usufruit*, p. 284.

Après avoir ainsi constaté, à l'aide des fragments dont je viens de présenter l'analyse, les deux phases bien distinctes qu'offrait à Rome l'histoire de la translation de propriété, je dois dire quelques mots des deux systèmes déjà signalés plus haut.

L'un d'eux, on se le rappelle, affirme que jamais les Romains n'ont admis la translation du *dominium ad conditionem* : « Pour eux, dit Mainz, la propriété a « toujours été un droit absolu, exclusif, existant dans « le chef du propriétaire, abstraction faite de tout au« tre individu, et dépendant exclusivement de la sanc« tion et de la garantie de la nation (1). » D'après ce principe, toute aliénation sous condition résolutoire est *ab initio* pure et simple; la réserve ajoutée au contrat engendre uniquement une action *in personam*, au moyen de laquelle l'aliénateur poursuivra la rétrocession de sa chose. Quant aux tiers, ils sont, quoi qu'il arrive, à l'abri des effets de la résolution; les droits réels constitués à leur profit par l'acquéreur n'ont à souffrir aucune atteinte; les conventions privées des parties sont pour eux *res inter alios acta*.

Je crois avoir démontré précédemment que ce système, d'ailleurs conforme à la doctrine de l'époque classique, avait été combattu déjà sous l'ancienne jurisprudence par Ulpien et Marcellus, et que les compilateurs de Justinien paraissaient l'avoir définitivement rejeté. Le remaniement qu'on a fait subir au § 283 des *Fragm. vatic.*, et la décision bien connue de la loi 26 au Code *De legatis*, sont, à mon avis, des mo-

(1) *Traité des oblig.*, § 79, page 320, Observation.

numents irrécusables de la révolution qui consomma le naufrage de la perpétuité des droits.

Mais ces deux fragments ne sont pas les seuls dont on puisse se prévaloir contre cette négation rigoureuse du transfert de la propriété résoluble; les textes d'Ulpien, qui enseignent la résolution *ipso jure* par le seul effet de la condition, et qui consacrent si nettement l'emploi de l'action *in rem*, sont encore pour nos adversaires la source d'un sérieux embarras. Ils n'ont pas reculé cependant, et de leurs méditations savantes sont nées les interprétations laborieuses que nous allons rapidement parcourir.

Pour la loi 41, *De rei vindicatione,* on l'écarte tout d'abord, comme n'ayant *jamais paru concluante*, « car, a-t-on dit, elle s'explique aisément par l'obli-« gation qui incombe à l'acheteur de céder les actions « qu'il a pu acquérir par rapport à la chose (1). »

Où Mainz a-t-il vu que l'acheteur pût céder son action en revendication? Si c'est dans la loi 41, il a eu le talent d'y lire exactement l'opposé de ce qui s'y trouve, car elle est au contraire formelle pour dénier à l'acquéreur le droit d'agir par l'action *in rem* postérieurement à la résolution : « *Antequam adjectio sit facta, uti in rem actione potest,* POSTEA NON POTERIT. » En outre, on ne comprend pas que l'aliénateur soit, *ipso facto*, recevable à exercer la revendication en vertu d'une subrogation supposée, alors que, dans les mêmes circonstances, il ne peut que requérir la cession des autres actions acquises au titulaire intérimaire

(1) V. Mainz, *op. cit.*, § 79, note 39, page 325.

à l'occasion de la chose (1). Vient ensuite le fragment 29 *De mortis causa donationibus ;* il ne saurait non plus avoir de valeur pour la théorie générale ; l'opinion si timidement émise dans cette loi est tout simplement, disent nos adversaires, une de ces irrégularités nombreuses que la matière des donations présente par suite de la loi *Cintia* (2).

Malheureusement pour les auteurs que je combats, la loi 29 n'est pas isolée, et sa concordance avec les autres textes d'Ulpien est une objection devant laquelle doit tomber leur ingénieuse assertion.

Quant à la loi 13 *De pigneratitia actione* (D. 13-7), elle supposerait, non pas la vente de la chose engagée faite par le créancier gagiste, mais bien la cession du droit même de gage (3). Si c'était là le sens du fragment, le débiteur n'aurait pas besoin de se réserver par une convention spéciale le droit de récupérer la chose, et c'est par l'acquittement de sa dette, au lieu d'être par le remboursement du prix, comme le dit Ulpien, que le recouvrement aurait lieu.

Restent les lois 4, § 3, *De in diem addictione,* et 3, *Quibus modis pignus solvitur*. Toutes deux relatives à une vente avec *addictio in diem*, elles prononcent l'anéantissement des hypothèques consenties par l'acheteur entre la conclusion de la vente et l'offre des conditions meilleures. La loi 4, § 3, *De in diem ad-*

(1) Cpr. L. 4, § 4, *De in diem addict.* (D. 18-2), et L. 11, § 10, *Quod vi aut clam* (D. 43-25).

(2) V. Mainz, *op. cit.*, § 79, note 65, p. 331.

(3) Riesser, *Giess. Zeitschrift.*, T. II, p. 276, cité par M. Bufnoir, *op. cit.*, p. 153, à la note.

dict., ne pouvant s'expliquer telle que nous la trouvons écrite au *Corpus juris*, force a bien été d'en faire disparaître ce qu'elle renfermait de trop « décisif en faveur de la *resolutio in rem*, » et pour cela on a trouvé fort commode d'introduire dans le texte une négation qui en change totalement la portée. Il est ÉVIDENT, a-t-on dit, que la phrase : *ex quo colligitur quod emptor medio tempore dominus esset : alioquin rem pignus teneret*, exige IMPÉRIEUSEMENT dans la phrase précédente : *rem pignori esse* NON *desinere* (au lieu de *rem pignori esse desinere*). Sans cette leçon, continue Mainz, le passage cité d'Ulpien « présente une « rédaction *impossible* et donne un résultat d'une ab- « surdité complète, » en laissant la première phrase de ce fragment inconciliable avec la conclusion et l'argumentation de la seconde (1). Assurément je ne vois pas aussi clair que le savant romaniste belge, car je ne découvre rien d'*impossible* ni d'*absurde* dans la décision d'Ulpien, et selon moi la correction proposée n'est qu'un expédient maladroit pour donner le change sur le sens rationnel du § 3. En déclarant que les hypothèques dont l'acheteur a grevé la chose *pendente conditione* PRENNENT FIN par l'arrivée de la condition, le jurisconsulte suppose que celui-ci les a régulièrement constituées, et par conséquent qu'il avait, à l'époque où il les a consenties, la *plena in re potestas*. Pour trouver la conclusion : *quod emptor medio tempore dominus esset*, absurde et impossible, il faudrait que ces mêmes hypothèques fussent, non pas *éteintes*,

(1) Mainz, *op. cit.*, § 79, note 39, page 325 ; — Riesser, *op. cit.*, pag. 288 et suiv.

mais NON AVENUES; or, c'est malheureusement ce que n'a pas dit Ulpien.

Après cette explication de la loi 4, § 3, *De in diem addict.*, la loi 3, *Quib. mod. pign. solv.* (D. 20-6), « ne présente aucune difficulté, et rien n'est plus ra- « tionnel que de l'entendre d'une *addictio in diem* « formant condition suspensive (1). » Ici encore l'auteur de cette assertion n'a pas remarqué qu'il était contredit par le texte lui-même : si Marcellus avait eu en vue une réserve suspensive, il n'aurait pas dit : *finire pignus, si melior conditio fuerit allata,* car la condition qui tenait en suspens le droit de l'acheteur, venant à défaillir, l'hypothèque n'aurait pas même pris naissance.

Je me trouve maintenant en présence du second système. De tous points le contrepied de celui que nous venons de parcourir, il généralise pour les différentes époques du droit romain la doctrine que j'ai considérée comme étant une opinion particulière dont Ulpien s'était fait le plus ardent promoteur.

Pour arriver à cette solution radicale, nos adversaires ont dû naturellement se heurter aux divers textes où se trouve rappelée d'une manière si catégorique la théorie primitive de la rétrocession. Je recherche tout d'abord comment ils concilient avec leurs idées les décisions qui confèrent à l'aliénateur, en vertu de la clause de retour, une action purement personnelle.

Deux explications ont été proposées.

Dans la première, renouvelée des glossateurs par

(1) Mainz, *op. cit.*, § 79, note 39, p. 326; — Riesser, *op. et loc. cit.*

Zimmern, on s'attache avant tout à l'intention des parties, et alors, suivant qu'elles auront voulu, par l'insertion d'une condition résolutoire, ajourner le retour de la propriété ou suspendre l'action tendant à obtenir ce retour, on accordera à l'aliénateur, en cas de résolution, la revendication ou l'action personnelle (1).

Cette théorie, déjà combattue dans l'ancien droit comme dangereuse et arbitraire, finit par succomber sous le coup des modifications successives que lui avait fait subir la pratique (2). Néanmoins, tout en

(1) V. Zimmern, *Ueber Resolutiv-Bedingungen*, dans l'*Archiv. für die Civilistiche Praxis*, T. V, p. 234-252 (cité par M. Pellat, *De la revendication*, p. 279, à la note). Avant le jurisconsulte allemand, les anciens commentateurs avaient déjà cherché à résoudre le problème d'après l'énergie des termes, et ils avaient classé en deux groupes les expressions généralement en usage; les unes, plus précises, avaient pour ainsi dire force exécutoire par elles-mêmes, et entraînaient la résolution sans qu'il fût besoin de la faire prononcer. C'étaient les *verba directa* : les verbes au présent et au passé avaient ce caractère. Les autres, moins nettes et moins significatives, nécessitaient, pour que l'effet de droit se produisît, l'intervention de la justice. C'étaient les *verba obliqua* : les verbes au futur figuraient dans cette catégorie. (V. la glose *Ad tit. de pact. int. empt. et vendit.*, C. IV-54; — Brunnemann, *Comment. in Codic., ad leg. 1 De pact. int. empt. et vendit.*, N° 2; *Comment. in Pandect., ad leg. 1 De lege commiss.*, N° 2; — Lauterbach, *ad tit. De lege commiss., Thes. 4*; — Mantica, *De tacit. et ambig. convent.*, L. IV, T. 29, N° 25; — Donellus, *ad leg. 1 Cod. De pact. int. empt. et vendit.*; — Voet, *Comment. in Pand.*, L. XVIII, T. III, N° 2; — Zoëzius, *Comment. in Pand., ad tit. De lege commis.* N° 13; — Perez, *Prælectiones in Cod., ad tit. De pact. int. empt. et vendit.* N° 8; — Covarruvias, *Var. resolut.*, L. III, *Cap. 8*, N° 1; — Duaren, *Comment. in Pandect. ad tit. De lege commiss., Cap. 1*; — Gomez, *Var. resolut. jur. civil. commun. et reg.*, T. II, *Cap. 2*, N° 30; — Wissemback, *Exercit. in Pandect., Part I, Disput. 34*, N° 17).

(2) On peut d'ailleurs lui opposer la loi 29 *De mort. caus. donation.*,

rejetant la solution à cause des incertitudes trompeuses de sa formule, je dois avouer qu'il n'était pas impossible que l'aliénateur, au lieu de transmettre un droit conditionnel, eût conféré à l'*accipiens* un droit absolu, sous la réserve expresse ou tacite qu'il lui ferait retour le cas échéant. J'en trouve une preuve dans ce fait que, même sous Justinien, les contrats *do ut des, do ut facias*, n'ont jamais fait naître qu'une *condictio causa data, causa non secuta*, au profit de la partie qui avait fait la *datio*. Comme la remise de la chose s'était effectuée sans restriction, il ne pouvait y avoir lieu à revendiquer; l'obligation de rendre dérivait tacitement du contrat par application des principes généraux (1).

La loi 12 au Digeste, *De præscriptis verbis* (19-5), en offre un nouvel exemple : « *Si vir uxori suæ fundos vendidit*, dit Proculus, *et in venditione comprehensum est, convenisse inter eos, si ea nupta ei esse desiisset, ut eos fundos, si ipse vellet, eodem pretio transcriberet viro, in factum existimo judicium esse reddendum, idque et in aliis personnis observandum.* »

Ulpien lui-même, au sujet de la *datio dotis* faite avant le mariage, décide dans la loi 7, *De jure dotium* (§ 3, D. 23-3), que si le projet d'union est rompu, la femme qui a transmis la propriété *ut statim viri*

où Ulpien, en admettant la revendication en concours avec l'action personnelle, ne tient aucun compte de l'expression de la volonté des parties; en outre, si tout se réduisait à une affaire d'intention, on ne s'explique pas pourquoi les jurisconsultes partisans de l'action réelle étaient en si faible minorité.

(1) Comp. L. 4, C., *De rerum permut.*, (4-64).

res fiant, a la condiction pour répéter contre l'*accipiens* les choses dont elle s'était départie en sa faveur. C'est qu'il n'y a dans cette hypothèse qu'une résolution tacite *quasi ex contractu;* si, au contraire, le droit avait été transféré conditionnellement, l'action donnée à la femme serait la revendication : « *Enimvero*, ajoute notre loi, *si sic dedit, ut* SECUTIS NUPTIIS INCIPIANT ESSE; *nuncio remisso statim eas vindicabit.* »

Mais de cette circonstance qu'il est des cas, même dans la doctrine d'Ulpien, où la convention de reprendre une propriété aliénée n'attribue à l'aliénateur qu'une action personnelle, il ne résulte nullement que l'opinion de la transmissibilité du droit *ad conditionem* ait été à toute époque la doctrine générale des Romains. Nous voyons au contraire, par de nombreux fragments, que tous les jurisconsultes, autres que Marcellus et Ulpien, donnent exclusivement l'action personnelle dans des cas identiques à ceux où ces derniers proposent la revendication. Ainsi, pour ne citer que les donations à cause de mort, j'observe que Julien, dans la loi 13, et Paul, sous la loi 39, admettent la condiction dans une hypothèse de tous points la même que celle à propos de laquelle Ulpien accordait l'action *in rem* (1).

J'arrive maintenant à la seconde explication :

L'aliénateur, a-t-on dit, redevient *ipso jure*, par

(1) Cpr. L. 29 *De M. C. Donat* (D. 39-6). M. Bufnoir fait même cette remarque que les expressions d'Ulpien : *Ut jam nunc haberet, redderet si convaluisset*, auraient pu à la rigueur s'entendre d'une obligation éventuelle de rétrocéder ; ce qui prouve, d'une manière de plus en plus précise, que le cas où il accorde la revendication est le même que celui où les autres donnent la *condictio* (p. 157).

l'effet de la condition résolutoire, propriétaire de la chose aliénée, et, pour obtenir la restitution de cette chose, il emploiera la revendication. Mais la possibilité d'agir par cette voie n'exclut point l'usage de l'action *in personam ;* il récupérera au moyen de celle-ci toutes les prestations accessoires qui n'entrent point dans l'action réelle, les fruits par exemple, les indemnités de réparations, les dommages-intérêts perçus à l'occasion de la chose.

Cette interprétation est assez sérieuse, on en conviendra, pour susciter à ses contradicteurs des hésitations et des doutes. La compatibilité des deux actions est en effet, selon moi, un point qui demeure incontestable (1), et je dirai même qu'il est impossible, sans l'admettre, de s'expliquer pourquoi divers passages, la plupart empruntés d'Ulpien, appliquent encore l'action du contrat à des hypothèses où la résolution *ipso jure* aurait évidemment donné prise à la revendication. J'estime cependant qu'on peut opposer des considérations décisives à l'ingénieuse solution des romanistes d'Outre-Rhin.

D'abord, si je consulte nos sources, j'y rencontre aussitôt divers textes qui résistent invinciblement à toute conciliation favorable à nos adversaires. C'est ainsi que, dans les *Fragmenta vaticana,* je relève la décision si précise du § 283 : « *Quum ad tempus proprietas transferri nequirit ;* » que dans la loi 26 au Code *De legatis,* je lis le même principe rappelé

(1) V. L. 4, *De lege commiss.* (D. 18-3) et L. 4, § 4, *De in diem addict.* (D. 18-2) ; Cpr. L. 16, *eod. tit.* et L. 5, *De lege commiss.*

par Justinien, et que dans la constitution 3 *De pactis inter empt. et vendit.*, je retrouve le rescrit impérial où Alexandre Sévère refuse formellement au vendeur *qui non precariam possessionem tradidit* le droit d'intenter la revendication en vertu de la clause résolutoire « *ut nisi reliquum pretium intra certum tempus restitutum esset* (1). »

En second lieu, si le droit classique avait consacré le transport de la propriété *ad conditionem*, on ne comprendrait pas pourquoi, dans la constitution de gage avant l'admission du *pignus*, le débiteur qui aurait pu transmettre le *dominium* de la chose engagée seulement jusqu'à sa libération, le transférerait purement et simplement sous la fragile réserve de l'action personnelle *fiduciæ*.

(1) Cpr. L. 15, *De condict. caus. dat. caus. non sect.* (D. 12-4). — M. Thibaud *(op. et loc. cit.)* a pourtant essayé de concilier avec son opinion notre loi 3 *De pact. int. empt. et vendit.* Suivant l'auteur allemand, le rescrit ne spécifie pas l'hypothèse sur laquelle il statue. Tout ce qu'il indique, c'est que dans une vente avec pacte commissoire, le vendeur n'avait pas la revendication, s'il n'avait au préalable abandonné la possession précaire. Il ne s'agit alors que d'imaginer une espèce dans laquelle l'action *in personam* devienne recevable sans porter atteinte au prétendu principe de la résolution *ipso jure*. Or, l'espèce prévue serait celle-ci : Primus vend une maison à Secundus et convient avec lui que le contrat sera non avenu si avant trois mois le prix n'est pas acquitté. Dans l'intervalle, l'immeuble a subi par la faute de Secundus de graves détériorations; Primus ne veut pas revendiquer, car la condition résolutoire n'est pas accomplie, et il n'a pas livré la chose à titre précaire. Il aura donc simplement contre l'acquéreur l'action personnelle *ex vendito*. Cette explication, comme l'auteur a lui-même pris soin de nous l'annoncer, est toute purement d'imagination. Le texte ne se prête pas le moins du monde aux circonstances supposées par le savant jurisconsulte, et, de plus, elle a le tort de restreindre à un cas spécial une décision qui doit au contraire avoir une portée générale.

Enfin on ne se rendrait pas compte non plus des expressions dubitatives d'Ulpien dans la loi 29 *De M. C. donat. (Defendi potest in rem competere donatori)*, s'il n'avait voulu dans sa réponse qu'appliquer un principe incontesté du droit romain.

Mais ici on retorque l'argument et on me met au défi d'expliquer, au point de vue du système que je soutiens, comment il se fait que plusieurs lois qui n'appartiennent ni à Ulpien, ni à Marcellus, avaient accordé la revendication en vertu d'une clause de résolution conditionnelle. On en compte en effet cinq ; trois au Digeste, les fragments 8 *De lege commiss.*, 14 *De M. C. donat.*, 9 *De aquâ et aquæ*, et deux au Code, les constitutions 1 et 4 *De pactis int. empt. et vendit.*

La répartie est embarrassante, j'en conviens, mais je ne désespère pas d'y répondre victorieusement.

Je commence par la loi 1 au Code *De pactis inter empt. et vendit.* : « *Si ea lege prædium vendidisti, ut nisi intra certum tempus pretium fuisset exsolutum, emptrix harras perderet* ET DOMINIUM AD TE PERTINERET, *fides contractus servanda est.* » Ce rescrit est conçu en termes trop élastiques pour appuyer une objection sérieuse ; la formule générale : *ut... dominium ad venditorem pertineret*, n'indique pas que l'empereur se réfère à un retour de la propriété *ipso jure*, plutôt qu'à un droit éventuel d'obtenir une rétrocession ; la décision finale : *fides contractus servanda est*, se prêterait même beaucoup mieux à la seconde manière de voir.

Pour la loi 4 au même titre, la conciliation sera

facile, si l'on entend le mot *vindicatio rei* dans le sens d'une réclamation en général, d'une demande quelconque en restitution de l'objet vendu. Les poursuites étant dans l'espèce directement ouvertes contre l'*accipiens*, il est peu probable que le vendeur voulût exercer ses répétitions par une autre voie que celle de l'action *venditi*. Sans doute cette correction est contraire à la langue technique du droit romain, mais il s'agit d'un texte du Code, et la terminologie juridique y est rarement irréprochable (1). Du reste, si on rapproche cette

(1) Cette inexactitude est d'autant plus présumable que le même rescrit en renferme une seconde qui n'est pas moins sensible; ainsi nous y voyons l'action personnelle tendant au paiement des intérêts du prix qualifiée de *petitio*, alors qu'employé dans sa signification propre, ce mot désigne rigoureusement une action réelle. Cpr. L. 17, verbis : *ut nulli liceat priusquam... C. De fidei instrum.* (4-21), et L. 12, verbis : *sin autem nihil tale... C. Commun. utriusque judicii* (3-38).

Une autre conciliation peu goûtée des anciens romanistes, mais qui semble regagner de nos jours quelques chances de sortir de son isolement, s'appuie sur les termes mêmes de la constitution 3 : « SI NON PRECARIAM POSSESSIONEM TRADIDIT, *rei vindicationem non habet, sed actionem ex vendito.* » La revendication était refusée toutes les fois que la tradition avait réellement transmis la propriété à l'acheteur, tandis qu'elle était autorisée, lorsque le vendeur, en faisant la délivrance, n'avait conféré sur la chose qu'une possession précaire. La loi 3, disent les partisans de cette opinion, se place dans la première hypothèse : « *Si non precariam possessionem tradidit,* » et le soin qu'a pris l'empereur de s'expliquer à ce sujet démontre que la loi 4 se réfère précisément à l'hypothèse inverse, celle où l'acheteur n'a obtenu qu'une possession précaire.

Cette explication a du moins l'avantage de laisser aux expressions du rescrit toute leur signification technique, mais on l'accuse de supposer dans la constitution 4 une circonstance qui n'y est pas indiquée, la précarité de la possession. Rien dans cette loi, a-t-on dit, ne donne à entendre qu'il s'agit d'un vendeur qui n'a livré qu'une tradition précaire. L'objection, il faut en convenir, est exacte; cependant on peut répondre que, jusqu'au paiement du prix, la livraison faite en vertu de la vente a pour effet ordinaire de transférer une possession précaire, que la

constitution de celle qui la précède immédiatement, et que l'on réfléchisse à cette particularité que toutes les deux émanent d'Alexandre Sévère, il semblera bien difficile que le même empereur, qui, dans la loi 3, avait expressément refusé la revendication, ait ensuite admis dans la loi 4 une solution tout à fait opposée.

propriété dans ce cas n'est transmise que par exception, que dès lors la loi 4 n'avait rien à spécifier, puisque la revendication était de droit commun, tant qu'il n'était pas prouvé qu'il y avait réellement eu transfert du *dominium*. C'était au contraire à la loi 3 à préciser, en accordant au vendeur la simple action *venditi*, qu'elle statuait dans une espèce où la propriété était acquise à l'acquéreur ; c'est ce qu'elle a fait par cette décision finale : « *Si non precariam possessionem tradidit (venditor) rei vindicationem non habet sed actionem ex vendito.* » Vainement, dirait-on avec Strickius, que le vendeur *sub lege commissorio* « *omnino interim fidem de pretio habuisse videtur,* » et que la réserve de résolution en cas de non-paiement du prix dispense l'acheteur, qui prétend être devenu propriétaire, de prouver qu'il l'est effectivement, car je ne vois pas ici de motif juridique pour décider que le vendeur, en stipulant un pacte commissoire, a nécessairement suivi la foi de l'acquéreur. M'opposerait-on que les parties ont fixé une époque pour l'acquittement du prix ? Mais d'abord nous savons que la clause pouvait ne point déterminer à quel moment la déchéance serait encourue, et, en outre, eût-elle même été stipulée *ad diem*, l'adjonction d'un délai avait pour conséquence non pas de suspendre l'exercice des droits du vendeur et de faire forcément de la vente résoluble une véritable vente à terme, mais bien plutôt d'assujétir l'acheteur à s'exécuter dans un certain laps de temps. Ce qui le prouve c'est que l'action *venditi* était recevable même avant l'arrivée du *dies*. Cette pratique serait en effet inexplicable si le but du pacte commissoire à jour fixe était de permettre à l'acquéreur d'attendre une certaine époque pour se libérer.

Il reste donc vrai de dire que, même en présence d'une *lex commissoria*, l'acheteur doit prouver que le vendeur, en lui livrant la chose vendue, lui en a transmis la propriété, et que, par conséquent, l'empereur Alexandre, dans la constitution 4, n'avait pas à s'expliquer sur un fait qui tenait au droit commun. Cette conciliation, présentée par Vasquezius, est rapportée par l'annotateur de Doneau, *Lib. XVI*, § *19, nota 6*; elle a été également admise par Cujas dans ses *Commentaria in Codicem (ad tit. De pactis inter emptorem et venditorem*, C. IV-54*)*.

Je proposerai également une semblable interprétation de la loi 8 *De lege commissoria*. Ce texte, aussi bien que celui du Code, suppose une action dirigée contre l'acquéreur, et, pas plus que ce dernier, il n'a pour but immédiat de statuer sur l'action qui protége le vendeur après la résolution du contrat ; de plus, les termes dont s'est servi Scévola : « *An fundi a venditrice vindicari debeant* EX CONVENTIONE VENDITIONIS, » paraissent se rapporter bien plus à une rétrocession convenue qu'à une aliénation résoluble (1).

Quant à la loi 14 *De M. C. donat.*, elle ne répugne pas à ce qu'on l'entende d'une donation sous condition suspensive. Ce serait d'ailleurs mettre Julien en contradiction avec lui-même que de prêter à sa solution le sens que lui reconnaissent nos adversaires, car nous savons par les lois 13 et 19 *De M. C. donat.*, et plus particulièrement encore par la loi 4, *De donat. int.*

(1) Cette considération, tirée du sens des mots : *ex conventione venditionis*, m'excusera du reproche d'impropriété du langage adressé à un jurisconsulte classique. — Cpr. L. 31, § 1, *De Donat.* (D. 39-5), et L. 6, *De injur. et famos. libel.* (D. 47-10). J'aurais pu soutenir que la décision de la loi 8 avait trait à une *lex commissoria* suspensive, mais j'ai cru reconnaître par les expressions employées dans ce fragment, aussi bien que par le texte de la loi 10 *De rescind. vendit.*, que Scévola donnait au pacte commissoire le caractère d'une clause de résolution (Cpr. traduct. Hullot, t. II, p. 574 et 590). Au surplus, en admettant que ma conclusion ne soit pas satisfaisante, je ne vois pas un grave danger pour la thèse que je défends, à faire de Scévola un promoteur de l'aliénation résoluble *ad conditionem*. Parmi les faibles traces de la doctrine d'Ulpien, que M. Pellat nous dit avoir rencontrées chez d'autres jurisconsultes, il n'est peut-être pas impossible de ranger le passage ci-dessus de la loi 8 *De lege commissoria*. Scévola qui, d'après Godefroy, écrivait sous Antonin et Sévère, avait par conséquent vécu avec Marcellus, et il n'y aurait rien d'invraisemblable à ce qu'il eût adopté les idées novatrices professées par son contemporain.

vir. et ux., que ce jurisconsulte n'accordait au donateur à cause de mort qu'une simple *condictio* pour obtenir, après la résolution de la libéralité faite avec effet immédiat, la restitution des objets donnés.

Nous avons aussi dans la loi 39 *De M. C. donat.* la même preuve à l'égard de Paul : « *Si is*, dit-il, *cui mortis causa servus donatus est, cum manumisit, tenetur condictione in pretium servi; quoniam scit posse sibi condici, si convaluerit donator.* » En n'attribuant au donateur qui survit qu'une action personnelle pour recouvrer l'esclave donné *mortis causa*, et en déclarant maintenu l'affranchissement conféré à celui-ci par le donataire, Paul indique clairement qu'à ses yeux la survie du donateur à cause de mort ne révoque pas de plein droit la propriété du donataire.

L'opinion de Paul dans la question étant ainsi établie, il faudra forcément que la loi 9 *De aqua et aquæ* s'explique de quelque autre manière que par le retour *ipso jure* de la propriété résolue aux mains de l'aliénateur. D'abord il est permis de croire que l'*addictio in diem* a, dans l'hypothèse prévue, le caractère d'une condition suspensive; les expressions : *sive remanserit penes emptorem, sive recesserit*, se concilient aussi bien avec une vente *sub conditione* suivie de la mise en possession de l'acquéreur qu'avec une vente résoluble *ad conditionem*. D'autre part, comme on n'était pas bien fixé sur le rôle que jouait dans la vente le pacte *addictionis in diem*, que les uns le tenaient pour une condition suspensive, tandis que les autres en faisaient une condition résolutoire, on peut raisonnablement supposer que dans notre loi 9 le jurisconsulte indique simplement une mesure de prévoyance, en conseillant d'exiger le concours du vendeur et de l'acheteur à celui qui veut acquérir, *pendente conditione*, une prise d'eau sur le fonds *in diem addictus* (1).

Je pense donc que la vérité historique est tout entière dans cette ingénieuse idée de M. Pellat, que le transport *ad tempus* du droit de propriété, d'abord impossible à l'époque des jurisconsultes classiques, parvint à s'accréditer grâce aux efforts persévérants de Marcellus et d'Ulpien, et qu'après une longue période de luttes et d'obscurité il finit par trouver sa place dans la législation justinienne (2).

Il ne faudrait pas croire cependant que ce retour virtuel du *dominium* sur la tête de l'ancien maître, et la *rei vindicatio* qui en était la conséquence, eussent rendu inutile pour le vendeur l'emploi de l'action personnelle; ainsi que je l'ai fait voir précédemment, celle-ci lui était même à certains égards plus avantageuse que la revendication. Il paraît certain, en effet, que le vendeur n'aurait pu obtenir à l'aide de l'action réelle les prestations accessoires auxquelles il avait droit. Ainsi les fruits et les accessoires acquis à l'acheteur *pendente conditione* constituaient pour lui une propriété incommutable, que l'accomplissement de la

(1) Voyez deux autres interprétations de la loi 9 *De aquâ et aquæ* dans l'ouvrage cité de M. Bufnoir, p. 168, texte et note.

(2) La doctrine de M. Pellat est aujourd'hui généralement admise par les romanistes français. — Cpr. Ortolan, *Explication historique des Institutes*, T. II, N° 516; — Blondeau, *Chrestomathie*, p. 437 (édit. Giraud); — Demangeat, *Cours élémentaire de droit romain*, p. 576; — Vernet, *Textes choisis*, p. 136 et suiv.; — Lariche, *Explic. des Inst.*, T. I, N°s 963 et 964; — Bufnoir, *op. cit.*, p. 136-177.

condition résolutoire n'était pas susceptible d'éteindre. S'il devait tenir compte de ces objets, ce n'était pas à raison de la perte de son droit, mais en vertu d'une obligation spéciale qui résultait implicitement du pacte. Or il me semble impossible que le juge de la *rei vindicatio* fût en mesure d'étendre à cette obligation accessoire la sentence relative à la chose principale. Son *officium*, si large qu'il fût, ne pouvait atteindre des faits dont l'existence était antérieure au droit du demandeur, et, dans notre espèce, c'est seulement de la résolution accomplie qu'il faut dater le *dominium* du vendeur réintégré.

Le même motif m'amène à décider également que les indemnités pour dégradations provenant de la faute de l'acheteur ne seront jamais comprises dans la demande en revendication.

Dans ces divers cas, il n'y avait de recours fructueux que par l'action *venditi* dirigée *in personam* contre l'acheteur.

Mais une circonstance où devient surtout saillante la nécessité de l'action personnelle, c'est celle d'une vente consentie *à non domino*. Pour que le vendeur soit admis à revendiquer, il est indispensable qu'au moment du contrat il ait été propriétaire de l'objet vendu et qu'il ait transmis sa propriété à l'acheteur. Or, s'il n'était pas *dominus*, il ne peut recouvrer un *dominium* qu'il n'a jamais eu, et par suite il est non recevable à poursuivre une revendication. Sans doute l'acheteur sera contraint de restituer la chose, car, par l'événement de la condition résolutoire, il est tenu d'abandonner tout le bénéfice qu'il a retiré de la vente, mais son obligation étant exclusivement personnelle, et le droit de son auteur n'étant plus qu'une simple créance, l'action *venditi* sera la seule voie légale pour assurer les effets juridiques de la résolution.

Article 3e.

Des fins de non recevoir qu'on peut opposer à l'action résolutoire.

L'action en résolution de la vente n'entraîne pas toujours et d'une manière inévitable l'anéantissement des droits de l'acheteur ; certaines fins de non recevoir lui sont ouvertes contre les poursuites illégales d'un vendeur de mauvaise foi. Trois hypothèses sont spécialement prévues :

1° Le vendeur a renoncé au bénéfice de la résolution ;

2° L'acheteur n'a pu payer par le fait ou la faute du vendeur ;

3° Le défendeur est personnellement relevé par un motif légitime de la déchéance résultant de l'arrivée du pacte commissoire.

1° *Renonciation du vendeur*. Le vendeur, nous le savons déjà, pouvait, aussitôt la commise encourue, exiger la résolution de la vente ou poursuivre son exécution ; mais il n'avait pas la faculté de revenir sur un premier choix ; lorsqu'il s'était prononcé pour l'un des deux partis, sa détermination était irrévocable. Si donc il a déclaré vouloir maintenir le contrat, il est désormais forclos du bénéfice de l'action résolutoire. Mais cette renonciation n'est pas toujours formulée en termes aussi exprès ; la plupart du temps elle ne sera que tacite ; elle résultera pour lors de certains faits qui la font juridiquement supposer. Ainsi le vendeur est présumé s'être departi de son droit de résolution lorsque, depuis l'accomplissement de la *lex commissoria*, il a demandé par voie judiciaire soit le paiement du prix, soit la prestation des intérêts de ce prix, ou bien lorsqu'il a reçu à l'amiable la totalité ou une quote-part de la somme due par l'acheteur : « *Post diem commissoriæ legi præstitutum*, dit Hermogénien, *si venditor pretium petat, legi commissoriæ renunciatum videtur, nec variare et ad hanc redire potest* (1). » « *Si post statutum diem reliquæ pecuniæ*, enseignait Scévola, *venditor legem dictam non exercuisset et partem reliqui debiti accepisset, videri recessum à commissoria* (2). »

Cette doctrine, tout à fait équitable lorsque le vendeur a été complétement désintéressé après l'échéance du terme, est fort sujette à critique lorsqu'il s'est borné à réclamer le prix ou qu'il n'a reçu qu'un paiement partiel. Dans le premier cas, en effet, il a obtenu par l'exécution tous les avantages qu'il attendait du contrat ; tandis que dans le second il demeure livré, sans autre défense que l'action *venditi*, à la discrétion d'un acheteur dont il a tout lieu peut-être de craindre l'insolvabilité. C'est dans les principes du système formulaire qu'on doit rechercher l'origine de cette

(1) L. 7, *De lege commiss.* (D. 18-3).

(2) L. 6, *De lege commiss.* ; — *Adde* L. 4, *De pact. int. empt. et vendit.* (C. 4-54). Quant à la sommation extrajudiciaire, j'ai dit déjà que certains jurisconsultes lui attribuaient une portée analogue à celle de la demande en justice. (V. *Supra*, p. 58.)

décision rigoureuse. Après la commise, nous l'avons vu, le vendeur n'a qu'une seule et même action pour obtenir à son gré la résolution de la vente ou l'acquittement du prix. S'il agit *ex vendito* à fin d'exécution, il épuise par le fait son unique ressource, et si plus tard, revenant sur son option, il veut résoudre le contrat par la même action *venditi*, il sera repoussé nécessairement par l'exception *rei in judicium deductæ.*

2° *Faute du vendeur.* Une deuxième condition pour que la clause commissoire soit encourue, c'est que le retard dans le paiement soit imputable à l'acheteur. Ainsi, la vente subsistera toutes les fois que le vendeur n'aura pas rempli les obligations que le contrat ou la loi lui imposaient comme une condition du paiement. Par exemple, s'il n'a pas fourni des garanties pour le cas d'éviction, s'il n'a pas présenté des fidéjusseurs pour assurer l'accomplissement de ses promesses (1).

Le défendeur sera également à couvert de la résolution quand le vendeur aura refusé sans juste motif les offres faites en temps utile, ou quand, afin d'éviter de recevoir le paiement, il se sera absenté sans laisser de mandataire (2). Toutefois l'acheteur fera bien de se tenir prêt, car il n'en demeure pas moins tenu de payer à la première réquisition du vendeur, s'il veut définitivement se soustraire aux effets de la *lex commissoria.* Cependant, il triompherait de l'action réso-

(1) Cpr. L. 10, § 1, *De rescind. vendit.* (D. 18-5).

(2) L. 4, § 4, *De lege commiss.*; — L. 72, *De solut. et liberat.* (D. 46-3).

lutoire, même sans s'être exécuté, s'il y avait eu dol de la part du demandeur, et que celui-ci n'eût refusé le prix que dans le but de l'exiger à une époque où le débiteur serait hors d'état de le solder (1).

Il suit de là qu'en dehors d'un cas de dol, les offres réelles n'affranchissent pas l'acheteur de toute obligation. Seule la *pecuniæ depositio* a la propriété d'éteindre la dette, comme l'eût fait un paiement effectif. Mais si l'offre de l'acheteur est sans influence sur le *vinculum juris* lorsqu'elle n'est pas suivie du dessaisissement des espèces, elle est au moins efficace pour garantir le défendeur des effets de la clause pénale stipulée à son encontre. Son exactitude ayant prouvé ses bonnes dispositions, on ne peut le frapper d'une peine qu'il ne devait subir que pour sa négligence : « *Quod si non habet, cui offerat,* dit Ulpien, *posse esse securum* (2). »

Quelques commentateurs soutiennent néanmoins qu'une consignation judiciaire est indispensable ; ils se fondent pour cela sur la loi 7 au Code *De pact. int. emptor. et vendit.* (3). Mais ce texte, relatif à un pacte de réméré, ne me semble pas applicable à notre espèce. D'abord il est naturel qu'on se soit montré plus sévère pour la prestation du prix, quand il s'agit d'une revente, que pour un paiement destiné à prévenir l'accomplissement d'une clause résolutoire ; et en second

(1) Cpr. L. 51, § 1, *De act. empt. et vend.* (D. 19-1).

(2) L. 4, § 4, D., *De lege commiss.*; — Cpr. L. 8, *eod. tit.*; — L. 23, § 3, L. 40 *in fine, De recept. qui arbitr. recep.* (D. 4-8); L. 9, C., *De usuris* (4-32); — Donneau, *Comment. de jure civili*, XVI, *Cap.* 13, n° 17.

(3) Cpr. Voët, *Comment. in Pandect. ad tit. De lege commiss.*, N° 5.

lieu, je crois reconnaître, par les termes du rescrit, que l'empereur conseille la consignation plutôt qu'il n'y oblige : « ...... *denuntiationis et obsignationis, depositionisque remedio contra fraudem* POTES *juri tuo consulere.* »

L'acheteur devra encore échapper à la résolution lorsque, le vendeur étant mort, son hoirie n'a pas été acceptée, ou que son héritier impubère n'a pas été pourvu de tuteur : « *Quid enim ei imputari potest*, dit Paul, *qui solvere, etiamsi vellet, non potuit* (1)? » Si c'est le débiteur qui devient lui-même le tuteur du pupille, il n'est pas dispensé pour cela d'observer régulièrement les délais ; il devra par conséquent ou s'excuser de la tutelle où s'acquitter à l'échéance entre les mains des cotuteurs (2).

La saisie-arrêt pratiquée par les créanciers du vendeur devient aussi pour l'acheteur un motif légitime d'abstention. Le fragment 3 *De lege commissoria* ne laisse pas de doute à cet égard. Voici la substance de cette loi : Un fonds a été vendu sous clause commissoire. Au jour marqué, l'acheteur se présente pour payer, mais la venderesse est absente ; il fait constater et l'offre qu'il a faite et le défaut de la créancière par plusieurs témoins qui cachètent de leur sceau le sac contenant la somme. Le lendemain le procureur fiscal dénonce à l'acheteur qu'il ait à retenir les fonds tant que la femme n'aura pas désintéressé le fisc. L'acheteur obéit. Plus tard la femme revendique *ex conven-*

(1) L. 17, § 3, *De usuris* (D. 22-1).

(2) L. 10, *De rescind. vendit.* (D. 18-5).

tione venditionis; le défendeur excipe de la saisie-arrêt, et le jurisconsulte lui accorde gain de cause : « *Respondit secundum ea quæ proponerentur non commisisse in legem venditionis emptorem.* »

3° *Excuse de l'acheteur.* L'action résolutoire n'aboutit pas lorsque le défendeur est légalement relevé par une excuse personnelle de la déchéance résultant du pacte commissoire. Que l'acheteur ne puisse se libérer faute d'argent, ce n'est pas là une fin de non-recevoir péremptoire (1); mais qu'il ait traité avant l'âge de vingt-cinq ans, ou qu'héritier mineur d'un contractant majeur il ait laissé par sa faute se réaliser la commise, il sera restitué, par la seule circonstance de sa minorité, contre toutes les suites de la déchéance qui aurait dû l'atteindre. Cette décision est formellement commandée par la loi 38 *De minoribus,* où nous lisons qu'Antoine restitua, contre l'événement d'un pacte commissoire, l'héritière mineure de l'acheteur décédé, uniquement par cette considération « *quod dies committendi in tempus pupillæ incidisset eaque effecisset ne pareretur legi venditionis* (2). »

(1) L. 187, § 4, *De verbor. oblig.* (D. 45-1).

(2) Cette restitution est fort sujette à critque : « *Dicebam....,* écrivait Paul, *non me moveri quod dies postea transisset, non magis quam si creditor pignus distraxisset, post mortem debitoris die solutionis finita.* » Aux yeux de ce jurisconsulte, le rescrit ne peut s'expliquer que par la position exceptionnelle de la pupille, dont les tuteurs avaient été déclarés suspects, et par la défaveur avec laquelle Antonin voyait la *lex commissoria.* Cujas ne croit pas non plus la sentence conforme aux principes; il la regarde plutôt comme un acte arbitraire du pouvoir : *à principe posse (Comment. in Pandect., ad hanc legem).*

SECTION II.

Des effets du pacte commissoire réalisé.

J'examine les effets du pacte commissoire réalisé successivement entre les parties contractantes et à l'égard des tiers.

§ Ier.

Des effets du pacte commissoire entre les parties contractantes.

ARTICLE 1er.

La loi commissoire a été stipulée comme condition suspensive.

Les obligations dérivées de la vente naissent aussitôt par le seul effet du paiement. L'acheteur a l'action *empti* pour contraindre le vendeur à lui livrer la chose si la tradition n'a pas encore eu lieu, et, dans tous les cas, pour l'appeler en garantie contre les troubles ou évictions.

Mais que serait-il arrivé si l'acheteur, ayant agi *ex empto ante conditionem*, sa prétention avait été une fois déjà rejetée comme illégale? Etait-il frappé pour l'avenir d'une forclusion définitive, ou bien pouvait-il reprendre utilement l'instance après l'arrivée de la condition suspensive? Je crois qu'on devait l'admettre à réitérer sa demande. Aux termes de la loi 213, *De verb. signific.* (D. 50-16), le *dies cedens* d'une obligation conditionnelle étant retardé jusqu'à l'événement de la condition, on ne saurait dire que la demande a été avant cette époque *in judicium deducta*, car, *pendente conditione*, l'engagement éventuel ne produisait pas d'action. Des textes ont d'ailleurs spécialement consacré ce principe en matière de contrats; la décision ci-après de la loi 43, § 9, *De ædilitio edicto*, est même directement relative à la vente : « *Si sub conditione homo emptus sit, redhibitoria actio ante conditionem existentem inutiliter agitur, quia nondum perfecta emptio arbitrio judicis imperfecta fieri non potest; et ideo, et si ex empto, vel vendito, vel redhibitoria ante actum fuerit, expleta conditione iterum agi poterit* (1). »

(1) Cpr. L. 13, § 5, *De pign. et hyp.* (D. 20-1) et L. 36, *De solut.* (D. 46-3). Ces textes, si explicites qu'ils soient, ne jouissent pas néanmoins d'une autorité absolue, et la question, toute simple en apparence, devient au contraire fort compliquée quand, de nos fragments du Digeste, on rapproche le § 33 des Institutes de Justinien, où l'empereur décide positivement que la poursuite *ante conditionem* entraîne pour le demandeur plus-pétition *tempore*. Cette opposition si formelle entre la doctrine classique et le précepte du droit nouveau a vivement préoccupé les commentateurs (Cpr. MM. Schrader, *Not. ad* § 33 *Inst.* (IV-6); — Ortolan, *Inst.*, N° 2160; — Machelard, *Oblig. nat.*, p. 382, à la note; — Bufnoir, *op. cit.*, p. 242 et suiv.). Je n'y verrai pour ma part que le résultat d'une controverse ancienne entre les jurisconsultes romains. Elle avait dû être tranchée par les compilateurs du Digeste dans le sens que nous retrouvons sous les passages cités de Julien, Scévola et Paul. Aux Institutes, les rédacteurs, en traçant le tableau de l'ancien droit, ont rappelé le système contraire qu'ils ont rencontré dans les écrits qu'ils consultaient, et l'ont admis comme une règle de la législation nouvelle. On ne peut objecter que Gaius, leur guide ordinaire, professait une opinion différente, car, outre que Gaius n'a pas été leur unique source, le § 53 en est trop mutilé pour que les divergences qu'on croit apercevoir dans les bribes qu'il en reste puissent être opposées comme un argument. Quant à l'importance pratique du débat, elle me semble bien restreinte, et, à supposer même que les Institutes aient voulu réellement consacrer en matière de condition la *plus petitio tempore*, ce retour apparent sur le choix des auteurs du Digeste ne changerait en fait rien au principe

S'il y a eu tradition provisoire, l'accomplissement de la condition transfère à l'acheteur la propriété irrévocable de la chose vendue. Il met ce dernier *in causa usucapiendi* dans le cas où le *tradens* ne serait pas légitime propriétaire (1).

Pour que la vente puisse prendre naissance, il faut que, lors du paiement, les parties aient l'une et l'autre la capacité juridique de s'obliger.

Le décès de l'un des contractants n'est pas un obstacle à la formation du contrat, lorsque le défunt laisse après lui des héritiers qui lui succèdent, car il est représenté légalement par ceux-ci et même par l'hoirie vacante, si l'adition n'a pas encore été faite : « *Hæreditas vice personæ fungitur* (2). » Mais l'obligation devient impossible quand, au jour où l'acheteur voudra payer son prix, son créancier sera mort *sine hærede*, ou aura subi une *capitis deminutio* entraînant la confiscation des biens. Le fisc, en effet, ne continue pas la personne. Notre principe est posé en ces termes par le § 1er de la loi 14 *De novationibus* : « *Et ideo*

que nous avons posé ; car la *plus petitio* n'étant plus qu'une prolongation de délai, l'action, repoussée par cette fin de non-recevoir, ne serait cependant pas détruite sans retour, et, pour être retardée dans sa réitération, l'instance n'en demeurerait pas moins susceptible d'être reprise après le délai pénal. (Cpr. L. 1, *De plus petit.* (C. 3-10) et *Inst.*, § 33, cit. *in fine*).

(1) Doit-on reporter *ad diem traditionis* le point de départ de cette usucapion ? Le texte suivant de Paul reconnaît que la *possessio ad usucapionem* acquise à l'arrivée de la condition ne produit aucun effet dans le passé : « *Si sub conditione emptio facta sit, pendente conditione emptor usu non capit ; idemque est, et si putet conditionem extitisse, quæ nondum extitit, similis est enim ei qui putat se emisse.* » (L. 2, § 2, D., *Pro emptore* ; voyez dans le même sens le § 111 des *Fragm. vatic.*).

(2) L. 24, *De novat.* (D. 46-2).

si forte persona promissoris pendente conditione fuerit deportata, Marcellus scribit nequidem existente conditione ullam contingere novationem, quoniam nunc quum extitit conditio, non est persona quæ obligetur (1). »

Il suffisait pour la formation de la vente que la chose vendue fût dans le commerce à l'événement de la condition. Que le vendeur eût, dans le contrat conditionnel, promis la chose même de l'acheteur, c'était indifférent ; on ne s'inquiétait pas de la propriété antérieure : « *Existimo posse me id, quod meum est, sub conditione emere, quia forte speratur, meum esse desinere* (2). »

Que décider en sens inverse si le créancier est devenu *ante conditionem* propriétaire de l'objet vendu? Cette circonstance n'empêchera pas plus la vente de se former, qu'elle n'aurait éteint l'obligation du vendeur si le contrat avait été pur et simple. L'acquisition ayant été faite à titre onéreux, le débiteur n'aura pu se prévaloir de la maxime : *Duæ causæ lucrativæ in eumdem hominem et eamdem rem concurrere non possunt* (3).

La vente était non avenue quand le corps certain qui en faisait l'objet avait péri *pendente conditione* : « *Plane si pendente conditione res interierit, perimitur emptio* (4). »

(1) Cpr. L. 1 *pr. De bon. damnat.* (D. 48-20) ; — L. 5 *pr. Ut legat. seu fideicom. serv.* (D. 36-3).

(2) L. 61, *De contrah. empt.* (D. 18-1).

(3) Cpr. L. 98, *De verb. oblig.* (D. 45-1).

(4) L. 8, *De peric. et commod. rei vend.* (D. 18-5). Cette phrase ne se trouve pas dans le texte tel que nous l'avons, mais elle est indispen-

Lorsque la perte n'était que partielle, et que la vente était maintenue par la volonté du vendeur ou le consentement de l'acheteur, celui-ci supportait le préjudice : « *Sane si extet res, licet deterior effecta, potest dici esse damnum emptoris* (1). » Seulement, si les détériorations provenaient de délits commis par des tiers, il pouvait requérir du vendeur qu'il lui cédât les actions résultant de ces délits, ou qu'il lui en restituât le bénéfice, si déjà il les avait exercées (2).

Le vendeur doit réparation, depuis le jour où le contrat est intervenu, de toutes les fautes dont il s'est rendu coupable dans la garde de la chose.

Il conserve les fruits perçus *pendente actione* : « *Et fructus medii temporis venditoris sunt* (3). »

Article 2.

La loi commissoire a été insérée au contrat comme condition résolutoire.

L'acheteur qui ne remplit pas son obligation ne doit bénéficier en rien du contrat résolu. Il avait acquis une créance ; elle est éteinte. Il était devenu propriétaire ; il est dorénavant dépouillé du *dominium*.

Dans le système classique, une rétrocession était indispensable (4) ; dans l'opinion d'Ulpien, elle est

sable d'après l'ensemble du passage. Cujas assure qu'elle se lisait dans les anciens manuscrits. (*Ad lib. 53 Pauli ad Edict.*; — Cpr. Mainz, *op. cit.*, § 36, note 22, p. 149, et M. Bufnoir, *op. cit.*, p. 248, à la note).

(1) L. 8, D., *De peric. et commod. rei vend.*

(2) *Inst.*, § 3, *in fine*, *De emptione et venditione* (III-23).

(3) L. 8, D., *De peric. et comm. rei vend.*

(4) L. 23, § 1, L. 60, *De œdilit. edict.* D. 21-1).

inutile, le vendeur est *ipso jure* rétabli dans tous ses droits. Mais ce retour de la propriété au titulaire primitif s'opère sans aucune rétroactivité ; l'interruption du droit du vendeur persiste inévitablement malgré la résolution accomplie (1). Ainsi :

Les servitudes qui auraient existé antérieurement à la vente, entre le fonds vendu et l'héritage de l'acheteur, sont irrévocablement éteintes par confusion.

De même celles qui auraient été acquises dans l'intervalle à l'avantage du fonds vendu sont régulièrement établies et subsistent même après la résolution.

J'arrive maintenant aux applications pratiques de notre règle générale et j'étudie les effets de la résolution accomplie :

1° Au point de vue de l'usucapion ;

2° Relativement aux fruits perçus et aux accessoires obtenus à l'occasion de la chose ;

3° Par rapport aux impenses faites sur la chose restituée ;

4° Enfin quant aux arrhes et aux acomptes touchés par le vendeur.

I. Des effets de la résolution accomplie relativement a l'usucapion. — Deux hypothèses peuvent se présenter : ou l'usucapion est accomplie au moment où le contrat est résolu, ou bien elle n'est pas encore achevée.

Dans le premier cas le droit du véritable propriétaire est définitivement perdu, mais le bénéfice de

(1) V. *supra*, pages 23 et suivantes.

l'usucapion n'est pas acquis à l'acheteur. Celui-ci est obligé, en vertu du pacte, de restituer l'objet au vendeur : « *Si alienam rem mortis causa donavero, eaque usucapta fuerit,* dit Julien, *verus dominus eam condicere non potest, sed ego si convaluero* (1). » Il se trouve en effet n'avoir pas usucapé en son nom personnel : si vis-à-vis du véritable propriétaire il avait la possession *ad usucapionem,* dans ses rapports avec son auteur, quand la condition se réalise, il ne doit être considéré que comme un détenteur précaire. C'est pour le vendeur qu'il a possédé, c'est pour lui qu'il acquiert ; il ne peut se prévaloir à son encontre d'un titre qui se trouve n'avoir jamais existé. L'acheteur du reste ne souffre aucun préjudice ; il est remis tout simplement dans la même situation que s'il n'y avait pas eu de vente. Le vendeur s'enrichit, c'est vrai, mais ce n'est qu'aux dépens du légitime propriétaire ; l'obligation de rendre la chose usucapée n'est pas une perte pour l'acheteur, car, ayant acquis à titre onéreux, il n'a raisonnablement pas dû s'attendre à devenir propriétaire sans payer un prix.

Si l'usucapion n'est pas achevée, le propriétaire intentera utilement la revendication, mais le vendeur réintégré par l'effet de la clause résolutoire pourra-t-il joindre à sa possession celle de l'acquéreur intérimaire? Nous savons par certains fragments relatifs à l'action rédhibitoire que cette question avait soulevé une controverse entre les jurisconsultes romains. Les uns se fondant sur ce que la *redhibitio* constitue une rési-

(1) L. 13, *De M. C. donat.* (D. 39-6).

liation et non pas une vente, refusaient l'accession par ce motif qu'elle n'est possible que d'auteur à ayant cause, et qu'ici le vendeur n'est pas l'ayant cause de l'acheteur. D'autres au contraire, voyaient dans la restitution de l'objet une sorte de revente et autorisaient dès lors la jonction des deux possessions. C'est à ce dernier avis que se rangeait Ulpien : « *Præterea quæritur,* disait-il, *si quis hominem venditori redhibuerit; an accessione uti possit ex persona ejus? Et sunt qui putent, non posse quia venditionis est resolutio, redhibitio. Alii, emptorem venditoris accessione usurum, et venditorem emptoris : quod magis probandum puto* (1).» Cette doctrine d'Ulpien, que l'équité rendit bientôt prépondérante, est nettement exposée dans la loi 6 D., *De diversis temporalibus prescriptionibus :* « *Vendidi tibi servum et convenit,* ut dies certa die pecunia soluta esset, inemptus esset; *quod cum evenerit, quæsitum est, quid de accessione tui temporis putares? respondit, id, quod servetur, cum redhibitio sit facta. Hunc enim perinde haberi, ac si retrorsus homo mihi venisset : ut scilicet, si venditor possessionem postea nactus sit : et hoc ipsum tempus, et quod possessionem præcesserit, et amplius accessio hæc ei detur cum eo, quod apud eum fuit, a quo homo redhibitus sit.* »

Enfin la loi 19 D., *De usurpationibus et usucapionibus* présente une solution analogue, pour le cas où la vente est résolue par l'événement d'une condition : « *Si hominem emisti,* enseigne Javolenus, *ut,* si aliqua conditio extitisset, inemptus fieret, *et is tibi traditus*

(1) L. 13, § 2, *De adquir. vel amitt. possess.* (D. 41-2).

est; et postea conditio emptionem resolvit : tempus, quo apud emptorem fuit, accedere venditori debere existimo : quoniam eo genere retroacta venditio esset redhibitioni similis, in qua non dubito, tempus ejus, qui redhibuerit, venditori accessurum, quoniam ea venditio proprie dici non potest. »

Toutefois, même dans la théorie qui admettait l'*accessio possessionum*, cette accession ne se produisait pas sans qu'il y eût bonne foi, et chez l'acquéreur, lorsqu'il a commencé à posséder, et chez le vendeur, lorsqu'il est rentré dans sa possession. Il s'agissait pour les deux parties d'une possession à un titre nouveau ; elle ne pouvait s'ajouter aux possessions antérieures qu'à la condition de réunir tous les caractères légalement requis pour usucaper.

En supprimant l'opération juridique de la rétrocession, le droit justinien dut faire disparaître entre le vendeur et l'acheteur les rapports d'auteur à ayant-cause, mais assurément il n'a pas prohibé du même coup l'*accessio possessionum*. D'abord, si la règle n'avait pas été maintenue, la loi 19 de Javolenus n'aurait pas été insérée au Digeste, et, d'autre part, la consécration du retour *ipso jure* ne fermait pas au vendeur la voie classique de la rétrocession : « Lorsque « se posera la question, il se gardera bien d'arguer du « retour virtuel de la propriété, puisqu'il ne l'avait pas « transmise, ne l'ayant pas lui-même ; il se placera « sous l'application des anciens principes qu'il n'a pas « perdu le droit d'invoquer (1). »

(1) M. Bufnoir, *op. cit.*, p. 487.

II. DES EFFETS DE LA RÉSOLUTION QUANT AUX FRUITS PERÇUS ET AUX ACCESSOIRES OBTENUS A L'OCCASION DE LA CHOSE. — La propriété des fruits et accessoires, attribuée à l'acheteur *pendente conditione*, n'est pas une propriété résoluble comme celle de l'objet principal; la résolution ne saurait l'atteindre. Toutefois, la condition une fois réalisée, l'acheteur poursuivi en restitution sera tenu de rendre, avec la chose vendue, tous les fruits perçus dans l'entre-temps (1).

De nombreux motifs justifient cette solution : 1° La personne qui réclame ce qui lui appartient, encore qu'elle se pourvoie par une action *stricti juris*, a droit aux fruits même avant la *mora* (2); 2° l'acheteur, en consentant à la vente, s'est tacitement engagé à ne rien retenir de l'objet vendu (3); 3° il ne peut tirer avantage d'un contrat qu'il refuse d'exécuter : « *Nihil penes eum residere opportet ex re, in qua fidem fefellit* (4). »

On a cependant nié que la restitution des fruits dût être une conséquence de la résolution. L'acheteur, a-t-on dit, peut bien être contraint de remettre avec la chose les profits purement gratuits qu'il en a retirés, mais il ne saurait en être de même des produits qui sont le résultat de ses soins personnels; possesseur de bonne foi, il conservera *pro cultura et*

(1) L. 4, § 4 *in fine*, L. 6 *De in diem addict.* (D. 18-2); — L. 5 *De lege commiss.* (D. 18-3).

(2) Cpr. L. 15 *pr.* et L. 65, § 5, *De condict. indeb.* (D. 12-6); — L. 38, §§ 1, 2, 4, 6, *De usur. et fruct.* (D. 22-2); — L. 173, § 1, *De reg. jur.* (D. 50-17).

(3). Cpr. L. 6, § 1, *De lege commiss.* (D. 18-3).

(4) Cpr. L. 5 *in fine* D., *De lege commiss.*

cura tous les fruits qu'il aura obtenus par son travail et ses efforts. — Je me rendrai peut-être à cette manière de voir s'il était démontré que le titulaire d'un droit résoluble fût un possesseur de bonne foi ; mais il me paraît au contraire résulter de divers textes, et notamment de la loi 39 *De M. C. don.*, que le droit romain le présumait de mauvaise foi par ce seul fait que, pourvu d'un titre incertain, il a dû connaître le danger qu'il courait de le perdre.

On a invoqué ensuite les lois 2, § 4, *Pro emptore*, et 2, § 1, *De in diem addict.*, qui disent au sujet d'une vente avec *addictio in diem* « *fructus emptoris effici, fructus lucrari.* » Mais il suffit de lire ces deux fragments sans prévention pour reconnaître vicieuse l'interprétation qu'on en donne. Un seul point y est prévu, l'état de choses existant *pendente conditione*. Opposant l'espèce d'une *addictio in diem* suspensive à l'hypothèse d'une même clause formant condition résolutoire, ils portent bien en effet que l'acheteur qui, dans la vente conditionnelle, est incapable de gagner les fruits, les fait siens dans la vente résoluble, mais ils n'établissent nullement qu'après la résolution les effets produits *ante conditionem* soient tenus pour irrévocables. Ce qui prouve du reste que ces fragments sont étrangers à notre matière, c'est que Julien, de qui émanent les deux passages invoqués, enseigne formellement que les fruits perçus *interea* doivent revenir au vendeur : « *Sed eam actionem sicut fructus, inquit, quos percepit, venditi judicio præstaturum* (1). »

(1) L. 4, § 4, *in fine D.*, *De in diem addict.*

On a encore essayé d'appliquer ici cette décision de la loi 8 D., *De peric. et comm. rei vend.* : « *medii temporis fructus venditoris sunt.* » On a argumenté de cette manière : Le vendeur, quand le contrat est conditionnel, s'approprie les fruits qu'il recueille dans l'interim ; or, le même bénéfice est dû à l'acheteur sous condition résolutoire, car en fait sa position est identique à celle d'un vendeur sous condition suspensive. Je ne puis admettre ce raisonnement. En assimilant l'acheteur sous condition résolutoire à un vendeur sous condition suspensive, on attribue à la résolution un caractère qui n'est pas le sien ; on fait une convention nouvelle de ce qui n'est en réalité que l'extinction du contrat originaire.

L'acheteur devait en outre restituer tous les accessoires de la chose vendue : « *Si ex lege inempti sint fundi,* dit Scévola, *ne id quod accessurum dictum est, emptori deberi* (1). » Il était obligé par conséquent de faire compte des dommages-intérêts qu'il pouvait avoir obtenus à l'occasion de cette chose, et de céder également les diverses actions qui lui auraient compété à raison de sa propriété provisoire (2).

Il était responsable au même titre de toutes les dégradations survenues par sa faute.

III. Des effets de la clause résolutoire par rapport aux impenses faites sur la chose restituée. — L'acheteur avait droit au remboursement intégral de toutes les impenses nécessaires qu'il avait faites *pen-*

(1) L. 6, § 1 D., *De lege commiss.*

(2) L. 4 D., *De lege commiss.* ; — L. 4, § 4 D., *De in diem addict.*

dente conditione : « *Sicut fructus in diem addictæ domus*, répondait Sévère, *quum melior conditio fuerit allata, venditori restitui necesse est ; ita rursus quæ prior emptor medio tempore necessario probaverit erogata de reditu retineri ; vel si non sufficiat, solvi æquum est* (1). »

Le vendeur était-il également tenu des impenses utiles? La négative a été soutenue. On a allégué d'abord l'assimilation de l'acheteur à un possesseur de mauvaise foi, et, d'autre part, on a cru trouver l'exclusion des impenses utiles dans la mention spéciale qu'a faite le rescrit des impenses nécessaires. J'estime cependant qu'il faut tenir compte à l'acheteur au moins de la plus-value résultant de ses impenses utiles. Les objections du système contraire ne sont pas, à mon avis, une raison de décider autrement. Quant à la portée que l'on prête à la loi 16 *de in diem addict.*, il me semble qu'on l'a par trop exagérée, et j'inclinerai plutôt à entendre la décision de l'empereur comme étant exclusivement relative à une hypothèse où les impenses nécessaires étaient seules en litige. Si maintenant on m'objecte la présomption de mauvaise foi dont les jurisconsultes frappaient à Rome l'acheteur *sub lege commissoria*, je répondrai que le refus d'indemnité pour impenses utiles infligé au possesseur de mauvaise foi, supposait toujours entre les parties un défaut absolu de rapport contractuel ; qu'il ne s'appliquait jamais quand l'auteur des impenses détenait en vertu d'une convention, particu-

(1) L. 16 D., *De in diem addict.*

lièrement comme en l'espèce, en vertu d'un contrat *bonæ fidei*, et qu'ici par conséquent c'est d'après les règles propres à la vente que doivent se déterminer les obligations du vendeur. Or, comme le juge avait à statuer sur une action de bonne foi, il entrait dans sa mission de veiller à ce que le demandeur ne fît pas un bénéfice injuste aux dépens de son adversaire.

IV. Des effets de la résolution relativement aux arrhes et aux acomptes touchés par le vendeur. — Le caractère de pénalité que le droit romain attachait à la *lex commissoria* se manifestait principalement par l'attribution au vendeur de toutes les prestations partielles qu'il pouvait avoir reçues *pendente conditione*. Si donc l'acheteur avait donné des arrhes, il les perdait *ipso jure* sans aucun espoir de recours : « *De lege commissoria interrogatus*, écrivait Scévola, *ita respondi : si per emptorem factum sit quominus legi pareretur et ea lege uti venditor velit : fundos inemptos fore, et id, quod arrhæ vel alio nomine datum esset, apud venditorem remansurum* (1). »

Quelques auteurs ont néanmoins entrepris de modérer la rigueur de cette solution en soutenant que la perte des arrhes ne pouvait être que la conséquence d'un pacte accessoire. La loi 8 D., *De lege commissoria*, et la constitution 1 au Code *De pactis inter empt. et vendit.*, ne laissent, disent-ils, aucun doute à cet égard. Quant à la loi 6, elle n'offre rien qui les condamne ; Scévola, dans sa réponse, se référait nécessairement au cas d'une convention expresse ; il se

(1) L. 6 pr. D., *De lege commissoria* (18-3).

serait mis en effet en contradiction avec lui-même si, admettant sous la loi 6 que l'acheteur encourait *de plano* la perte des arrhes, il avait exigé dans la loi 8 une réserve formelle à cette fin. Au surplus, continuent les défenseurs du système que je combats, il serait profondément inique d'enrichir le vendeur au préjudice de l'acheteur, alors que la résolution de la vente prive déjà ce dernier de tous les avantages que pouvait lui promettre le contrat.

Cette argumentation n'offre rien de sérieux, l'explication de notre loi 6 est purement conjecturale. Les termes généraux qu'emploie le jurisconsulte annoncent assez qu'il proclame un principe, et dire que ce fragment suppose une clause particulière parce que cette convention figure dans d'autres textes relatifs au même sujet, c'est méconnaître évidemment les règles fondamentales de l'interprétation, c'est faire la loi d'un usage que la pratique avait simplement consacré comme une pure voie de précaution : « *Quæ dubitationis tollendæ, causa, contractibus inseruntur, jus commune non lædunt* (1). »

Je m'arrêterai moins encore à la raison d'équité que l'on oppose en faveur de l'acheteur. La vente étant dissoute par sa faute et les arrhes ayant été remises en signe de l'indissolubilité du contrat, il ne peut y avoir d'injustice à laisser au vendeur la somme qu'il a touchée à ce titre.

(1) L. 56, pr., *Mand. vel. contr.* (D. 17-1). — Ne voyons-nous pas tous les jours dans notre pratique française les contrats de vente stipuler l'obligation de garantie, alors qu'elle résulte expressément de l'article 1603 du Code Napoléon?

Il faut aller plus loin encore et décider que l'effet pénal de la clause commissoire interdit à l'acheteur la répétition des acomptes qu'il a payés. Molitor invoque en ce sens le passage cité de Scévola, dans lequel nous lisons que le vendeur, qui, à défaut de paiement, opte pour la résolution, retient à son profit tout ce qu'il a reçu *ut arrhæ vel alio nomine.* La généralité de ces termes *vel alio nomine* comprend, d'après ce commentateur, toutes les prestations accomplies et par le fait la partie du prix payée dans l'intervalle. Cette expression est peu probante, car elle s'expliquera bien plus naturellement si, comme Pothier, on l'applique à ces accessoires habituels d'un marché conclu qu'on qualifie de pots-de-vin, épingles, etc. Cela peut s'entendre également des frais ordinaires du contrat. Mais un texte qu'il n'est guère possible d'éliminer, c'est la loi 4, § 1, *De lege commissoria* : « *Sed, quod ait Neratius, habet rationem ut interdum fructus emptor lucretur cum pretium quod numeravit perdidit. Igitur sententia Neratii tunc habet locum, quæ est humana, quando emptor aliquam partem pretii dedit.* » Nératius reconnaissait donc par ce fragment qu'il était une circonstance où, *par humanité,* il convenait de laisser les fruits à l'acheteur : quand se présentait cette circonstance? Lorsqu'il perdait une portion du prix. D'où il résulte directement que la perte des acomptes était une conséquence ordinaire de la *lex commissoria* (1).

Cette théorie, je l'avoue, blesse profondément la

(1) Faber, *Ration. in Pandect., ad leges 4 et 6 De lege commiss.*; — Lauterbach., *Dissert.*, disp. 152, § 13.

justice. En frappant ainsi l'acheteur qui n'a fait qu'un paiement partiel, elle punit la diligence sans atteindre la mauvaise volonté. Plus la somme fournie sera considérable, plus la perte sera sérieuse ; la peine augmente en proportion directe de l'empressement que le débiteur a mis à s'acquitter.

Rebelles à la logique en faveur de l'équité, Voet et Mulhenbruch prétendent que notre loi 4 n'est pas décisive, qu'elle statue spécialement sur le point de savoir si le fonds doit être restitué avec ses fruits et accessoires, et, qu'en autorisant l'acheteur à compenser par les fruits perçus les acomptes gardés par le vendeur, Ulpien et Nératius n'ont fait que poser une hypothèse et n'ont point entendu faire de la perte des acomptes un principe capital de la vente commissoire (1). Ils enseignent dès lors que l'acheteur n'est déchu du droit de réclamer le montant de sa prestation partielle qu'autant qu'il y a renoncé par une clause expresse du contrat.

Cette opinion, tout à fait arbitraire, ne lit et ne commente que la moitié du texte. Uniquement attachée à l'avis de Nératius, elle fait abstraction complète de la remarque d'Ulpien : « *Igitur sententiam Neratii tunc habet rationem quæ est humana, quando emptor aliquam partem pretii dedit.* » Que Nératius n'eût posé qu'une hypothèse, je le veux bien ! Mais quand ensuite Ulpien, cherchant une application de la doctrine de son devancier, répond qu'il est humain d'accorder les fruits à l'acheteur « *quando emptor aliquam*

(1) Voet, *Comment. in Pand. ad tit. De lege commis.* N° 3 ; — Mulhenbruch, *Doctrina Pandectarum, Pars specialis*, L. III, C. V., § 406.

partem pretii dedit, » il m'est impossible de ne pas voir dans sa réponse la reconnaissance explicite de cette règle générale : l'acheteur qui a donné un à-compte le perd par la résolution (1).

Enfin les mêmes interprètes soutiennent que tous nos raisonnements s'évanouissent devant la loi 6, C. *De pactis int. empt. et vendit.* Cette constitution, disent-ils, établit d'une manière générale que dans le cas où la vente est conclue sous certaines conditions, l'acheteur qui viole le contrat doit restituer la chose avec les fruits, mais que le vendeur doit faire compte de son côté de toutes les prestations qui lui ont été fournies en argent.

Ce rescrit, je l'ai démontré plus haut, n'a pas de rapport avec la difficulté en question (2). La convention qu'il a en vue n'est point à proprement parler une vente, et l'empereur, en évitant avec soin les expressions qui pourraient rappeler ce contrat, indique assez qu'il considère l'engagement qui lui est soumis comme une opération *sui generis.* Mais à supposer encore que la loi 6 consacrât un principe en matière de vente résoluble, elle ne prouverait rien dans la discussion, car ce qu'il s'agit de régler en l'espèce, c'est précisément le point de savoir si, à propos de la *lex commis-*

(1) La décision d'Ulpien paraît avoir été interprétée dans le même sens par les Grecs. Cela résulte d'un passage des Basiliques, dont voici la traduction : « *Ubi quid lege commissoria veniit, si pars aliqua pretii data fuerit, nisi et quod reliquum est pretii intra diem lege commissoria comprehensum et solutum sit, resoluta venditione amittit emptor etiam id, quod est numeratum, idque non absque ratione, sed ut interea fructus lucretur.* » (*Basilicorum, in addendis ad librum* XIX, *Titulus* 3.)

(2) V. *supra*, p. 29.

soria, la doctrine n'avait pas dérogé au droit commun afin de punir plus sévèrement l'acheteur qui ne payait pas son prix. Or, on peut invoquer plusieurs textes où il est fait mention du bénéfice exceptionnel qui résulte pour le vendeur de l'accomplissement du pacte commissoire. Ce sont les lois 25 D. *De hæreditatis petitione*, 13, § 26 D. *De actionibus empti*, et le § 11 des *Fragmenta vaticana*.

Dans la loi 25 *De hæreditatis petitione* (D. 5-3), Ulpien signale, parmi les restitutions dont sera tenu le possesseur de l'hérédité, *le profit qu'il aura retiré d'une vente* sub lege commissoria : « *Sed etsi lege commissoria vendidit, idem erit dicendum : lucrum quod sensit lege commissoria, præstaturum.* »

Sous le paragraphe 26 de la loi 13 *De actionibus empti* (D. 9-1), le même jurisconsulte constate en ces termes la légitimité des gains que le vendeur réalise en vertu du pacte commissoire : « *Si convenerit*, ut ad diem pretio non soluto, venditori duplum præstaretur, *in fraudem constitutionum videri adjectum, quod usuram legitimam excedit, diversamque causam commissoriæ esse ait : cum ea specie non fænus illicitum contrahatur, sed lex contractui non improbata dicatur.* »

Ce passage, extrait du livre III des *Réponses* de Papinien, se retrouve presque mot pour mot dans le paragraphe 11 des *Fragmenta vaticana* : « *Convenit ad diem pretio non soluto venditori alterum tantum præstari; quod usurarum centesimam excedit, in fraudem juris videtur additum. Diversa causa est commissoriæ legis, cum in ea specie non fænus inli-*

citum exerceatur, sed lex contractus non improbabilis dicatur. »

La décision rappelée par ces fragments prévoit deux espèces différentes : celle où un acheteur a promis, en cas de non-paiement, d'acquitter, à titre de peine, une somme égale au montant du prix, et celle où un vendeur, se prévalant d'un pacte commissoire, après avoir reçu la presque totalité du prix, reprend sa chose et garde en même temps toutes les prestations qu'il a touchées. Dans le premier cas, Papinien veut qu'on réduise le chiffre de la peine aux taux réglementaire de la *centesima usurarum,* tandis que dans la seconde hypothèse il valide sans difficulté le cumul exorbitant de la reprise de l'objet et de la retenue des acomptes : « On ne convient pas ici d'un intérêt illicite, on ajoute simplement au contrat une clause légalement permise. »

Ainsi, non-seulement le vendeur conservait les arrhes, mais il était encore dispensé de rendre les sommes payées *ante conditionem* en diminution du prix (1). Probablement, en pratique, ce bénéfice des acomptes était rare ; celui qui n'était plus débiteur que d'un faible reliquat devait trouver facilement les deniers nécessaires à s'affranchir du pacte ; mais enfin il suffisait de la possibilité d'une telle injustice pour

(1) C'est certainement à ces conséquences pénales du pacte commissoire réalisé que faisait allusion Pomponius, lorsqu'en traitant de l'action *venditi* résolutoire, il écrivait : « *Cum lege id dictum sit* (ut si in diem statutum pecunia soluta non esset, fundus inemptus foret) *apparet hoc duntaxat actum esse, ne venditor emptori, pecunia ad diem non soluta, obligatus esset : non ut omnis obligatio empti et venditi utrique solveretur.* » (L. 6, § 1, D. *De contrah. empt.*)

motiver les protestations des praticiens. Aussi, je m'explique mieux maintenant la disposition arbitraire de la loi 38 D. *De minoribus;* je comprends qu'à une époque où l'équité s'affermissait de plus en plus dans la législation, Antonin ait restitué la fille impubère d'un acheteur contre l'effet d'une clause commissoire qui devait lui faire perdre la valeur de tous les paiements partiels imputés sur le prix.

§ II.

Des effets de l'accomplissement du pacte commissoire à l'égard des tiers.

La question revient à se demander quelle sera la valeur des droits conférés *ante conditionem* sur l'objet vendu. Un principe fondamental domine toute cette matière : *Nemo plus juris in alium transferre potest quam ipse habet.* Que les parties aient voulu retarder la naissance du contrat ou seulement en suspendre la résolution, c'est toujours d'après cette règle que se détermine le sort des actes intérimaires.

Article 1er.

La loi commissoire a été envisagée comme condition suspensive.

La situation de l'acheteur à l'égard des tiers, qui, *pendente conditione,* ont traité avec le vendeur, est différente, selon que la vente a été ou non suivie d'une tradition conditionnelle de la chose. Dans le premier cas, en effet, le *tradens,* n'étant plus libre de disposer de l'objet au préjudice du *dominium* éventuel de l'*ac-*

cipiens, il ne pourra le grever *interca* d'aucune charge opposable à celui-ci (1). Dans la seconde hypothèse, au contraire, l'acheteur n'ayant qu'une simple créance, il devra subir, sauf son recours, tous les droits réels que le vendeur aura consentis dans l'intervalle.

ARTICLE 2e.

La loi commissoire a été ajoutée comme condition résolutoire.

Le titulaire du droit résoluble ne peut porter atteinte au droit de propriété qui, le cas échéant, doit revenir à son auteur.

Ainsi, sont non avenus tous actes par lesquels l'acheteur aurait affranchi l'esclave ou aurait rendu *religiosus* le terrain objet de la vente.

De même les jugements obtenus contre l'acheteur, dans une contestation relative à la chose vendue, ne sont point opposables au vendeur après la résolution accomplie.

Enfin, si la chose a été aliénée ou grevée de droits réels, ces actes de disposition s'évanouissent avec la propriété de la personne qui les avait consentis.

J'ai raisonné jusqu'ici conformément à l'opinion d'Ulpien ; sous l'empire de la jurisprudence classique, l'axiome de la perpétuité des droits n'aurait pas permis de faire ainsi bon marché des aliénations intervenues avant la commise. En principe, elles sont maintenues :

(1) Il lui est absolument interdit de mettre en liberté l'esclave vendu, ou, s'il s'agit d'un fonds, de le rendre *religiosus* ; de tels actes étant de leur nature irrévocables, on les considérait en droit comme une disposition définitive de l'objet livré.

l'acheteur, rendu propriétaire, les a régulièrement effectuées, il n'est plus en son pouvoir de les anéantir par une rétrocession ultérieure. Quant au vendeur, muni d'une simple action personnelle, il ne peut ni poursuivre l'objet aux mains des tiers détenteurs, ni le purger, s'il le recouvre, des servitudes ou hypothèques auxquelles il aurait été soumis.

DROIT FRANÇAIS.

PREMIÈRE PARTIE.

JURISPRUDENCE ANTÉRIEURE AU CODE NAPOLÉON.

INTRODUCTION.

De la résolution pour inexécution de charges dans le droit ancien.

I. Notion théorique de la condition résolutoire. — Son admission dans les actes juridiques. — Son effet rétroactif. — La théorie de la condition résolutoire se reproduisit dans l'ancien droit telle que l'avait consacrée la jurisprudence romaine. Système de rétrocession, système d'aliénation temporaire, les deux notions s'y retrouvent présentées avec une égale faveur pour définir le droit résoluble. Mais bientôt, sous l'influence journalière de la pratique, se fit jour une doctrine nouvelle qui, admise par les jurisconsultes et développée dans leurs écrits, ne tarda pas à régner sans rivale dans l'ancienne jurisprudence. Cette innovation, si favorablement accueillie, c'est l'effet rétroactif de la condition réalisée. Les deux obstacles qui, à Rome, avaient paralysé la marche de la condition résolutoire, on les tourna par une fiction : l'aliénation était impossible *ad tempus*, elle exigeait l'emploi de modes translatifs solennels ; on nia l'aliénation. Qu'importe dès lors la perpétuité des droits, la solennité des modes translatifs, puisque le droit n'a pas été transféré ! Du reste, il faut bien le dire, la nouvelle théorie n'avait rien à redouter des prétendus axiomes des jurisconsultes romains ; depuis longtemps ils n'existaient plus, en quelque sorte, qu'à l'état de souvenirs, et, si l'on cherchait encore à en maintenir fictivement le respect, c'est qu'en définitive on ne voyait pas grand intérêt à les combattre.

Les expressions abondent chez les vieux interprètes pour dépeindre cette rétroactivité de la condition résolutoire accomplie : « *Existente conditione resolutiva*, enseignait Doneau, *ab initio nihil actum videtur* (1). »

L'aliénateur ne s'est jamais dessaisi de son droit : « *Lex fingit dominium semper remansisse penes venditorem* (2). » Sa propriété ne s'est pas éteinte, elle est simplement assoupie : « *Videntur (jura venditoris) potius adumbrata et sopita, quam*

(1) *Ad leg.* 12, *C. De contrah. et committ. stipul.*

(2) Perezius, *Prælectiones in Codicem, ad tit. De pact. inter empt. et vendit.*, n° 8.

extincta. » Il n'acquiert pas à nouveau, il continue son titre : « *Non censetur de novo acquirere sed ad rem suam redire* (1). »

L'aliénation est considérée comme n'ayant jamais eu lieu : « *Lex fingit dominium nunquam fuisse translatum* (2) ; » « *fingitur retro non fuisse alienatum* (3) ; » « *Res nec vendita nec alienata est* (4). » La chose vendue revient à son état primitif, comme si elle n'était jamais sortie du patrimoine du vendeur : « *Res vendita reddit ad suum principium* (5) ; » « *Res in pristinam causam revertitur, resoluta venditione, quasi venditio facta non fuerit* (6) ; » « *Non censetur feudum de novo translatum, sed redditum sive ad priorem naturam et statutum restitutum. Ita quod non est, nec efficaciter novum feudum, sed remanet antiquum feudum in veteri et pristina qualitate in qua erat.... quasi nunquam exivisset à patrimonio venditoris* (7). »

Cette rétroactivité de la résolution accomplie présentait, au point de vue pratique, des avantages considérables. En s'inspirant avant tout de l'intention des contractants, elle sut s'attacher à ce qui fait la substance même de la disposition. Mais si le résultat

(1) Dumoulin, *In consuetudines Parisienses, ad tit. De feudis*, § 51, *glossa* 2, n° 21, V° jouir de son fief.

(2) Perezius, *op. et loc. cit.*

(3) Dumoulin, *op. cit. ad tit. De feudis*, § 51, V° Vendu, *glossa* 5, n° 34.

(4) Cujas, *Paratitla in tit.* D. *De lege commissoria.*

(5) Perezius, *op. et loc. cit.*

(6) Fachinæus, *Controversiæ juris, lib. II, cap. 15.*

(7) Dumoulin, *op. cit. ad tit. De feudis*, § 51, V° jouir de son fief, *glossa* 2, n° 21.

était rationnel, il n'en est pas moins vrai que le procédé mis en jeu était loin d'une pareille harmonie avec la logique. En conservant pour l'aliénation résoluble la formule originaire des Romains : *Pura quæ sub conditione resolvitur,* elle eut le tort d'établir une contradiction flagrante entre son point de départ et les solutions qu'elle adoptait, d'argumenter du dessaisissement absolu de l'aliénateur pour justifier toutes les conséquences du principe opposé : la non-transmission du droit. Je dois convenir toutefois que cette contradiction dans la formule n'offrait en réalité qu'un danger purement théorique ; ce dessaisissement entier et absolu de l'aliénateur n'a jamais été pris au sérieux ; au contraire, tout le monde était d'accord pour reconnaître que même, *pendente conditione,* il existait entre ses mains, non pas simplement une créance éventuelle et cessible, mais un droit effectif et actuel susceptible d'être aliéné, et dont il restait le maître de disposer comme il lui plairait. Ainsi entendue, la rétroactivité devient l'expression rationnelle de la volonté des parties, et, à ce titre assurément, le crédit qu'elle obtint fut un succès légitime.

II. De la résolution pour inexécution de charges. — Caractère de la résolution accomplie. — Ses conséquences juridiques. — Transportée de la législation romaine dans le droit ancien, la théorie de la résolution pour inexécution de charges eut à subir des modifications importantes. D'abord rigoureuse et exagérée dans son effet pénal, elle se produit généralement en vertu d'une convention privée des parties ; puis, avec le temps, la pénalité diminue, le pacte commissoire entre en faveur, et, grâce à la prépondérance salutaire des coutumes, on arrive insensiblement à généraliser le principe de la résolution légale pour inexécution de charges.

C'est ce développement progressif que j'essaierai d'établir dans une courte esquisse historique, et, comme je tiens à lui conserver l'empreinte fidèle et variée des époques, je le suivrai dans sa marche séculaire à travers le droit barbare, le droit canonique et le droit féodal.

A. Droit barbare. — La résolution pour inexécution de charges ne paraît avoir occupé dans le droit barbare qu'une place tout à fait restreinte. J'examinerai les documents qui s'y rapportent dans la législation personnelle des peuples envahisseurs et dans les compilations que firent ces derniers pour l'usage des indigènes ci-devant sujets de l'empire romain.

Je ne puis citer que deux cas où la résolution pour inaccomplissement de charges ait été légalement consacrée par les codes des nations barbares (1). Ils sont relatifs, l'un au louage résoluble pour retard dans le service du cens : *Qui negligit censum perdat agrum* (2), et l'autre à la donation faite par le chef

(1) Les citations des lois barbares se rapportent, sauf indication contraire, à l'édition qu'en a donnée Lindembrogius dans son *Codex legum antiquarum* (Francofurti, 1613, in-fol.). — Pour les *Capitulaires* de Charlemagne et Louis-le-Pieux, j'ai suivi de préférence la collection plus complète d'Etienne Baluze (*Capitularia regum Francorum*, Parisiis, 1677, 2 vol. in-fol.).

(2) Cpr. *Capitularia Caroli Magni et Ludovici Pii*, lib. V, cap. XI, *De his qui res ecclesiasticas, verbo domni regis tenent ;* — *Capitularia Regis Caroli*, § 18.

de bande à ses soldats, révocable pour cause de désertion ou refus de marcher au combat (1).

Dans la vente, le défaut de paiement du prix n'entraîne certainement pas la résiliation du contrat : « *Placita bona fide et definita venditio a venditore rescendi non potest : sed pretium quod ab emptore debetur repetendum est* (2). » Cependant la loi des Wisigoths autorise le vendeur à se réserver, par une clause spéciale, de reprendre la chose vendue s'il n'est pas payé au terme convenu : « *Si pars pretii data est et pars promissa non adimpletur, non propter hoc venditio facta rumpatur.... nisi hoc forte convenerit ut res empta venditori debeat reformari* (3). »

Si maintenant nous recherchons les conséquences de la résolution accomplie, nous reconnaissons tout d'abord que la pénalité en est le caractère dominant. L'ingénu qui veut s'affranchir du patronage sous lequel il s'est placé, est libre de le faire ; mais auparavant il devra restituer entre les mains de son chef toutes les libéralités qu'il en aura reçues : « *Quicumque patronum suum dereliquerit et ad alium tendens forte se contulerit, ille cui se commendaverit, det ei terram. Nam Patronus quem reliquerit, et terram et quæ ei dedit obtineat* (4). »

(1) Cpr. *Lex Wisigothorum*, L. 4, *De patronorum donationibus* (V-3), — L. 1, L. 2, L. 3 et L. 4, *De his qui ad bellum non vadunt* (IX-2) ; — Adde *Lombarda*, L. 3, *De donationibus quæ cum thingatione vel launechild fiunt* (II-14), et aussi le passage cité plus bas de la loi 1, *Qualiter cum fara sua alicui migrare permissum sit* (III-14).

(2) *Edictum Theodorici*, § 147.

(3) Lex Wisigoth., L. 5, *De Commutat. et vendit.* (V-4).

(4) Lex Wisigoth., L. 4, *De Patronor. donat.* (V-3).

La *Lombarda*, loi 1, *Qualiter cum fara sua alicui sit migrare permissum*, renferme un précepte identique :

« *Si quis liber homo potestatem habeat intra dominium regni nostri cum fara sua migrare ubi voluerit, sic tamen si ei a rege data fuerit licentia et si aliquæ res ei dux aut quicumque liber homo donavit, et noluerit cum eum permanere vel cum heredis ipsius, res ipsas ad donatorem vel heredis ejus revertantur* (1). »

La loi des Wisigoths fait toutefois exception pour les armes données en récompense d'un service ; elles ne seront rendues pour aucun motif : « *Arma quæ Saionibus pro obsequio donantur, nulla ratione repetantur* (2). »

Quant aux acquêts, la loi des Lombards ne dit pas qu'il en soit rien dû à personne ; la loi des Wisigoths, au contraire, en divise la propriété : elle en confisque la moitié au profit du patron, et laisse l'autre moitié seulement à l'ingénu, qui est admis en outre à reprendre tous les dons qu'il a faits : « *Si quis cum aliquo patrocinii causa consistat et aliquid dum cum eo habitat adquisierit : si ei inveniatur infidelis, vel eum derelinquere voluerit, medietas acquisitæ rei patrono tradatur ; aliam vero medietatem qui adquisivit obtineat et quidquid ei ipse donavit rece-*

(1) *Lib. III, tit.* 14. Le texte de ce fragment est reproduit d'après l'édition de l'*Edictum regum Longobardorum*, publiée dans la collection des *Monumenta historiæ patriæ* (Taurini, 1855). Les chiffres d'ordre se réfèrent aux divisions de la *Lombarda*, telle qu'elle est insérée dans le recueil de Lindembrogius.

(2) Lex Wisigoth., L. 2, *De Patronor. donat.* (V-3).

piat (1). » Seules les armes qu'il peut avoir acquises pendant son service sont abandonnées exclusivement au patron : « *Sed illa (arma) quæ dum Saio est, adquisivit in patroni potestate consistant* (2) »

L'acheteur qui laisse passer les termes du paiement doit, *ipso jure,* les intérêts du prix (3) ; s'il a donné des arrhes, il les perd, sans être néanmoins pour cela libéré de son obligation envers le vendeur (4). Cette dernière disposition est évidemment une inspiration romaine, une réminiscence de la *lex commissoria* (5).

Par l'effet de la résolution accomplie, l'ancien propriétaire recouvre la chose en l'état où elle était au jour du contrat : « *Res reformari debeat.* » Cette expression *reformari,* employée à propos de clause commissoire de la vente, montre assez que toute modification de la chose provenant du possesseur intérimaire est anéantie ; que la maxime *resoluto jure dantis, resolvitur et jus accipientis*, est appliquée dans toute son énergie. Pour ce qui est de l'action accordée au demandeur, il est fort probable qu'elle s'exerçait comme une véritable revendication technique ; ce mode de procéder, tout à fait conforme aux mœurs des peuples barbares, ne paraît d'ailleurs contrarier en rien les dispositions de la loi, car on observe généralement dans les textes, surtout à propos de

(1) Lex Wisigoth., L. 3, *De Patronor. donat.* (V-3).

(2) Lex Wisigoth., L. 2, *De Patronor. donat.* (V-3).

(3) Lex Wisigoth., L. 5, *De commutat. et vendit.* (V-4).

(4) Lex Bajuvariorum, L. 10, *De vendit.* (tit. XV).

(5) Cpr. L. 6, pr. L. 8, *De lege commiss.* (D. 18-3). V. *supra* P. 118 et de Savigny, *Histoire du droit romain au moyen âge,* ch. IX, note 24 (traduction Guénoux, t. II, p. 72).

donation, que les pactes affectaient directement la chose même qui en faisait l'objet.

Si, des lois particulières des peuples barbares, on passe aux compilations romaines des Wisigoths et des Burgondes, on y reconnaît bientôt une sollicitude exagérée pour l'exécution des contrats. Ce n'est plus une simple résolution conventionnelle ou légale agissant *utrinque*, déliant à la fois l'obligation du créancier et celle du débiteur, c'est une peine véritable, peine outrée, injuste, qui frappe sans mesure la partie défaillante au profit de celle qui maintient son engagement ; c'est l'application à toute convention en général de la stipulation aquilienne et de la loi *Si quis major* d'Arcadius.

« *Quod si placitorum ordinationem adtemptet excedere, aut nolit implere,* porte la loi romaine des Burgondes, *ad solutionem pœnæ contentæ pacto cum emolumenti amissione tenendus est, et infamiæ maculam sustinebit secundum legem Theodosiam sub titulo De pactis et transactionibus* (1). »

La *lex romana Wisigothorum* n'est pas moins explicite ; elle reproduit textuellement le § 3, tit. 1 du livre premier des *Sentences* de Paul, relatif à l'*aquiliana stipulatio*, et la loi *Si quis major* au Code théodosien *De Pactis* (2).

(1) Tit. 38, *De pactis et transactionibus* (Ed. Cujas, à la suite du Code théodosien, Lyon, 1566).

(2) Cette loi, portée par Arcadius et Honorius en 395, forme la constitution 41 au Code justinien *De transactionibus* (II-4) ; elle figure au Code théodosien (Ed. Hænel) sous le n° 3 du titre *De Pactis* (II-9), et se retrouve dans le *Breviarium*, également au titre *De pact. et transact.* (II-9) sous le n° 1 de l'édition de Sichard (*Basileæ*, 1528), et sous

« Lorsqu'on fait un pacte, dit Paul, il est d'usage d'y insérer la stipulation aquilienne ; mais il est prudent d'y ajouter en outre une clause pénale, parce que, dans le cas où le pacte viendrait à ne pas aboutir, le créancier peut alors réclamer la *pœna* par l'action *ex stipulatu* (1). »

Le rescrit d'Arcadius est encore allé plus loin :

« Si quelqu'un, majeur de vingt-cinq ans, pense pouvoir revenir sur les pactes ou les transactions qu'il a consentis librement et sans violence, soit en recourant à la justice, soit en adressant des suppliques à l'empereur, soit en n'accomplissant pas sa promesse, et qu'il ait confirmé le contrat par l'invocation du Dieu tout-puissant, qu'il soit non-seulement noté d'infamie, mais qu'étant privé de son action et supportant la peine qui est stipulée dans le pacte, il perde la propriété de la chose et le profit qu'il aurait pu tirer du pacte ou de la transaction ; c'est pourquoi toutes ces choses seront au profit de ceux qui observeront fidèlement

le n° 8 des éditions de Cujas et de Godefroy. Elle a aussi été insérée dans la *Lex romana utinensis*, ou rédaction nouvelle du *Breviarium*, faite vers l'an 900 pour les Romains Lombards, au titre *De pactis et transactionibus*. (Edit. Canciani, dans le quatrième volume des *Leges barbarorum antiquæ*.)

(1) Ce passage de Paul manque dans l'édition de Sichard, mais il a été rétabli par Cujas d'après des manuscrits authentiques du *Breviarium*, et M. Pellat, dans son *Manuale juris synopticum*, le présente comme extrait de la compilation d'Alaric.

La stipulation aquilienne est encore autorisée par la *Lex romana utinensis*, car les cinq livres des *Sentences* de Paul se lisent en entier dans un manuscrit de ce Code, découvert par Hænel sous le n° 722 de la bibliothèque de Saint-Gall, et publié par Walter dans le troisième volume de son *Corpus juris germanici antiqui* (Voyez De Savigny, *Hist. du dr. rom. au moyen âge*, T. I, Traduct. Guénoux, p. 328).

la convention, et nous ordonnons que l'on regarde comme dignes du bénéfice de cette loi ceux qui, insérant notre nom dans leurs contrats, ont juré que cette invocation était la garantie des engagements qu'ils prenaient. »

Le chapitre 27, livre IV des *Petri exceptiones* paraphrase également la loi d'Arcadius et consacre toutes ses rigueurs contre la partie qui ne réalise pas son obligation (1).

« *Si quis transactionem fecerit, id est placitaverit cum aliquo de aliqua questione civili, cum sit major viginti quinque annis et cum libero arbitrio, id est sine metu vel vi transigerit, et super hoc placitum, ut melius sibi credatur, nomen domini invocaverit, si postea hoc placitum ruperit, non solum notetur infamia, sed etiam quidquid ex hoc placito lucratus est amittet, et actionem illam quam antea habebat, perdet; et si pœna fuit imposita servandi placiti causa, eam reddet, et totum hoc illi dabitur qui pactum servavit* (2). »

De ces divers fragments ressort toute l'économie de la résolution. Le nouveau système réunit contre la partie qui manque à sa parole et la contrainte tendant à l'exécution forcée et la peine de l'inaccomplissement. Elle anéantit la convention dans tout ce qui pourrait lui être avantageux, et la maintient au contraire avec son plein et entier effet au profit du con-

(1) Petrus écrivait dans le territoire de Valence en Dauphiné vers le milieu du onzième siècle. — Cpr. De Savigny, *Histoire du dr. rom. au moyen âge*, T. II, ch. IX (Traduct. Guénoux, p. 118).

(2) Edition De Savigny, dans le deuxième volume de l'*Histoire du dr. rom. au moyen âge* (trad. Guénoux, p. 401).

tractant qui a rempli son obligation. L'exagération pénale a dépassé toutes les bornes; la loi ne résout pas le contrat, elle le mutile (1).

La faveur de cette doctrine, et l'usage qu'adoptèrent les praticiens d'en stipuler l'application pour la garantie de tous engagements bilatéraux, dut naturellement enlever de son intérêt à la détermination légale des cas d'inexécution susceptibles de faire perdre le bénéfice du contrat à la partie infidèle à sa promesse. Nous ne trouvons, en effet, la résolution pour défaut d'accomplissement des charges, explicitement consacrée par les codes romains des barbares, que dans l'emphytéose *ob non solutionem pensionis* (2) et dans

(1) Je rappelle ici que, suivant une idée qui s'accorde pleinement avec la théorie d'Arcadius, la loi 6, D. *De contrahenda emptione*, admettait déjà que, par l'effet du pacte commissoire, les obligations du vendeur étaient anéanties *ipso jure*, tandis que l'acheteur, à raison de sa faute, restait néanmoins tenu de ses engagements personnels. La conséquence de cette décision de Pomponius, s'il l'eût posée en règle générale, aurait dû nécessairement se rapprocher beaucoup de la notion que je viens de signaler dans le droit barbare, et d'après laquelle l'aliénation résoluble pour inexécution des charges était un contrat synallagmatique avec promesse unilatérale de restitution de l'objet aliéné. Mais, en fait, notre loi 6, spécialement relative à l'action *venditi* résolutoire, ne visait pas, je suppose, à une conclusion aussi radicale; et si l'observation finale du § 1er semble de nature à justifier la pratique du moyen âge, c'est peut-être parce qu'on interprète sa disposition à la lettre, sans égard pour les circonstances dans lesquelles le jurisconsulte l'écrivait.

(2) Cpr, *Breviarium*, L. 3, *De peric. et administr. tut. et curat.* (III-19). — S'il est vrai, comme l'enseigne De Savigny (*op. cit.*, T. I, ch. V, note 229; trad. Guénoux, p. 327), que l'*Epitome* de Julien faisait partie intégrante de la *Lex romana utinensis*, la commise emphytéotique *Ob defectum solutionis* s'appuiera du texte plus précis des constitutions VII, *cap.* 3 (*Authent.*, nov. VII, *cap.* 3) et CXI, *cap.* 8 (*Authent.*, nov. CXX, *cap.* 8). — Cpr. dans Muratori (*Antiquitates italicæ*, T. V, p. 957) un

le louage pour cause de détérioration de l'immeuble loué (1). La loi, si jalouse de la stabilité des conventions, paraît avoir eu peu de confiance dans la simple condition résolutoire, et, de la part des contractants, nul peut-être ne se fût soucié de lui sacrifier, à pure perte, les avantages bien autrement sérieux qu'offrait la quadruple sanction édictée par Arcadius (2).

Aussi voyons-nous dans presque tous les actes de l'époque qu'une peine est insérée à l'encontre de la partie qui n'exécuterait pas son engagement, et qu'à la suite de cette clause figurent ces mots longtemps

document de Modène de 811, et dans Fantuzzi (*Monum. Ravennati*, T. I, p. 134 et p. 177; T. II, p. 24 et p. 31; T. IV, p. 243 et p. 291; T. VI, p. 13 et p. 52) divers actes passés à Ravenne depuis le dixième siècle jusqu'au douzième, qui tous stipulent la cessation de l'emphytéose pour défaut de service du canon « *Ut leges censent.* » — V. aussi Petrus, *Exceptiones legum Romanorum*, lib. I, cap. 60, *De reb. eccles.*, et lib. III, cap. 56, *De fruendo fundo.*

(1) Cpr. *Breviarium* (et aussi *Lex utinensis*, V. p. 138, note 1 *supra*) *Pauli sententiæ*, lib. II, tit. 18, § 2, *De locat. cond.*; — Petrus, *Except. leg. Rom.*, lib. I, cap. 60, *De rebus ecclesiæ*; cet auteur admettait en outre la résolution du louage *ob non solutionem per biennium* : *loc. cit.* et lib. III, cap. 56, *De fruendo fundo.* — Le *Brachylogus* (vers la fin du onzième siècle) renferme une disposition semblable : lib. III, tit. *De locatione et conductione* (édit. Pesnot, Lyon, 1559).

(2) Les légistes du Xe et du XIe siècle, qui commençaient à s'inspirer du droit justinien, lui empruntèrent la révocation des donations *propter defectum implendi conventiones.* Cpr. *Glose sur les Institutes*, écrite au Xe siècle, en marge d'un manuscrit que possède la bibliothèque de Turin, *folio 30*, glose 137, § 2, *De donationibus*, V[o] *Certis ex causis* (dans l'*Hist. du dr. rom. au moyen âge* de M. de Savigny, trad. Guénoux, T. II, p. 270); — *Petr. exceptiones*, lib. I, cap. 7, *De donatione patris*; — *Brachylogus*, lib. II, tit. *Quib. mod. revoc. donat.* — De plus ce dernier ouvrage sous-entend la condition résolutoire dans les contrats innommés : lib. I. tit. *De contract. innommin.*

incompris : *cum stipulatione subnixa* (1). Cette finale ne peut être évidemment qu'une allusion à la stipulation aquilienne, et, ce qui le prouve, c'est qu'on rencontre celle-ci nommément indiquée dans plusieurs chartes du moyen âge.

A la fin d'un acte de vente de 551, on lit : « *Aquilianæ quoque Nervianæque legum vigore subjungenti sed et stipuldtionis valeditate legitima solemnitate adicienti* (2). »

Les anciennes formules publiées par Sirmond, celles d'Angers écrites vers la fin du sixième siècle, mentionnent expressément la stipulation aquilienne.

Formule de donation. — « *Et hæc epistola contulitionis, cum stipulatione aquiliana, nostris vel bonorum hominum manibus roboratæ, firmæ permaneant* (3). »

Formule d'avancement d'hoirie. — « *Et hæc voluntas nostra cum manus nostras roboratas, omni tempore cum lege Aquiliani non debeat esse inconvulsa* (4). »

(1) Cpr. les recueils d'anciennes formules dans le second volume des *Capitularia regum Francorum* de Baluze. — Voyez aussi les diplômes de Mabillon au livre VI, *De re diplomatica*, et, dans les *Monumenta historiæ patriæ* (*Chartæ*, t. I, Turin, 1836), les documents postérieurs au huitième siècle.

(2) Marini, *Papiri diplomatici*, n° 119, d'après M. de Savigny : *Hist. du dr. rom. au moyen âge*, ch. XII, note 29 (trad. Guénoux, T. II, p. 156). Quelle était cette loi *Nerviana* ? M. de Savigny nous apprend qu'elle n'est connue que par cette mention. Peut-être pourrait-on voir là une erreur du notaire ou une méprise du paléographe, qui aurait substitué *Nervianæ* à *Arcadiæ* ; le nombre de lettres étant le même dans les deux mots, cette supposition n'est pas tout à fait invraisemblable.

(3) Formules de Sirmond, ch. 17.

(4) Formules d'Angers, ch. 36, dans Mabillon, *De re diplomatica*, supplément.

De nombreux exemples nous montrent aussi la loi d'Arcadius invoquée concurremment avec la stipulation aquilienne.

La vingt-cinquième formule de Sirmond la reproduit dans toute sa sévérité : « ..... *Romanaque lege ordinante, ut quicumque in ætate perfecta pactionem vel definitionem per scripturam fecerit, et hoc quod fecit implere neglexerit, aut contra eam ire præsumpserit, infamis vocetur, et ipsam causam agere non permittatur, atque pœnam statutam cogatur exsolvere...... Et præsens pactio, cum stipulatione subnixa firma permaneat.* »

Bignon, dans ses notes sur cette formule (V° *ad legem romanam ordinantem*), cite un acte d'échange passé à Nantes en 864, où la loi *Si quis major* est ténorisée en termes non moins expressifs : « .... *Commutationes inter certas personas factæ post legitima tempora, id est vigentiquinque ætatis annos habentes sub invocatione nominis Dei et designatione regis inviolabiliter permanere decernuntur, quas qui solvit et violat ut infamis notatur, et quod accepit committit et summa quæ in scripto continetur multatur.* »

Le plus souvent les parties déclarent se placer sous la double garantie de la stipulation aquilienne et de la loi d'Arcadius, sans en spécifier les effets :

Acte de vente passé à Gebhardseweil près Saint-Gall en 744. — « ..... *Et cartola esta sua optenuat firmitatem Aquiliani, Arcatiani Leias stibolationis quia omnium cartarum adcommodat firmitatem* (1). »

(1) Neugart, *Codex diplomaticus Allemaniæ*, T. I, N° 14.

Acte de donation fait à la même époque et dans le même territoire. — « ..... *Aquilianis et Arcacianis leges estibulationis quia omnium cartarum adcommodat firmitatem* (1). »

Acte de vente passé en 813. — « ..... *Et cartula ista firma permaneat* LEGIS *stipulatione subnixa quæ omnium cartarum adcommodat firmitatem.* »

Acte de vente en 846. — « ..... *Si quis irrumpere vult, persolvat judici uncias sex, et quod repetit non vindicet, Aquiliæ et Archadiæ legis stibulatione subnixa qui omnium cartarum adcommodat firmitatem* (2). »

Parfois le notaire copie littéralement le préambule du rescrit d'Arcadius. Ainsi, dans une donation faite au neuvième siècle, le donateur s'oblige en ces termes à la fidèle exécution de la libéralité : « ...... *Neque adeundo judicia non supplicando principibus....... atque ideo jurans dico per Dominum omnipotentem,* etc. » Impossible de ne pas reconnaître l'original de ce passage dans le texte suivant de la constitution citée : « ..... *Interpellando judicem, vel supplicando principibus..... invocato Dei omnipotentis nomine,* etc. (3). »

Des énonciations aussi précises ne doivent plus laisser de doute sur l'emploi généralisé de la stipulation aquilienne et de la loi *Si quis major* pour la sauve-

(1) Neugart, *Codex diplomaticus Allemaniæ*, T. I, N° 15.

(2) *Formulæ Goldastinæ*, N° 31, dans le recueil de Canciani, T. II, p. 429.

(3) Marini, *Papiri diplomatici*, N° 99, cité par De Savigny, et ce dernier auteur, *Hist. du dr. rom. au moyen âge*, ch. XIII, note 9 (traduct. Guénoux, T. II, p. 168).

garde réciproque des parties contractantes. Habituellement, il est vrai, le rappel de ces garanties ne se fera qu'en abrégé, mais encore est-il que la formule sacramentelle de la pratique *cum stipulatione subnixa* se rapproche merveilleusement de ces expressions d'un rescrit du Code théodosien : *Aquilianæ stipulationis.... vinculis firmitas juris* INNEXA *est* (1).

B. Droit canonique. — Je ne prétends pas rechercher ici quels sont, en matière purement canonique, les divers cas particuliers où la condition résolutoire était sous-entendue pour inexécution de charges. Entre les causes de résolution légale sanctionnées par les canons, je me borne à signaler les plus importantes, relatives aux bénéfices, et à énumérer succinctement celles que le droit de l'Eglise a empruntées à la législation civile.

Le louage est résoluble :

Si le bailleur empêche le locataire de jouir paisiblement de la chose louée (2) ;

Si le locataire abuse de son droit de jouissance (3);

S'il reste deux ans sans payer le loyer (4).

L'emphytéose est résoluble :

(1) Cpr. Cod. Theod. (édit. Hænel), L. 2, *De pactis et transactionibus* (II-9) et L. 40 Cod. Justin., *De transact.* (II-4). Certaines chartes portent : *Stipulatione pro omni firmitate subnixa* (voyez, entre autres, dans Mabillon, *De re diplomatica*, lib. VI, ch. 14 et 62, donation de 690 et testament de 805). On lit : *Sub stipulatione innexa* dans une donation de 958 (Mabillon, ibid., ch. 188).

(2 et 3) Cap. *Propter 3*, § *Verum*, Decr. Greg., *De loc. cond.* (III-18).

(4) Cap. *Propter 3*, § *Verum*, Decr. Greg. *De loc. cond.* (III-18).

Si l'emphytéote détériore la chose donnée en emphytéose (1) ;

S'il tarde deux ans d'acquitter le canon (2).

Le légataire perd son droit à la chose léguée s'il n'exécute pas les charges dont est grevé son legs (3).

Les contrats réels innommés sont résolubles si, l'une des parties ayant satisfait à sa promesse, l'autre refuse d'exécuter la sienne. C'est essentiellement le cas prévu par le § 65, *De regulis juris : « Frustra sibi fidem quis postulat ab eo servari, cui fidem à se præstitam servare recusat* (4). »

Le bénéficier a un droit résoluble s'il cesse pendant un an de desservir son bénéfice (5).

Le titulaire d'un bénéfice double, sujet à résidence,

(1) Cap. *Hoc jus* 2, § *Qui rem* 7, Decr. Grat., *Pars II. Causa X, Quæstio II.*

(2) Cap. *Potuit* 4, Decr. Greg. *De Loc. cond.* (III-18); — Cap. *Hoc jus*, ubi supra.

(3) Cap. *Licet universis* 6, Decr. Greg. *De Voto et voti redempt.* (III-34). Le chapitre *Propter De donationibus* (Decr. Greg. III-31) ne classe pas, comme la loi 10 au Code justinien *De revocandis donationibus* (8-56), l'inexécution des charges parmi les faits d'ingratitude entraînant la révocabilité des donations ; mais, par une anomalie qu'on accepta, grâce à la faveur dont jouissaient les théo..es romaines, la glose commenta le chapitre *Propter* d'après l'esprit du Code justinien, et de nouveau l'inexécution de charges reparut au nombre des faits d'ingratitude.

La donation faite *cum onere* au profit d'une église n'est révocable pour inaccomplissement des charges qu'en vertu d'une clause spéciale du contrat. (Cap. *Verum* 4, Decr. Greg. *De condit. appos., etc.*, IV-5).

(4) Cpr. Cap. *Ex eo* 58, *De Reg. juris* in Sexto (V-13), et Cap. *Cum universorum* 8, Decr. Greg. *De Rer. permut.* (III-19).

(5) *Concil. Lateran.*, V. (*anno* 1512), *Sess.* 9; — *Concil. Nicean.*, *Can.* 16.

est privé de son droit s'il ne réside pas là où le bénéfice est situé (1).

La permutation est résoluble lorsque l'une des parties, après avoir reçu de son copermutant le bénéfice convenu, refuse de transmettre le sien ou d'en garantir la paisible jouissance en cas d'éviction (2).

Le bénéficier qui a résigné sous réserve de pension peut rentrer dans son bénéfice si le résignataire n'acquitte pas les arrérages (3).

(1) *Concil. Andegav., Can.* 17; — Cap. *Conquerente nobis, 6;* Cap. *Ex parte 8;* Cap. *Qualiter 9;* Cap. *inter Quatuor 10;* Cap. *Ex tuæ 11.* et Cap. *Clericos 17;* Decr. Greg. *De Cleric. non resident.* (III-4); — Cap. *In suprema 7,* septim. Decret., *De Cleric. non resident.* (III-2); — *Concil. Trident., Sess. 23,* Cap. 1.

(2) Cap. *Cum universorum 8,* Decr. Greg, *De rer. permut.* (III-19); — Cpr. Cap. *mutare 33,* Cap. *Ex eo 38,* et Cap. *frustra 65, De Reg. juris* in Sexto (V-12).

(3) Il y avait dans ces deux derniers cas ce que les canonistes ont appelé *regrès bénéficial*. Le regrès, suivant Flaminius, « *nihil aliud est quam reversio ad beneficium cessum seu dimissum* » (*De resignat. benefic.*, lib. VI, quæst. 5, N° 6); dans l'acception où il est employé ici, il indique la révocation de la renonciation faite à un bénéfice ecclésiastique. Une hésitation sérieuse s'était manifestée dans la pratique, quant à la manière dont s'opérait le regrès. Flaminius (*op. cit.*, lib. I, quæst. 2) et Van-Espen (*Jus canonicum universum*, Pars II, tit. 27, cap. 7, N° 4) soumettaient les permutations à la condition suspensive : « *Si modo beneficium detur juxta terminos resignationis,* » et, par suite, tant que cette condition n'était pas accomplie, le démissionnaire restait en possession du bénéfice résigné (Flaminius, *op. cit.*, Lib. I, quæst. 3, N°s 10, 11, 47 et 48; — Van-Espen, *op. cit.*, Pars II, tit. 27, cap. 7, N°s 5 et 6; — Voyez aussi Chokier, *De permutat. benefic.*, Pars III, cap. 32). Mais dans l'application une difficulté surgit : la résignation, *acte legitime,* n'était pas susceptible d'être modifiée par une condition : « *actus legitimi conditionem non recipiunt* » (Reg. 50 in Sexto, *de reg. jur.*). Force fut alors de chercher un détour : c'était principalement la condition suspensive que visait la prohibition; on lui substitua la condition résolutoire. Et cela est si vrai que Flaminius et Van-Espen finissent eux-

La reconnaissance par les décrétales des principaux cas de résolution tacite pour inexécution de charges, qu'avaient indiqués les textes romains, ne fut pas la seule conséquence de l'intervention du droit canonique dans la matière que j'étudie. Mue par ce sentiment intime d'équité dont l'inspiration est le cachet ordinaire de sa doctrine, l'Eglise entreprit de pousser

mêmes par argumenter du dessaisissement du démissionnaire : Quand il y a regrès, dit Flaminius, on feint que la vacance n'a jamais eu lieu : « *Fingitur quod nulla intervenerit vacatio.* » Dans l'échange des bénéfices, écrit à son tour Van-Espen, l'éviction opère comme une condition résolutoire : « *Unde si hinc in le facta collatione et adepta possessione, « beneficium unum evincatur ex defectu juris permutantis, conditio re- « solutiva eatenus operabitur, ut alter permutantium possit rursus ad « suum beneficium redire, tanquam permutatione ex parte altera non « impleta et conditione resolutiva eveniente.* » (*Op. cit., ubi supra*, n° 18).

Dumoulin est plus logique ; il reconnaît que la résignation est elle-même affectée d'une condition résolutoire. Après avoir dit que la collation faite à un seul des copermutants est conditionnelle, « *saltem conditione resolutoria,* » il reprend : « *Resignatio enim seu vacatio à « qua incipit, conditionalis est ; ergo collatio quæ super ea fundatur, « eadem conditione afficitur* » (*In regul. De public. resignat.*, N° 141).

L'assimilation du regrès à la condition résolutoire paraît avoir, dans le principe, entraîné cette conséquence que le résignant, pour rentrer dans son bénéfice, avait besoin de provisions nouvelles, et qu'il ne devenait titulaire qu'à la date de la seconde collation (Cap. *Ex transmissa* 5, Decr. Greg., *De Renunciat.* I-9 ; — Cpr. De Selva, *De Benefic.*, *quest.* 27). Mais bientôt on imagina de supposer rétroactivement qu'il n'y avait pas eu de vacance, et, grâce à cette fiction, qui permettait de considérer le bénéfice comme n'ayant pas été résigné, l'ancien titulaire rentrait dans son droit, sans provisions nouvelles, et exactement sur le même pied que s'il fût toujours demeuré en possession. On obtenait ainsi indirectement, par la condition résolutoire, le même résultat qu'eût produit directement la condition suspensive. (Cpr. Cap. *Si beneficia 20*, in Sexto, *De Prœb. et dignitat.*, III-4 ; — V. aussi A. Faber. *Cod.*, lib. I, tit. 2, def. 50 ; — Dumoulin, *In regul. De public. resign.*, N° 147 ; — De Héricourt, *Lois ecclésiastiques de France*, IIe partie, ch. 14, N° 25 ; — Cabassutius, *Juris canon. theor.*, lib. II, cap. 17, N° 9 ; — Pastor, *De beneficiis*, lib. III, tit. II, N° 12 ; — Rebuffe, *De pacif. posses.*, N° 145.)

plus avant l'application du principe général, que le bénéficiaire d'un droit ne peut en conserver les avantages qu'à la charge d'acquitter les obligations qu'il impose. De tout temps elle avait fait du simple pacte un lien directement obligatoire : « *Studiosè agendum est ut ea quæ promittuntur, opere compleantur,* » et, afin de sanctionner ce principe d'une manière plus efficace, elle conseillait aux parties de placer leurs conventions sous l'égide du serment.

En faisant intervenir le serment dans les contrats privés, l'Eglise dévoilait la supériorité de sa puissance d'action. La confiance qu'inspirait en cet acte l'enthousiasme de la foi primitive, le prestige redoutable qu'il exerçait sur les esprits, proclament bien haut la vérité de ces paroles de l'apôtre : que « là où le pouvoir temporel ne peut se faire jour avec son glaive à un seul tranchant, l'Eglise se fraye une voie avec le glaive à deux tranchants de sa parole ; le premier agit directement sur le corps et ne peut atteindre l'âme qu'en lui faisant éprouver la crainte d'être séparée du corps ; le glaive de la divine parole, en s'insinuant dans le plus intime de la pensée, pénètre jusqu'à la séparation de l'âme et du corps (1). »

Il est vrai que, par cette innovation, l'autorité ecclésiastique étendit dans une importante mesure sa juridiction privilégiée (2), mais en cela même je ne vois

(1) S. Paul, *Epitre aux Hébreux*, ch. IV, v. 12. — Cpr. Phillips, *Du droit ecclésiastique dans ses principes généraux*, § 110, (traduction Crouzet, tome II, p. 401).

(2) La connaissance des questions de serment est dévolue aux tribunaux ecclésiastiques (Cap. *Cum laicus 3, De foro competenti*, in Sexto, (II,-2).

pas qu'on la puisse taxer d'ambition. Son but n'était pas de se substituer à la justice séculière ou d'empiéter sur ses droits, mais plutôt d'élever l'homme dans les hautes régions de la conscience et du devoir, de l'intéresser au bien par le salut de son âme, de lui faire aimer la justice par l'espoir du bonheur céleste, comme, au besoin, de le ramener à ce qui est droit et équitable par la terreur des foudres spirituelles, qui vouent dès ce monde à une éternelle damnation le parjure et le blasphémateur.

Suivant l'opinion la plus répandue parmi les canonistes, lorsque les parties avaient confirmé leurs obligations par le serment, le refus d'exécution par l'une d'elles permettait à l'autre, en dehors de toute clause particulière, de retirer pareillement sa parole : « *Juramentum autem quod se asserit præstitisse : si de adsensu factum fuerit utriusque, eum non ligat, qui præstitit, dum ille, cui præstitum fuerit, servare negligit quod promisit* (1). »

Mais cette possibilité de résolution était-elle en réalité une conséquence du serment? C'est ce que je n'affirmerai pas. Le fragment cité est, à mon avis, étranger au principe de l'admissibilité de la résolution. Ce principe, il ne le pose pas, il s'y réfère ; il ne dit pas que l'acte est résoluble parce qu'il est confirmé par serment, il dit, au contraire, que cette circonstance du serment n'est pas un obstacle à la résolution de l'acte. L'espèce du chapitre 29 est celle-ci : Une convention bilatérale intervient entre deux individus, dont l'un se lie par serment. Celui qui n'a rien juré

(1) Cap. *Sicut*, 29, Decr. Greg., *De jurejurando* (II-24).

n'exécute pas ; on demande si, à raison du serment, l'autre partie reste néanmoins engagée. Sur quoi le pape répond : « Le serment n'est plus obligatoire dès lors que celui auquel on l'a prêté néglige lui-même d'accomplir sa promesse. » Or, cette solution n'annonce à aucun égard que le serment soit la source d'un droit de résolution, et qu'il doive, par sa seule force, opérer comme un pacte commissoire ; la décision d'Innocent III n'a d'autre portée que celle d'une disposition réglementaire rendue sur une difficulté relative à l'application d'une règle du droit commun.

Mais il y a un autre texte où le sens que j'indique est plus évident encore : c'est le chapitre 3 au même titre *De jurejurando* : « *Nec tu ei, etiamsi promissum tuum juramento vel fidei obligatione interposita conditione firmasses, aliquatenus teneris, si constat eum minime conditioni paruisse.* » Dans ce passage, l'allusion au principe de la résolution légale est frappante : le défaut d'exécution par l'un des contractants libère l'autre de sa promesse, *quand même* ce dernier s'est obligé par serment : « ETIAMSI *promissum tuum juramento firmasses......., nec tu ei aliquatenus teneris.....* » Où chercher la relation de ce mot : *etiamsi,* si ce n'est dans ce fait, qu'en l'absence du serment personne n'eût douté que le dédit de l'une des parties ne légitimât *de plano* la rétractation de l'autre.

Et qu'on n'objecte pas que c'est là une simple conjecture, car la règle à laquelle se réfèrent les réponses du pape n'a pas une existence purement imaginaire ; elle est écrite en termes nets et précis sous le chapitre 65 au Sexte *De regulis juris* : « *Frustra sibi fidem quis postulat ab eo servari, cui fidem a se præstitam servare recusat.* » Ainsi rapprochée des canons 3 et 29 ci-dessus, cette maxime justifie suffisamment les présomptions tirées de ces deux paragraphes, pour qu'il soit permis d'avancer que la résolution pour inexécution de charges a toujours été sous-entendue par le droit canonique. Sans doute des inductions, si rationnelles qu'on les suppose, n'ont point à elles seules assez de valeur pour établir un système, et, fût-il même avéré qu'aucun texte ne les contredît, l'opinion qui n'aurait pas d'autre base risquerait fort de ne jamais sortir du domaine de la fiction ; mais quand la démonstration est appuyée sur un point de départ positif, que ce point de départ est écrit dans la loi avec toute la précision désirable, je crois qu'une doctrine soutenue de tels arguments a quelques titres à l'attention, et mérite d'être accueillie autrement qu'un spécieux paradoxe.

Je sais bien qu'on essayera de chercher dans la pratique un démenti à mon assertion, mais alors je répondrai que cette pratique elle-même est loin d'avoir été constante et uniforme ; que si l'application du chapitre 65 aux contrats innommés a été contestée par quelques canonistes (1), l'issue de la lutte ne lui en est pas moins demeurée favorable (2), et que si l'empire de la résolution légale n'a pas été universel

(1) Cpr. Molina, *De justitia et jure*, T. II, disquis. 258, n° 7 ; — Strickius, *Usus modernus Pandectarum*, lib. II, tit. 14, § 7.

(2) Cpr. Ferraris, *Bibliotheca canonica*, T. II, V° *Contractus*, n°s 14 et 75.

et absolu, c'est l'effet d'une réaction qui se produisit au moyen âge sous l'influence du retour aux théories du droit romain (1).

Le droit canonique, dont tous les efforts tendaient à déjouer les séductions de la fraude, qui avait à cette fin multiplié les déchéances contre la partie qui manque de remplir les charges corrélatives du bénéfice qu'elle acquiert, le droit canonique, on le conçoit bien, ne pouvait qu'être propice au développement du système pénal de la résolution unilatérale. Peut-être même faudrait-il chercher l'origine de sa faveur dans cet usage, qu'on vient de voir naître et s'affermir sous la tutelle de l'Eglise, de confirmer par serment les promesses dérivées des contrats. C'était là un moyen de soumettre le parjure aux peines des censures spirituelles, et comme c'était en même temps une des conditions de la loi d'Arcadius (*invocato Dei omnipotentis nomine*), l'Eglise fut naturellement conduite à seconder de son patronage la vulgarisation d'une loi qui la servait si avantageusement dans ses vues. Insensiblement la pratique accepta ces données, et bientôt les notaires, clercs pour la plupart, s'habituèrent

(1) Entre les nombreux exemples que je pourrai citer où la pression des idées romaines a fait dévier la doctrine de l'Eglise des règles établies par les décrétales, je me borne à rappeler le commentaire de la glose sur le chapitre *Propter, De donationibus* (*supra*, p. 146, note 3). Ce cas se rattache d'ailleurs immédiatement à la question que j'examine, car l'extension en vertu de laquelle l'inexécution des charges fut, conformément à la loi de Justinien, assimilée aux faits d'ingratitude, cette extension ne démontre pas seulement la prépondérence des idées romaines dans l'interprétation du droit ecclésiastique, elle fournit encore une nouvelle et solide preuve de la volonté des canonistes de généraliser dans la pratique l'application légale de la maxime *Frustra*.

à joindre à l'effroi de la sanction religieuse la crainte plus pressante de la pénalité civile.

Cette sollicitude du clergé pour l'inviolabilité des conventions ne s'arrêta même pas aux rigueurs de la constitution *Si quis major*, et, vers la fin du cinquième siècle, en vue d'affermir davantage la garantie spirituelle que le serment assurait aux conventions contre les perfidies de la mauvaise foi, l'Eglise crut devoir encourager les contractants à stipuler la peine de l'excommunication contre celui d'entre eux qui viendrait à faillir à sa promesse. Ces exhortations ne furent pas infructueuses, et la sanction canonique invoquée par les souverains, consacrée par les lois (1) et acceptée par la pratique, demeura pendant plusieurs siècles la sauvegarde universelle des engagements civils (2).

(1) Le § 2, chapitre 1er de la *Lex Alamannorum* dispose que l'on devra excommunier quiconque refuserait d'accomplir ou empêcherait d'exécuter une donation faite à l'Eglise : « *Et si aliqua persona, aut ipse qui dedit, vel aliquis de hæredibus ejus, postea ipsas res de ipsa ecclesia abstrahere voluerit, vel aliquis homo qualiscumque persona hoc præsumpserit facere et effectum quem inchoavit non obtineat, et Dei judicium incurrat et* EXCOMMUNICATIONEM SANCTÆ ECCLESIÆ, *et multam illam quam charta continet persolvat, et res illas ex integro reddat et fredum in publico solvat sicut lex habet.* » (L. 2, cap. 1, *De liberis qui res suas ad ecclesiam Dei tradunt*). Cpr. *Capitularia regis Caroli*, § 18, *Ut laici decimas de ecclesiis non contingant*, et cap. 2, *De decimis et ecclesiasticis censibus*, Legis *Eadmundi* (an. 946) dans *Leges anglo-saxonicæ* de Wilkins (Londres, 1721), page 15. Ces deux textes permettent d'excommunier les débiteurs laïcs qui négligent d'acquitter les cens et dîmes dus à l'Eglise.

(2) A partir du sixième siècle, la plupart des anciennes chartes renferment la clause d'excommunication suivie, pour l'ordinaire, d'imprécations effrayantes contre ceux qui violeraient la foi jurée ou s'opposeraient à l'exécution du contrat. On en voit de curieux exemples dans

Le surcroît de pénalité résultant de cet usage était fort grave sans aucun doute ; cependant on aurait tort d'en faire un grief à l'Eglise et de reprocher à ses ministres d'avoir empiré mal à propos la position déjà si fâcheuse où la résolution unilatérale plaçait la partie qui l'avait encourue. Chose singulière, l'emploi répété des clauses rigoureuses qui semblait devoir aggraver l'effet pénal de la résolution devint, sous l'autorité paternelle et charitable de l'Eglise, un ingénieux moyen d'en atténuer la rigueur. L'Eglise, obéissant à

les diplômes de Mabillon, et notamment dans les actes ci-après (*De re diplomatica*, lib. VI) :

Testament d'Ermentrude, an 565 (Supplem., ch. 7).

Acte de fondation d'un asile de jeunes filles à Limoux, 6 avril 577 (Supplem., ch. 8).

Testament de Palladius, évêque d'Auxerre, an 634 (ch. 6).

Fondation par noble dame Chrotilde, du monastère *B. Mariæ apud Brogarias*, an 670 (ch. 8).

Donation par Vandemir et Ercamberte à diverses églises, an 690 (ch. 14).

Donation par Adhalard à Fulrade, abbé de Saint-Denis, an 766 (ch. 46).

Testament d'Abbon, en faveur de l'abbaye de la Novalaise, an 805 (ch. 62).

Fondation par Charles-le-Simple de l'abbaye de Compiègne, an 917 (ch. 126).

Donation par Rodolphe à l'église de Saint-Pierre de Soissons, an 933 (ch. 133).

Les traités diplomatiques portent souvent la stipulation d'excommunication. Dans le partage de l'empire de Constantinople entre les barons français en 1204, on lit ces mots : « *Ainsi fut faicte la convenance et asseurée, et escomménié tuit cil qui ne la tenderaient.* » (Geoffroy de Villehardouin, livre V, p. 90.)

Au traité d'Arras, conclu le 21 septembre 1435 entre le roi Charles VII et Philippe, duc de Bourgogne, les deux princes s'obligèrent : « *Sur les peines d'excommunimens, aggravation, réaggravation, interdit en ses terres et seigneuries et autres, le plus avant que la censure de l'église*

la volonté des parties, excommunie celle d'entre elles qui n'accomplit pas son obligation ; mais, comme la censure ne doit frapper que le *delictum præsens cum contumacia conjunctum*, une mise en demeure sera nécessaire : « *Statuimus ut nec prælati — nisi canonica commonitione præmissa — suspensionis vel excommunicationis sentenciam proferant* (1) »

Le débiteur pourra purger sa demeure « *Sibi satisfactione celeri consulere* (2). » Une résolution pour inexécution de charges à terme fixe et fatal aurait quelque chose d'usuraire qui répugne au droit ecclésiastique.

se pourra estendre en cette partie. » (Guillaume Paradin, *Annales Burgundiæ*, lib. III, p. 852.)

Enfin, la convention intervenue en 1465 entre Louis XI et les ducs de Bourbon et de Nemours, le sire d'Albret et le comte d'Armagnac, est close en ces termes : « *Voulans et accordans estre incontinent excommuniez, se par eux ou l'un d'eux était faict le contraire.* » (Jean de Troyes, *Chronique de Louis XI*, an 1465, p. 38.)

En Italie, le plus ancien titre où j'ai remarqué la clause d'excommunication est une donation faite en faveur de l'église de Vercelli le 16 mars 882 (*Monumenta historiæ patriæ*, Chartæ, t. 1, ch. 38). Depuis le neuvième siècle, on la rencontre quelquefois, mais moins fréquemment qu'en France (Cpr. *op. cit.*, ch. 66, donation de 905 ; — ch. 96, donation de 946 ; — ch. 262, donation de 1026). L'acte de fondation de l'abbaye d'Hautecombe par Amé III, en 1125, la reproduit sous la forme la plus expressive.

(1) Cap. *Reprehensibilis* 26, Decr. Greg. *De appelat.* (II-28) ; — *Adde* cap. *cum speciali* 61 *eod. tit.* ; — cap. *Sacro* 48, Decr. Greg. *De sentent. excommunic.* (V-39) ; — cap. *Romana* 5, cap. *Statuimus* 3 et cap. *Decernimus* 8, *De sentent. excommunic.* in Sexto (V-11).

(2) Cpr. cap. *Potuit* 4. Decr. Greg. *De locat. cond.* (III-18). Un acte de donation de 905, relaté dans les *Monumenta historiæ patriæ* (*Chartæ*, t. I, ch. 66), porte à la suite des imprécations : *Nisi ad pænitentiam et satisfactionem venerit.*

Une sentence judiciaire sera indispensable. L'excommunication est une peine dont l'application n'appartient qu'à la justice spirituelle (1) ; elle n'est encourue qu'autant que l'Eglise l'a formellement prononcée.

Ce mode de procéder n'a rien de contradictoire. L'Eglise, par ses lenteurs dans l'instruction de la cause, laisse au débiteur la possibilité de se soustraire à la résolution ; mais si le délinquant abuse de l'indulgence qui lui est offerte, alors son autorité toute compatissante devient inexorable, et autant elle a d'abord montré de condescendance, autant ensuite elle déploie de sévérité dans l'application du châtiment qu'elle inflige.

C. Droit féodal (2).—Le fief est un contrat. C'est la concession perpétuelle que le seigneur fait librement au vassal du domaine utile d'un immeuble, sous la réserve de services et de fidélité.

Si le vassal manque à ses obligations, s'il désavoue

(1) Cpr. cap. *Bene* 1, § *Maximus* 2, Decr. Grat., *Prima pars, Distinct.* 96.

(2) Jusqu'ici j'ai pu marcher à la lumière de préceptes directement consacrés par la puissance législative ; au point où je suis maintenant arrivé, c'est dans les décisions des légistes ou les arrêts de la jurisprudence qu'il me faut chercher un guide. Cette absence de textes m'obligera dorénavant à multiplier les indications d'autorités. Peut-être me reprochera-t-on de l'avoir fait inutilement ; mais je ferai observer qu'en face d'institutions qui admettaient en quelque sorte comme législation dominante les *usages équitables* de la pratique, j'ai dû forcément justifier de plus d'un témoignage des doctrines auxquelles la faveur des jurisconsultes ou la sanction des tribunaux avait seule donné force de loi.

son seigneur (1), ou se rend coupable de félonie (2), le droit à lui conféré *sub modo* est légalement résoluble, la déchéance a lieu sans qu'il soit besoin de clause expresse.

Réciproquement, le seigneur doit secours et protection à son vassal. S'il viole ouvertement ce devoir, il est déchu de sa dominance : « *Est enim mutua inter patronum et clientem obligatio* (3). »

La source primitive du fief étant le bénéfice, on appliqua dans le réglement des commises féodales les préceptes du droit romain sur la révocation des do-

(1) *Qui fief dénie, fief perd.* Cpr. De feudis, lib. V, tit. 2, *De vassal. qui un. ex domin. refut.*; — Cujas, ad leg. 2, C. *De jur. emphyt.*; — Julius Clarus et son annotateur, *Sentent.* Lib. IV, § *feudum*, quæst. 59; — Duaren, *De feudis*, cap. XIV, n° 23; — Dumoulin, *In consuet. Paris.*, Tit. I, § 43, V° *Qui dénie son fief*, glossa 1, n° 5; — Ferron, *In consuet. Burdigal.*, lib. II, tit. VIII, *De feudis*, § 5; — Papon, *Arrêts des cours souveraines*, liv. XIII, tit. 1, art. 9; — Loyseau, *Des offices*, liv. II, ch. 13, n° 14; — Despeisses, *Des droits seigneuriaux*, tit. III, art. V, n° 4; — Ferrière, *Dictionnaire de pratique*, V° *Commise*; — Pothier, *Traité des fiefs*, 1re partie, ch. III, sect. I.

(2) Cpr. De feudis, lib. I, tit. 5, *Quib. mod. feud. amitt.*, lib. II, tit. 24, *In quib. caus. feud. amitt.*, lib. V, tit. 2, *De caus. amitt. feud.*; — Cujas, *De feudis*, ad dict. tit.; — Julius Clarus, *Sentent.* lib. IV, V° *feudum*, quæst. 60 et 62; — Henrys, tom. I, lib. III, ch. 1, quest. 4; — Despeisses, *op. et loc. cit.*, n° 5; — Ferrière, *Dictionnaire de pratique*, V° *Félonie* et V° *Commise*; — Pothier, *op. cit.*, 1re partie, ch. III, sect. II.

(3) Cpr. De feudis, lib. II, tit. 47, *Qualit. dom. de propriet. feud. priv.*; — Julius Clarus et son annotateur, *op. loc. et* V° *cit.* quæst. 68; — Guy-Pape, quæst. 62; — Charondas, *Pandectes*, L. II, C. 15; — Faber, *Codex Fabr.* lib. III, tit. 18, def. 2 et l'arrêt qu'il rapporte rendu par le Sénat de Chambéry au mois d'avril 1611; — Bacquet, *Des droits de justice*, ch. XI, n°s 8 et suiv.; — Larocheflavin, *Des droits seigneuriaux*, ch. XXII, art. 1; — Despeisses, *op. et loc. cit.*, n° 10, et les arrêts qu'il cite, rendus par le parlement de Paris les 3 décembre 1551, 12 novembre 1558 et 13 mars 1562; — Ferrière, *op. cit.* V° *Félonie du seigneur*; — Pothier, *op. cit.*, 1re partie, ch. III, sect. II, art. 3.

nations entre-vifs (1). De là ces principes universellement proclamés par les auteurs :

1° Que la commise n'opère pas *ipso jure* (2) ;

2° Que les héritiers du seigneur ne sont pas recevables à demander la commise si leur auteur, connaissant le délit qui y a donné ouverture, n'a pas commencé les poursuites de son vivant (3) ;

3° Que les successeurs du vassal ne peuvent être privés de la tenure, à raison de la félonie ou du désaveu de celui dont ils continuent la personne, qu'autant que l'action du seigneur a été intentée avant le décès du coupable (4).

(1) Cpr. De Ferraris, *Praxis auræa, ad revocat. feudi*, tit. 34, glossa 8, V° *Nec superstitibus*, n° 65 ; — Despeisses, *Des droits seigneuriaux*. tit. III, art. V, n° 5 ; — Ferrière, *op. cit.* V° Commise ; — Pothier, *Traité des fiefs*, 1re partie, ch. III, sect. II, art. 1, § 1er.

(2) Cpr. De feudis, lib. I, tit. 21, *De feudo sine culpa non amitt.* et tit. 22, *Quo temp. mil. investit. pet. deb.*, § *Sancimus* ; — De Ferraris, *Praxis auræa*, tit. 34, *ad revocat. feud.*, glossa 8, V° *Nec superstitibus*, n° 68 ; — Julius Clarus et son annotateur, *op. lib. et V° cit.*, quæst. 62 ; — De afflictis, *Decisiones Neapolitanæ*, Decis. 385, n° 7 ; — Guy-Pape, Quæst. 164 ; — Gaill, *Observationes practicæ*. lib. II, observ. 51, n° 1 ; — Duaren, *De feudis*, cap. XV, n° 14 ; — Schneidwin, *De feudis* pars VIII, cap. II, n° 20 ; — Despeisses, *op. et loc. cit.*, n° 9 ; — Ferrière, *Dictionnaire de pratique*, V^{is} *Félonie* et *Commise* ; — Pothier, *op. cit.*, 1re partie, ch. III, sect. I, art. 3, § 1 et sect. II, art. 2 ; — Taisand, *Coutumes de Bourgogne*, titre XI, *Des censes*, art. 1, note 11.

(3) Cpr. De Ferraris, *Praxis auræa*, tit. 34 *ad revocat. feud.*, glossa 8, V° *Nec superstitibus*, n° 69 ; — Dumoulin, in *consuet Paris.*, tit. I, § 43, V° *Qui dénie son fief*, glossa 1, n° 52 ; — Julius Clarus et son annotateur, *Ubi supra*, quæst. 64 ; — Despeisses, *op. et loc. cit.*, n° 9, 10° ; — Ferrière, *op. cit.*, V° *Félonie du vassal* ; — Pothier, *op. cit.*, 1re partie, ch. III, sect. II, art. 2.

(4) Cpr. Mynsinger, Cent. III, observ. 97, n° 2 ; — Borcholten, In *Consuet. feud.*, cap. VIII, n° 155 ; — Clarus et son annotateur, *Ubi supra*, quæst. 65 ; — Despeisses, *op. et loc. cit.*, n° 9, 15° ; — Pothier, *op. cit.*, 1re partie, ch. III, sect. II, art. 2.

Dans ses *effets*, la commise du fief avait tout d'abord, elle aussi, subi l'influence du droit canonique. Le serment que prêtait le vassal, en faisant foi et hommage à son seigneur, servit de prétexte aux juges ecclésiastiques pour évoquer à eux les questions de désaveu et de félonie (1) ; et par là s'étendit aux commises du fief ce caractère ultra-pénal que les canonistes avaient imprimé aux résolutions civiles pour inexécution de charges.

Les seigneurs, jaloux de leurs prérogatives, réclamèrent hautement contre cette prétention (2) ; et afin d'enlever à l'Eglise tout motif de s'ingérer dans les affaires féodales, ils supprimèrent la nécessité du serment, qui cessa d'être considéré comme un élément essentiel du contrat de fief (3).

Cette résistance eut tout le résultat qu'on en attendait : les officialités ne touchèrent plus au fief (4).

De leur côté les vassaux trouvèrent dans la réforme accomplie un avantage qui n'était pas sans importance ; car, en éliminant la juridiction ecclésiastique,

(1) Cpr. Fevret et les autorités qu'il cite, *Traité de l'abus*, liv. VI, ch. 2, n° 4.

(2) Cpr. Imbert, *Institut. forens.*, liv. I, ch. 24 ; — Julius Clarus, *op. et loc. cit.*, quæst. 90 ; — Gaill, *Observ. pract.*, lib. I, observ. 37 ; — Faber, *Cod. Fabr.*, lib. III, tit. 12, *De jurisdic. omn. judic.*, defin 6 ; — Fevret, *Traité de l'abus, ubi supra.*

(3) Cpr. Johannis Galli *Decisiones*, quæst. 162 ; — Chopin, *De moribus Parisiorum*, lib. II, tit. II, n° 3 ; — Papon, *Arrêts des cours souveraines*, liv. XIII, tit. 1, art. 8. Ces auteurs s'appuyent d'un arrêt rendu par le parlement de Paris en 1388. — Julius Clarus, *Sentent.*, lib. IV, § *Feudum*, quæst. 49 ; — Guy-Pape, quæst. 161 ; — Despeisses, *Ubi supra*, n° 9, 7°.

(4) Cpr. Fevret et les témoignages qu'il invoque, *Traité de l'abus*, liv. II, ch. 6, n° 4.

les feudistes avaient écarté du même coup les conséquences rigoureuses qu'elle avait attachées aux résolutions de droit ; si la commise n'efface pas encore de part et d'autre les engagements dérivés du contrat, on peut du moins constater dans ses effets certaines atténuations qui annoncent qu'en pratique l'idée d'inexécution se substitue insensiblement à l'idée d'ingratitude. Toutefois, même avec ces restrictions, la commise n'en demeura pas moins une sanction pénale; aussi cette manière de l'envisager amena-t-elle les tribunaux à appliquer au profit du défendeur toutes les dispositions de faveur qu'avait consacrées la jurisprudence canonique : la commise ne devait pas être prononcée sans cause (1). Le vassal était admis à purger sa demeure jusqu'à la sentence (2).

Quant à la nature de l'action de commise, Pothier nous apprend que, par le fait du désaveu ou de la félonie, le seigneur acquérait contre son vassal une *condictionem ex lege*, pour obtenir que le fief lui fût adjugé en réparation de l'offense ; que cette action, bien qu'elle ne créât jusqu'à l'adjudication qu'un simple *jus ad rem*, affectait néanmoins le fief directement,

(1) Cpr. De feudis, lib. I, tit. 21, *De feudo sine culpa non amitt.*, et tit. 22 eod. lib., *Quo temp. mil. invest. pet. debeat*; — De Ferraris, *Praxis aurea*, tit. 31, *Ad revocat. feud.*, glossa 7, V° *Contra debitum*, N° 11, et glossa 8, V° *Nec superstitibus*, N° 68; — Julius Clarus et son annotateur, *Sentent.* lib. IV, § *Feudum*, quæst. 59; — Despeisses, *Des droits seigneuriaux*, tit. II, art. V, N° 9, 3°.

(2) C'est du moins l'opinion à laquelle Pothier semblait donner la préférence (*Traité des fiefs*, 1re partie, ch. III, sect. I, art. 1er, § 2). Dumoulin était plus rigide ; il n'admettait la *purgatio* qu'autant que le demandeur n'avait pas encore conclu à la commise.

de telle sorte que le vassal coupable ne pouvait plus l'aliéner en fraude du droit acquis au seigneur (1).

Malgré cette participation de l'action de commise à la nature de la revendication, les effets de la révocation du fief ne s'étendaient pas à l'anéantissement des charges réelles imposées à l'immeuble inféodé. Les hypothèques et servitudes consenties par le vassal devaient être, suivant l'opinion générale, respectées par le seigneur. La raison en était, au dire de Dumoulin, que le droit du tenancier s'éteignait ici non plus « *per se et sui ipsius natura, ex causa inhærenti contractui,* » mais au contraire « *ex facto et voluntate clientis;* » il eût été injuste que le vassal pût, par sa faute, enlever impunément aux tiers le bénéfice des concessions qu'ils tenaient de lui et faire par là retomber sur des innocents la peine de son propre délit : « *Culpa suos duntaxat commitatur auctores* (2). »

D. Ancien droit français. — La théorie de l'ancien droit français sur la résolution pour inexécution de charges présente de profondes divergences, suivant qu'on l'étudie dans les pays de coutumes ou dans les provinces qui suivaient le droit écrit.

(1) Cpr. Pothier, *Traité des fiefs,* Ire partie, ch. III, sect. I, art. 3, § 1, et sect. II, art. 2.

(2) Cpr. Dumoulin, in *Consuet. Paris.*, tit. I, § 13, glossa 5, quæst. 5, N° 26, et § 30, quæst. 20, Nos 84 et 85 ; — Louet et Brodeau, *Arrêts notables,* lettre C, N° 53 ; — Loyseau, *Du déguerpissement,* liv. VI, ch. 3, Nos 11 et 12 ; — Despeisses, *Des droits seigneuriaux,* tit. III, art. V, N° 8 ; — Pothier, *Traité des fiefs,* Ire partie, ch. III, sect. I, art. 3, § 3. (Voy. *infra* p. 179, note 3.)

1° *Droit coutumier.* — Les coutumes adoptent sans difficulté toutes les causes de résolution que le droit romain avait reconnues dans les contrats réels innommés, l'échange, la donation, la société, le louage et l'emphytéose (1).

Dans la vente, la faculté pour le vendeur non payé de faire résoudre le contrat ne peut encore théoriquement résulter que d'une stipulation expresse des parties; mais peu à peu la pratique déclare cette réserve toujours légalement sous-entendue. « Et, dit Pothier, « comme le plus souvent on ne peut, sans de grands « frais, se faire payer de ses débiteurs, on admet un « vendeur à demander la résolution du contrat de « vente pour cause de non-paiement du prix, quoi- « qu'il n'y ait pas de pacte commissoire (2). »

L'usage répété des clauses commissoires avait préparé les esprits à généraliser la résolution pour inaccomplissement de charges; des considérations d'équité

(1) Il faut noter cependant que des trois causes qui, d'après le Code justinien, entraînaient la commise du contrat emphytéotique, il en est une, le refus d'acquitter les impositions, qui n'a plus de raison d'être, puisque l'état ne peut plus avoir à ce sujet de recours contre le seigneur direct (Ordonnance de Charles VII du mois de mars 1483). — Quant à la déchéance pour dégradation du fonds, le juge ne peut la déclarer que si l'emphytéote montre, suivant l'expression de Loyseau, *une trop grande contumace;* encore a-t-il là-dessus un souverain pouvoir d'appréciation. Le fait d'avoir détérioré l'immeuble n'oblige directement son auteur qu'au rétablissement de l'état primitif; la commise n'est prononcée contre lui que sur son refus opiniâtre d'effectuer les réparations. Ainsi jugé par un arrêt du parlement de Dijon inséré dans le *Recueil* de Bouvot, T. II, V° *Droits seigneuriaux,* quest. II, N° 2, et par deux arrêts du parlement de Paris, l'un cité sans date au ch. 26, liv. VII des *Réponses* de Charondas, et l'autre du 5 mai 1765, rapporté au ch. 174, liv. VII du même ouvrage.

(2) *Vente*, N° 475.

déterminèrent le triomphe de cette pratique. Les jurisconsultes coutumiers se préoccupent, avant tout, du but intentionnel des contractants; la cause finale de la convention, voilà ce qui les dirige. Or, comme dans la vente le paiement du prix est essentiellement la cause finale du contrat, que c'est là en réalité la fin directe et immédiate que se propose le vendeur, celui-ci devait légitimement pouvoir argumenter du principe, consacré par les coutumes, qu'il y a résolution de toutes les « *convenances faites pour une cause, et dont la cause n'est pas séguë.* »

Cette doctrine est, au XVIe siècle, universellement acceptée par la jurisprudence; mais si c'est seulement alors qu'elle passe à l'état de fait incontesté, il faut reconnaître d'autre part qu'on en trouve la donnée à une époque bien antérieure, et que, dès la fin du XIIIe siècle, elle apparaît dans notre droit naissant patronnée par les auteurs et sanctionnée par la législation.

Un passage de Philippe de Beaumanoir (sur la *coutume de Beauvoisis*) nous montre la vente à terme légalement résoluble au préjudice de l'acheteur qui ne paie pas le prix dans le délai fixé : « Si une méson « ou autre coze est faicte de cozes qui furent à plu« sieurs, et que chacun redemande sa coze parce qu'il « n'est pas païé du pris qu'il la vendit, et parce qu'on « ne veut ou qu'on ne pot païer, voir est si chacun « treuve sa coze entière avant qu'elle soit mise en « œuvre et *après le terme* qu'il deut être païé du pris, « et elle est encore à celi qui l'aceta, on la pot *rede« mander arrière,* si li acetere ne fet plein paiement;

« car male coze serait si je treuvaie mon mérien que « j'auraie vendu sans être mis en œuvre et en la main « de li acetere, et je ne pooie avoir le pris ni le mérien « qui fut mien. »

La très ancienne coutume de Bretagne, dont la rédaction paraît remonter au commencement du XIVe siècle, consacre comme règle générale, dans son article 326, la résolution des contrats pour inexécution des charges qui y ont été stipulées :

« Quant à dépécer le contrat, il conviendrait que « la partie qui le veut, dît qu'elle fut déceue outre moi- « tié du juste pris, ou déceue par vin, ou par folle en- « tente, ou que fraude y eût, ou qu'elle fût mineure, « ou que le marché fût conditionnel, *ou qu'il y eût « conditions qui ne fussent pas deuement accomplies « de l'autre partie,* desquelles conditions adviendrait « que celui qui voudrait dépécer le contrat ou marché, « qu'il les enseignât. »

Je conviens toutefois que ces textes ne sont pas l'expression d'un système unanimement reçu, et qu'à une date postérieure la vente est encore présentée par les légistes coutumiers comme ne conférant au vendeur qu'une simple action en paiement du prix. Ce n'est, en réalité, qu'à Dumoulin (au XVIe siècle) que revient l'honneur d'avoir définitivement généralisé le principe que la résolution est possible *jure communi* toutes les fois que la cause finale du contrat vient à défaillir. Ecoutons-le développer sa théorie dans l'exposé qu'il fait d'un *novus intellectus* de la loi 12 au Code *De rei vindicatione* :

« *Circa quam legem multum erratur à doctoribus,*

« *nec usum dictæ legis, nec praxim intelligentibus.*
« *Primo enim extendunt dictam legem 12, ad omnes*
« *contractus nominatos, quod est falsum : ut patet*
« *in locatione, quæ est contractus nominatus et tamen si conductor male utitur, vel cessat solvere*
« *non tenetur locator agere ad interesse, vel ad mercedem conventam : sed potest conductorem expellere* (L. 54, § 1, D., *Loc.*; — L. 3 Cod. *De Loc.*).
« *Secundo, dictam legem etiam in casu venditionis*
« *nimis generaliter intelligunt : non enim procedit*
« *indistincte, etiam re (habita fide de pretio) tradita;*
« *sed tunc demum quando venditoris non interest,*
« *nec interesse potest, nisi ratione pretii..... Cum*
« *enim venditor non quæratur nisi de pretio, debet*
« *ad pretium vel etiam ad usuras agere, non autem*
« *ad resolutionem contractus, nec vindicare. —*
« *Secus ergo si venditor non quæratur de solo*
« *defectu dilationis pretii in genere, sed de finali*
« *peristasi amissa cujus solius contemplatione vendidit : ut si redempturus domum paternam urbanam, vendidit et tradidit prædium rusticum pro*
« *pretio redimendæ domus solvendo intra terminum*
« *dictæ redemptionis, et emptor, qui hac lege emit,*
« *fefellit, ideo venditor, spem domus paternæ recuperandæ amisit, poterit condicere prædium rusticum, ne careat utroque fundo per fraudem, vel*
« *culpam emptoris : nec tenetur persequi pretium*
« *cum usuris..... Et perinde habetur ac si nunquam*
« *vendidisset nec tradidisset juxta illud : Fidem*
« *prorsus non servanti, non esse servandam.*

« *Stat ergo quod defectu causæ finalis, locus est*
« *rescissioni etiam in contractibus nominatis et spe-*

« *cialiter in venditione et rejicienda est sophistica* « *subtilitas Pauli Castrensis, qui confingit contem-* « *platione et relatione causæ finalis, resultare con-* « *tractum innominatum et sic locum esse condictioni* « *ob causam : quia imo non solum locus esse potest* « *condictioni ob causam ex natura sua generali, sed* « *etiam actioni ex vendito, vel ex contractu nomi-* « *nato* (1). »

Ainsi, d'après Dumoulin, quand le vendeur n'a d'autre intérêt que celui de toucher l'équivalent de la chose, qu'il ne se plaint que de la négligence de son acheteur, il aura simplement contre ce dernier une action personnelle en réclamation de paiement; mais s'il a un intérêt spécial à recevoir le prix, qu'il veuille l'employer à une destination particulière qu'il avait directement en vue lorsqu'il a consenti à la vente, alors la cause finale du contrat venant à manquer, rien n'empêche plus qu'il ne soit résilié.

Cette doctrine pénétra insensiblement dans la jurisprudence des tribunaux, et dès lors tous les interprètes : Henrys (2), Bourjon (3), Domat (4), Ferrière (5), Pothier (6), la formulèrent sans restriction dans leurs commentaires sur le droit coutumier. « Quoiqu'il n'y « ait pas de clause de résolution faute de payer au « terme, ou d'inexécuter quelque autre convention,

(1) Dumoulin, *Variæ juris quæstiones*, in rubric. *De Verbor. obligat.*, N°s 58, 59, 60 et 62.

(2) Tome II, livre IV, chapitre 6.

(3) *Coutume de Paris*, tome I, titre IV, chapitre 9, N° 1.

(4) *Lois civiles*, livre I, titre II, section 12, N° 13.

(5) *Dictionnaire de pratique*, V° *Pacte commissoire.*

(6) *Traité de la vente*, N° 475.

« dit Domat, la vente ne laissera pas d'être résolue, « si le défaut de paiement et l'inexécution y donnent « lieu après les délais, selon les circonstances, car les « contractants veulent que le contrat ne subsiste qu'en « cas où chacun exécute son engagement (1). »

On voit par là qu'une application plus rigoureuse du principe des causes finales avait promptement fait justice des distinctions de Dumoulin, et que déjà au XVIIe siècle on admettait, dans tous les cas, que l'intention du vendeur en contractant avait été que, si l'acheteur n'acquittait pas le prix, le contrat serait par cela seul et de plein droit sujet à résolution : « *Fidem frangenti, fides frangatur.* »

J'ai montré de quelle manière le droit ecclésiastique fut amené à exagérer les conséquences pénales de la résolution ; les coutumes d'abord restreintes et dominées par lui, après avoir longtemps subi sa prépondérance, essayèrent un jour de s'en affranchir. La lutte fut ardente, et, quand elles l'emportèrent, une réaction passionnée s'attacha à combattre impitoyablement, même en matière civile, toutes les théories jusqu'alors défendues par la législation canonique.

Je constate la lutte.

L'Eglise qui, malgré les réclamations de ses docteurs eux-mêmes, avait laissé se maintenir parmi les notaires ecclésiastiques l'usage d'insérer dans les conventions entre laïcs la clause : « *Et nisi debitor satisfecerit, statim post denuntiationem, sententiæ excommunicationis se submittit, eam incursurus, nisi solverit,* »

(1) *Lois civiles, loc. cit.*

l'Eglise, on l'a vu, ne s'en tint pas au procédé théorique, elle l'appliqua ; et l'emploi des censures spirituelles, à raison des matières purement civiles, est, aux XIIe et XIIIe siècles, un fait établi par l'histoire, attesté par les canonistes et confirmé par les décrétales (1).

Les officiaux *in foro ecclesiæ* lançaient l'excommunication et l'interdit contre ceux qui refusaient d'acquitter leurs dettes, et le débiteur, exclu de la société des fidèles, était à sa mort privé des prières publiques et de la sépulture en terre sainte (2). L'effet de la censure s'étendait même aux actes de la vie civile : celui qui en était frappé devenait incapable d'agir en justice. Sous le chapitre *Decernimus, De sententia excommunicationis (in Sexto)*, le pape Alexandre IV impose aux magistrats séculiers l'obligation de faire droit à cette fin de non recevoir « *Repellendo excommunicatos ab agendo, patrocinando et testificando in suis curiis et judiciis* (3). »

En vain les jurisconsultes protestèrent contre cet abus des peines spirituelles, en vain Pierre de Cugnières dénonça, dans son plaidoyer devant Philippe de Valois,

(1) V. art. 1 et 12 du Mémoire de Pierre de Cugnière, adressé à Philippe de Valois le 15 décembre 1329 ; — *Songe du verger*, livre II, ch. 203 et 204 ; — Choppin, *De sacra politia*, lib. II, tit. III, N°s 3 et 4 ; — Cpr. Cap. *Odoardus 3, Decr. Greg. De solution.* (III-23) ; — Cap. *Cum laicus 3, De foro compet.*, in Sexto (II-2) ; — Cap. *Pia 1, De except.*, in Sexto (II-12) ; — Cap. *Provide 2*, Extravag. commun., *De sent. excomm.* (V-10).

(2) Cap. *Si autem 11, si quis 26* et *si quis 28* Decr. Grat., *Pars II, Causa XI, quæst. 3* ; — Cap. *Sacris 2*, Decr. Greg., *De sepult.* (III-28) ; — Cap. *Ad hæc 5*, Decr. Greg., *De privilegiis* (V-33) ; — Cap. *Eos qui 1, in Clement.*, *De sepulturis* (III-7).

(3) Cap. 8 (V-11).

les empiétements de la juridiction ecclésiastique, en vain l'Eglise elle-même recommanda de ne pas excommunier « *pro parvis et levibus causis* (1), » « *disciplinans, non eradicans* (2), » il fallut que des édits royaux, fermement appuyés par les légistes et sévèrement appliqués par les tribunaux, vinssent interdire et au besoin déclarer nul et de nul effet l'emploi des censures canoniques dans les matières civiles. L'art. 18 de l'ordonnance de Charles IX, du mois de janvier 1560, renferme la prohibition suivante :

« Ne pourront aussi les prélats, gens d'église, officiaux, décerner monitions et user de censures ecclésiastiques, sinon pour crime et scandale public (3). »

D'Argentré contribua puissamment à cette réforme, déjà préparée d'ailleurs par les protestations de la magistrature et les réclamations de l'opinion publique. Il fit insérer dans l'article 9 de la nouvelle coutume de Bretagne la « défense aux gens d'église de procéder par censure et excommunication contre aucun detteur séculier par faute de payer sa dette. » Toute convention par laquelle le débiteur laïc se soumettrait à l'excommunication en cas d'inaccomplissement de sa

(1) Cap. *Nullus 12*, Decr. Grat., *Pars II, Causa XI, quest. 3*; — *Confer* cap. *Nemo 41 ibid.* et cap. *Odoardus 3*, Decr. Greg., *De solution.* (III-23).

(2) Cap. *Cum medicinalis 1*, in Sexto, *De sentent. excommun.* (V-11).

(3) L'article 18 d'une nouvelle ordonnance de Charles IX, en date du 16 avril 1571, par lequel le roi révoqua cette prohibition, ne fut pas enregistré au parlement. La cour, par arrêt du 17 août 1571, répondit que « le dix-huitième article demeurerait vérifié, à la charge que même « gens d'église ne pourraient être excommuniés pour argent par eux « dû, sauf à leurs créanciers faire procéder contre eux par exécution de « leurs biens, meubles et immeubles, ainsi qu'ils verront être à faire. »

promesse est considérée comme non avenue : « *Hæc « pacta, forum et tribunalia, maxime in homine « laico resciderunt; quia nullo modo potest is ju- « dicis ecclesiastici cognitionem prorogare......... « Usurpatæ pridem, hæ obligationes, jam dudum « antiquatæ sunt* (1). »

Comme sanction de cette défense, les juges royaux durent naturellement rejeter la fin de non-recevoir tendant à faire refuser audience au demandeur excommunié. Ils prononcèrent directement, *in foro sæculari*, l'absolution *ad cautelam* de l'excommunication.

Cette absolution, introduite « *ut litigantes legitimam personam haberent standi in judicio,* » fut demandée dans les commencements au supérieur spirituel qui avait fulminé la censure, et, à cette fin, on insérait, dans les *reliefs d'appel comme d'abus* des excommunications dénoncées, la clause : *Mandons que, parties ouïes et le fait connu, vous ayez à absoudre par provision et à cautèle l'excommunié* (2). Si le juge ecclésiastique refusait d'obéir à l'ordonnance, l'article 35 des *Libertés de l'Eglise gallicane*

(1) D'Argentré, *Comment. ad præcip. jur. britan. tit.* Des justices, art. 6, N°s 1 et 2. — Cpr. les Ordonnances de Charles V des 5 janvier 1369 et 14 mai 1370; — Chopin, *De sacra politia,* lib. II, tit. II, N°s 3 et 4; — Bugnyon, *Lois abrogées,* liv. I, satyr. 151; — Brodeau, *Sur Louet,* lettre C, N° 31, note B, et les arrêts qu'il cite, rendus par le parlement de Paris les 11 janvier 1569, 16 avril 1602 et 22 février 1620; — Fevret, *Traité de l'abus*, livre VII, ch. 2, N°s 7, 37 et 39, ainsi que les arrêts qu'il mentionne, rendus par le parlement de Dijon les 28 mai 1580, 14 juillet et 22 novembre 1611.

(2) Fevret, *Traité de l'abus,* livre VII, ch. 2, N° 40.

permettait de l'y contraindre par la saisie de son temporel (1).

Mais comme, en dépit de cette peine, l'Eglise faisait souvent des difficultés pour absoudre *ad cautelam*, un édit de Charles IX autorisa les parlements à statuer sur l'absolution à cautèle « *comme chose connexe et dépendante de la cause principale.* »

Cette procédure, qui, malgré les remontrances du clergé et les rétractations du roi (2), se perpétua obstinément dans la jurisprudence, finit par amener la désuétude de l'absolution à cautèle et le rejet pur et simple de l'exception d'excommunication ; si bien, qu'après avoir posé la question : « *An is qui decreto* « *pontificis, censurisve ecclesiasticis confixus est*, « *exceptione excommunicationis ab agendo repelli* « *possit,* » Ferron et Tiraqueau, au seizième siècle, s'accordent à répondre : « *Moribus Gallorum et de* « *generali consuetudine Franciæ, hujus modi ex-* « *communicationis exceptionem, in foris sæculari-* « *bus non admitti* (3), » et que la glose du chapitre

(1) V. dans Fevret, *op. et loc. cit.*, deux arrêts du parlement de Dijon, l'un du 19 décembre 1528, et l'autre du 20 mars 1539.

(2) V. art. 23 de l'édit d'Henri III, donné à Melun au mois de janvier 1580. Le parlement, par arrêt du 5 mars 1580, refusa d'enregistrer cet article, protestant que la cour continuerait à donner les absolutions à cautèle toutes les fois que le requérant n'aurait pas été excommunié *pro manifesta offensa*. (Cpr. Fevret, *Traité de l'abus*, livre VII, ch. 2, N° 40).

(3) Ferronus, *in Consuetudines Burdigalensium*, tit. *De retractu*, § 7 ; — Tiraquellus, *De retractu gentilitio, glossa 8*, § 1, N° 276. — Cpr. Imbert, *Instit. forenses*, l. I, ch. 25 ; — Dumoulin, *In Cap. Pia 1, De exception.* in Sexto (II-12) ; — Ferrerius, *Sur la question 212 de Guy-Pape* ; — Probus, *Sur la Pragmatique de Guymier*, tit. *De causis*, § *Statuit* ; — Fevret, *Traité de l'abus*, livre VII, ch. 2, N° 40 ; — De Héricourt, *Lois ecclésiastiques de France*, 1re partie, ch. 22, N° 75.

Decernimus déclare en termes non moins explicites : « *Hanc exceptionem excommunicationis non observari amplius in foro sæculari* (1). »

Un moyen analogue à celui qu'elle avait employé afin de proscrire l'excommunication en matière civile fut mis en jeu par la justice séculière pour enlever aux tribunaux ecclésiastiques la connaissance des questions de serment. On se rappelle qu'à teneur de la décrétale *Cum laicus* de Boniface VIII, la partie qui, dans un contrat, s'était engagée *sub fide juramenti*, n'était admise à se faire restituer contre son obligation qu'autant qu'elle avait, au préalable, obtenu l'absolution de l'Eglise. La pratique civile se montra longtemps soumise à cette exigence du droit canonique, et, durant plusieurs siècles, les lettres royales qui accordaient la restitution se terminèrent invariablement par cette réserve : « *Pourvu que le suppliant soit dispensé des foi et serment par lui prêtés, par son évêque ou autre ayant pouvoir de ce faire* (2). » Mais, en vue de prévenir les empiètements des officiaux qui, se disant juges *causæ præparantis et præparatæ*, auraient pu, ensuite de l'absolution, évoquer à eux la connaissance de l'affaire principale, on leur enjoignit d'absoudre sans examen de la cause et en l'absence même des parties (3). Peu à peu l'autorité spirituelle se montrant plus difficile pour ces relaxations, on se dispensa de

(1) Cap. 6 *De sentent. excommun.*, in Sexto (V-2).

(2) V. Fevret, *Traité de l'abus*, livre VII, ch. 2, N° 43 ; — Cpr. Imbert, *Instit. forenses*, liv. I, ch. 33, et Guy-Pape, *Quæstio 141*.

(3) Cpr. Rebuffe *ad tit. De rescissionibus*, art. I, glossa 23, N° 18 ; — Fevret, *op. et loc. cit.*

les lui demander, et les arrêts, d'accord avec la doctrine, décidèrent que le rescrit du prince suffisait de soi pour relever du serment : « *Vim apostolici obti-* « *nere mandati ut juramentum remittat* (1). » Les canonistes eux-mêmes, après avoir d'abord soutenu que la *juramenti cognitio* était au moins *fori mixti*, en vinrent à avouer que, si la question du serment était incidente à une cause civile, c'était au juge laïc qu'il appartenait d'en connaître (2).

Le droit coutumier arriva donc à écarter l'excommunication, dernier débris de la commise canonique, et avec elle disparut le caractère pénal de la résolution. L'idée d'ingratitude, longtemps persistante, fait place à l'idée d'inexécution, et l'anéantissement du contrat cesse d'être unilatéral, pour s'appliquer désormais aux obligations nées de part et d'autre.

La résolution, toujours judiciaire, admet bien encore la *purgatio moræ*, mais le bénéfice en est restreint dans des limites raisonnables ; le système des clauses et des jugements comminatoires, qui avait d'abord permis de purger même postérieurement à l'arrêt, cède peu à peu devant un respect plus prononcé de la volonté des parties, et nous savons par Pothier

(1) Guy-Pape, *Quæstio 191*; — Cpr. Gaill, *Observationes practicæ*, lib. I, *observ.* 23, N° 2 ; — Chopin, *De sacra politia*, lib. II, cap. 2 ; — Bugnyon, *Lois abrogées*, liv. I, *satyres 115* et *119*, ainsi que les arrêts qu'il indique, rendus par le parlement de Paris les 19 avril 1513 et 27 mars 1531 ; — Fevret, *op. et loc. cit.*; — De Héricourt, *Analyse des décrétales*, liv. II, tit. II.

(2) Cpr. Abbas Panormitanus, in cap. *Ex litteris 10*, Decr. Greg., *De sponsalibus* (IV-1) ; — Joannes-Andræas, in cap. *Paræciano 14*, Decr. Greg., *De sepulturis* (III-28).

qu'au XVIIIe siècle, « lorsqu'il y a un pacte commis-
« soire, le juge, sur la demande donnée après l'expi-
« ration du temps porté par le pacte, doit prononcer
« *d'abord* la résolution et permettre au vendeur de
« rentrer en possession de la chose vendue (1). »

2° *Droit écrit.* — Dans les provinces du Midi, où la législation était restée conforme au droit romain, la résolution se maintint généralement telle que nous l'ont montrée les compilations justiniennes. Les tendances de la pratique semblent même avoir pour but d'en restreindre l'application au lieu de la développer. Ainsi, non-seulement le pacte commissoire est indispensable pour obtenir à défaut de paiement la résiliation du contrat de vente, mais encore, dans certains cas où, même à Rome, la résolution se produisait légalement, les jurisconsultes du Midi essaient de l'entraver. « Nous avons les peines en horreur, écrivait « Imbert au quinzième siècle, et rejetons la commise « de l'emphytéose pour cessation dans le paiement du « canon. Elle n'est prononcée que s'il y a contumace « affectée et judiciairement établie (2). » Despeisses enseigne la même doctrine : « En tout le ressort du « parlement de Tolose, dit-il, l'emphytéote n'est pas « privé de sa chose pour n'avoir pas payé durant ledit « temps de trois ans, car telle commise n'y a lieu (3). » Rébuffe assure également que telle était aussi la ju-

(1) *Vente*, N° 475.

(2) *Institutions forenses*, liv. V, ch. 34, *in fine*.

(3) *Des droits seigneuriaux*, tit. IV, art. V, N° 14, 13° ; — Cpr. Ferrerius, *in Quæst. 171 Guidonis-Papæ*.

risprudence suivie à Montpellier (1), et Expilly, dans ses arrêts, nous apprend que la commise de l'emphytéose n'est pas admise en Dauphiné, lors même que l'emphytéote cesserait pendant dix, trente ou quarante ans d'acquitter le canon (2).

La résolution s'opérait par la seule force de la convention, dès que la partie en retard de s'exécuter était régulièrement en demeure. Elle avait lieu de plein droit, et la sentence judiciaire qui la prononçait était requise uniquement afin de la constater. Les conséquences de son accomplissement conservaient bien toujours le caractère pénal qu'elles devaient à l'influence canonique, mais cette rigueur était du moins tempérée par quelques garanties. Ainsi la résolution avait en général besoin d'être stipulée conventionnellement, et la partie qui voulait s'en prévaloir n'avait, pour agir, qu'un délai assez court, dont la fixation était abandonnée au pouvoir discrétionnaire du magistrat.

Quant aux effets que la résolution produisait à l'égard des tiers, ils n'étaient, pas plus dans les pays de

(1) *De constit. reg.*, glossa 17, N° 7.

(2) Ch. 183, N° 1. — Le refus de commise de l'emphytéose dans les pays de droit écrit explique la contradiction dans laquelle sont tombés quelques anciens interprètes en soutenant, les uns, que jamais en France l'emphytéote n'était *jure communi* privé de son droit pour retard dans le service du canon (Cpr. Loyseau, *Des offices*, liv. I, ch. 13, N° 4), et les autres, que la commise *ob non solutionem pensionis* a toujours été de droit commun dans tout le territoire du royaume (Cpr. Argou, *Inst. au dr. fr.*, liv. III, ch. 28). Il suffit, pour se rendre compte de ces affirmations opposées, de rapporter la décision des premiers à ce qui se passait dans les provinces de droit écrit, et l'avis des seconds, à ce qui se pratiquait dans les pays de coutume.

coutume que dans les provinces qui suivaient le droit romain, nettement définis par les commentateurs. Si en principe on appliquait aux concessions de droits réels consentis *pendente conditione* par le possesseur intérimaire la maxime *resoluto jure dantis, resolvitur et jus accipientis,* cet anéantissement rétroactif des actes de dispositions faits *interea* par l'acquéreur était rarement présenté par les anciens jurisconsultes comme une règle absolue et immuable. Ils supposaient presque toujours qu'il pouvait se présenter des hypothèses où ces droits réels étaient validés. Malheureusement ils n'ont pu s'entendre sur la détermination de ces hypothèses, et, après avoir entassé à grands frais d'imagination préceptes sur préceptes, systèmes sur systèmes, avoir formulé successivement sans plus de résultat les subtiles théories des *verba directa* ou *obliqua,* des résolutions *ipso jure* ou *per sententiam*, des *causes nécessaires* ou *volontaires, anciennes* ou *nouvelles,* ils sont demeurés impuissants à poser un *criterium* précis et invariable, qui leur permît d'établir leurs distinctions sur une base fixe et rationnelle. Je dois dire cependant qu'une observation que je relève dans Loyseau aurait pu fournir un point de départ satisfaisant pour régler le sort des aliénations consenties *ante conditionem* par le titulaire du droit résoluble. Dans la loi 31 *De pignoribus,* Scévola suppose que le concessionnaire d'un *ager vectigalis* a grevé ce fonds d'une hypothèque au profit de ses créanciers, et il se demande : « *Si cum in exsolutione vectigalis tam debitor quam creditor cessassent, et propterea pronunciatum esset,* fundum secundum legem domini esse, *cujus potior causa esset?* » A quoi il répond : « *Si (ut proponeretur), vectigali non soluto jure suo dominus usus esset, etiam pignoris jus evanuisse.* » Le créancier hypothécaire est ici privé de son droit parce que l'accomplissement du fait résolutoire s'est produit autant par sa faute que par celle du débiteur des charges. Il était libre d'intervenir et d'arrêter la résolution en exécutant lui-même l'obligation de ce dernier. Dans cette explication, le motif au moins était rationnel, seulement il est regrettable qu'on ne l'ait pas soutenu avec assez d'énergie ; on évitait ordinairement de l'invoquer seul, il ne semblait inspirer qu'une confiance équivoque. Et cela est si vrai que Loyseau, qui en argumente pour légitimer après la commise *ob non solutionem* l'extinction des hypothèques constituées par l'emphytéote, se hâte aussitôt d'ajouter que la résolution s'est accomplie en vertu d'une cause nécessaire : « *Ex necessitate pacti im-* « *pressi in ipsa rei traditione*, qui limitait le bail « au temps que la redevance serait payée (1). » Il paraît néanmoins que l'idée de Scévola, malgré le peu de faveur qui l'accueillit, ne laissa pas d'acquérir une certaine considération dans la doctrine (2), et volontiers j'attribuerai à son influence le succès d'une théorie qui finit par prévaloir entre les coutumiers, d'après laquelle la résolution laissait subsister les droits réels conférés par l'acquéreur lorsque, dans la do-

(1) Loyseau, *Du déguerpissement*, liv. VI, ch. 8, N° 9.

(2) Furgole oppose habilement cette donnée de la loi 31 *De pign. et hypoth.*, au prétendu dogme des causes nécessaires, et Pothier la rappelle à son tour dans le *Traité du bail à rente*, N° 181.

nation, elle était motivée par l'ingratitude du donataire (1), tandis que, au contraire, elle les faisait tomber toutes les fois qu'il s'agissait de la commise d'emphytéose ou du pacte commissoire de la vente (2). C'est en effet dans ces derniers cas seulement que l'ancienne jurisprudence avait concédé à l'aliénateur une action réelle ou mixte (3).

Telle était la nature, tels étaient les effets de la résolution pour inexécution de charges au moment où apparut notre droit moderne. Rigoureuse chez les na-

(1) Cpr. Ferrerius, *sur la quest. 428 de Guy-Pape*; — D'Olive, *Questions notables*, liv. IV, ch. 6; — Loyseau, *Du déguerpissement*, liv. VI, ch. 3, N° 10; — Despeisses, 1re partie, tit. XIV, sect. 4, N° 10, 2°.

(2) Cpr. Papon, *Arrêts des cours souveraines*, liv. XIII, tit. 1, N° 2; — Boerius, *decisiones burdigalenses*, quæst. 181; — Guy-Pape et Ferrerius, quæst. 575; — Chassaneus, *In consuetudines Burgundiæ*, ad. tit. *Des fiefs*, § 5, et ad tit. *Des Censives*, § 3; — Basnage, *Traité des hypothèques*, 2e partie, ch. 7; — Charondas, *Réponses*, liv. IX, ch. 40; — A. Faber, *Codex Fabrianus*, lib. IV, tit. 43, defin. 2, et *De erroribus pragmaticorum*, decad. 23, n° 2; — Despeisses, *Des droits seigneuriaux*, tit. IV, art. IV, nos 8 et 9; — Bourjon, *Coutume de Paris*, liv. I, tit. IV, ch. 9, n° 5; — Pothier, *Vente*, n° 464; — Ferrière, *Dictionnaire de pratique*, Vo *Emphytéose* et Vo *Clause résolutoire*.

(3) V. *infra*, chapitre III, *De la nature de l'action résolutoire dans l'ancien droit*. — Cette considération, que l'ayant-cause ne doit pas subir les conséquences de la commise encourue par son auteur, lorsqu'il n'a pas été en son pouvoir de la prévenir en accomplissant les obligations de celui-ci, rendrait compte mieux encore que l'argument de Dumoulin (*supra* p. 169) de la règle consacrée par le droit féodal : que le fief commis pour cause de f[illegible]nie ou de désaveu fait retour au seigneur direct, grevé de tous les droits réels de servitude et d'hypothèque constitués par le vassal (Cpr. Papon, liv. XIII, tit. 2, art. 8, et l'arrêt qu'il cite, rendu par le parlement de Grenoble, en 1461).

tions barbares et exagérée dans ses conséquences pénales par le droit canonique, elle s'adoucit à l'ombre du droit féodal pour arriver enfin, sous l'influence progessive des coutumes, à n'être plus, vis-à-vis du débiteur, que la simple privation du droit dont il a négligé de remplir les charges correspondantes.

Il me reste à faire voir, dans un exposé rapide, de quelle manièro l'ancienne jurisprudence faisait application de cette théorie à l'hypothèse spéciale de la résolution de la vente pour défaut de paiement du prix. Ces détails feront l'objet de cinq chapitres distincts, sous lesquels j'examinerai successivement :

Comment s'accomplit la résolution ;

Par qui et contre qui s'exerce l'action résolutoire ;

Quelle est la nature de l'action en résolution ;

Quelles fins de non-recevoir on peut opposer à l'action résolutoire ;

Quels sont les effets de la résolution accomplie.

DE LA RÉSOLUTION DE LA VENTE

POUR DÉFAUT DE PAIEMENT DU PRIX

DANS L'ANCIEN DROIT FRANÇAIS.

CHAPITRE Ier.

Comment s'accomplit la résolution.

Le droit civil, resté fidèle à cette maxime de l'Eglise que toute peine requiert déclaration, continua de décider, comme l'avaient fait les canonistes, que l'accomplissement effectif du fait résolutoire ne suffisait pas à lui seul à opérer la résolution. « Les clauses « résolutoires et les clauses pénales, enseignait De- « nizart, ne sont pas réalisées, ni les peines encou- « rues, quand même il serait stipulé expressément « que la résolution du contrat serait opérée par le « seul fait et sans le ministère du juge. » Et Mornac, faisant une application particulière de cette théorie au pacte commissoire, écrivait sur la loi 2 au code *De jure emphyteutico* : « *Perpetua apud nostros ju- « dices regula, legem commissoriam non obtinere « in Gallia, nisi post acceptum judicium* (1). »

(1) *Observationes, ad tit. C. De jure emphyteutico*; — Cpr. Guy-Pape, *quæst. 107*, et Ferrerius, *in ead. quæst.*; — Bugnyon, *Lois abrogées*, lib. I, *satyr. 224* : — Dumoulin, *In consuetudines Parisienses*,

A ceux qui rappelaient les traditions romaines : « *Quod non est necessarium ministerium judicis,* « *ubi pœna ex ipso jure producit effectum,* » on répondit qu'une sentence était nécessaire, au moins pour autoriser l'exécution de la peine : « *Quod licet* « *non requiratur sententia quæ irroget eam pœ-* « *nam, requiritur tamen quæ declaret actum factum* « *aut commissum, aut etiam omissum ex quo pœna* « *jure lata est* (1). »

La résolution de la vente pour cause de non-paiement du prix devait donc, aussi bien que toute autre commise, être prononcée en justice. C'est ce que Pothier exprimait formellement en ces termes : « Selon « notre jurisprudence, le pacte commissoire n'opère « pas de plein droit la résolution du contrat par dé- « faut de paiement dans le temps limité ; il donne « seulement au vendeur, en ce cas, une action pour « demander la résolution du contrat, qui n'est opérée, « au moins irrévocablement, que par la sentence qui, « vu cette action, déclare le contrat nul et résolu, « faute par l'acheteur d'avoir payé (2). »

tit. I, *Des fiefs,* § 43, glossa 1, V° *Qui dénie son fief,* n° 42 ; — Carondas, en ses *Réponses,* liv. III, ch. 28 ; — Soesve, *Questions notables,* t. II, cent. 1, ch. 6 ; — Authomne, *Conférence du droit français avec le droit romain,* sur la loi 2 C., *De jure emphyt.* ; — Du Rousseau de Lacombe, *Recueil de jurisprudence civile,* V° *Clause,* n° 9 ; — Despeisses, *Des droits seigneuriaux,* tit. IV, art. V, n° 14 ; — Maynard, *Arrêts du parlement de Toulouse,* liv. IX, ch. 53 ; — Ferrière, *Dictionnaire de pratique,* V° *Clause résolutoire* ; — Pothier, *Traité des obligations,* n° 672, et *Traité de la vente,* n° 459.

(1) Tiraqueau, *Tractatus ad leg. Si unquam,* C. *De revoc. don.,* V° *Revertatur,* n° 400. V. aussi n° 402.

(2) *Vente,* n° 459.

Dans le principe les règles du droit romain sur la mise en demeure ne subirent pas de modification ; l'interpellation, toujours indispensable pour le cas où il n'y a pas eu de terme fixé pour le paiement du prix, continua d'être écartée lorsque la clause commissoire était stipulée *ad diem*. Mais bientôt, sous la pression de cette idée dominante chez les canonistes, qu'il faut ralentir autant que possible l'accomplissement des commises, les coutumiers arrivèrent à exiger que, même dans l'hypothèse où la résolution serait stipulée avec effet à jour fixe, la partie à laquelle elle profitait déclarât au moins son intention de l'invoquer (1). « Il est d'usage, dit Pothier, de faire une sommation « au débiteur par un sergent, à ce qu'il ait à satisfaire « à sa promesse, avec assignation devant le juge pour « voir prononcer la nullité de l'engagement, faute par « lui d'avoir satisfait (2). »

Dans les pays du Midi, la théorie semblait bien toujours protester en droit contre l'emploi de l'interpellation : « Le pacte commissoire a lieu, disait-on, « si dans le temps porté l'acheteur n'a pas offert le « prix, bien que le vendeur n'en ait pas fait de- « mande (3) ; » mais comme en pratique on obligeait le vendeur à signifier dans un bref délai son option

(1) Cpr. Cormier, *Code d'Henri IV*, liv. IX, tit. III, ch. 6, n° 268. V. aussi n° 266.

(2) *Traité des obligations*, n° 672. — Cpr. Brodeau *Sur Louet*, lettre P, n° 50, et les arrêts qu'il cite rendus par le parlement de Paris les 22 décembre 1607, 19 décembre 1614 et 22 juin 1627 ; — Ferrière, *Dictionnaire de pratique*, V° *Clause résolutoire*, et les auteurs énumérés à la note 1, p. 181 *supra*.

(3) Despeisses, 1re partie, tit. I, sect. 6, n° 8, 1°.

entre la résolution ou le paiement (1), les jurisconsultes soutinrent que cette déclaration de volonté ne pouvait se manifester que par la voie d'une sommation extrajudiciaire (2).

L'acheteur, une fois averti de la volonté de son auteur, était admis à purger sa demeure en acquittant le prix (3). La restriction finale de Pothier : « Faute par lui d'avoir satisfait, » est une preuve évidente qu'il pouvait s'exécuter nonobstant la citation en justice ; et ailleurs le même interprète nous apprend que le débiteur conservait la faculté de se libérer « jusqu'à « ce que la sentence fût intervenue, quoique après « l'expiration du terme (4), et même depuis la sen- « tence qui a prononcé la résolution du contrat, en « appelant du jugement et en offrant sur l'appel le « montant du prix, les intérêts et les dépens (5). »

(1) Despeisses, ibid., n° 4, 3°.

(2) Cpr. Guy-Pape, *Quæst.* 497.

(3) Cpr. les autorités citées plus haut, p. 181, note 1, et p. 183, note 2.

(4) *Vente*, n° 459.

(5) C'était du moins l'opinion reçue au XVIIIe siècle, car auparavant nous voyons, par ce qui se pratiquait en matière de commise emphytéotique *ob non solutionem*, que la fixation du délai pendant lequel la *purgatio* était admissible avait donné lieu à de nombreux dissentiments. On avait d'abord proposé quelques jours *(biennium, triduum, decem dies)*, puis quatre mois *(quadrimestre)* ; quelques-uns ne virent de forclusion que dans la *litis contestatio* (Cpr. Guy-Pape et Ferrerius, *Quæst.* 123 ; — Despeisses, *Des droits seigneuriaux*, tit. IV, art. V, n° 14, 10°). Enfin, le système qui l'emporta fut celui préconisé par Dumoulin au XVIe siècle, qui laissait au pouvoir du juge l'appréciation souveraine de l'opportunité de la *purgatio*. (*In consuetudines Parisienses*, tit. I, § 1, glose 7, n° 6 ; — Cpr. Matthæus, *Sur la quest.* 123 de Guy-Pape ; — Cormier, *Code d'Henri IV*, liv. XVII, tit. VI, ch. 4, n° 18 ; — Brodeau, *Sur Louet*, lettre P, n° 50, et l'arrêt qu'il rapporte rendu par le parlement de Paris le 29 décembre 1607).

Puisque le juge, sous l'empire de la coutume, ne doit résoudre le contrat que si le défendeur est en faute, puisqu'il peut admettre une *purgatio* même tardive, il était naturel que l'on permît au juge d'accorder directement un délai avant de prononcer la résolution par un jugement définitif : « Les clauses « résolutoires à défaut de payer au terme ou d'exé- « cuter quelque autre condition, disait Domat, n'ont « pas pour effet de résoudre *d'abord* la vente, par le « défaut d'y satisfaire, mais on accorde un délai pour « exécuter ce qui a été promis, si ce n'est que la « chose ne puisse souffrir de retardement (1). » Et Bourjon déclare dans son *Commentaire sur la coutume de Paris* qu'il l'a « toujours vu pratiquer ainsi « au Châtelet, usage équitable et préférable à la ri- « gueur du droit romain, qui était peu politique (2). »

Le pouvoir du magistrat reçut encore dans un autre sens une extension plus arbitraire. La résolution ne devant frapper que la contumace affectée du défendeur, certains coutumiers proposèrent de tenter contre celui-ci, avant de le condamner, l'effet inoffensif des sentences comminatoires (3). La pratique, toujours favorable à ce qui pouvait ralentir la marche de la procédure, ne fit pas d'opposition à cette doctrine (4),

(1) *Lois civiles*, liv. I, tit. II, sect. 12, n° 12.

(2) Liv. I, tit. IV, ch. 6, n° 2 ; — Cpr. Pothier, *Des obligations*, n° 672, et *De la vente*, n° 476 ; Ferrière, *Dictionnaire de pratique*, V° *Clause résolutoire*.

(3) Cpr. Ricard, *Traité des donations*, 3° partie, ch. VI, sect. 2 ; — Loyseau, *Du déguerpissement*, liv. VI, ch. 11, n° 4.

(4) Cpr. Papon, *Arrêts des cours souveraines*, liv. XII, tit. 6, n° 8 ; — Argou, *Institution au droit français*, liv. II, tit. I, ch. 11, et liv. III, tit. II, ch. 35 ; — Bouhier, sur l'art. 8 de la *Coutume de Bourgogne* ; — Ferrière, *Dictionnaire de pratique*, V° *Comminatoires*.

et après un premier jugement rendu pour accorder un sursis, si à l'époque fixée il n'y avait pas eu paiement, une seconde sentence intervenait qui, tout en déclarant la résolution, insérait encore dans son dispositif la réserve sauf à l'aquéreur à se libérer dans tel laps de temps. On voit qu'avec cette théorie, la *purgatio* était possible, même après l'arrêt.

Cette jurisprudence violait trop ouvertement la volonté des parties pour ne pas soulever contre elle les réclamations des jurisconsultes. Aussi les voit-on dès la fin du XVIIe siècle déclarer une guerre acharnée à ce développement abusif de l'équité canonique : « Il « n'y a rien de plus injuste, s'écriait avec vivacité « l'auteur de l'*Institution au droit français*, que cet « usage désastreux des jugements comminatoires. Ils « fomentent la mauvaise foi de ceux qui ne veulent « pas exécuter ce qu'ils ont promis. S'ils sont en l'état « de le faire, ils ne méritent aucune grâce lorsqu'ils « le refusent ; et s'ils ne peuvent pas accomplir les « conventions auxquelles ils se sont engagés, n'ont-ils « pas dû prévoir qu'ils promettaient ce qu'ils ne « pourraient pas tenir. Je n'aliène mon bien qu'à la « condition que l'acquéreur fera ou donnera quelque « chose dans un certain temps ; ce temps, que j'ai « limité par le contrat, est souvent d'une très grande « importance ; doit-il dépendre du juge de proroger « ce terme fatal contre l'intention de toutes les parties « qui ont contracté ? Et quelle sûreté pourra-t-on « prendre désormais dans toutes les affaires de la « société civile, si l'on continue à donner cours à ces « jugements comminatoires.

« Disons donc hardiment qu'en bonne justice, « lorsqu'un homme s'est obligé par quelque contrat « que ce soit de faire ou de livrer quelque chose dans « un certain temps, à peine de la résolution du con- « trat, il ne faut ni sommation, ni jugement commi- « natoire, puisque la loi que les parties ont voulu se « faire elles-mêmes n'a rien de contraire au bien « public ni aux bonnes mœurs ; que s'il n'y a point « de temps porté par le contrat, le juge le peut limiter « en connaissance de cause, mais après cela il ne « doit plus le proroger ; l'expérience ne fait que trop « connaître que les parties qui espèrent cette facilité « des juges, en abusent tous les jours (1). »

Cet énergique réquisitoire rencontra de puissantes adhésions dans la science et sous les efforts persévérants des Henrys, des Bouhier, des Furgole; le respect des conventions particulières finit par avoir justice des fâcheuses lenteurs d'une indulgence exagérée.

La même tendance réactionnaire à accélérer la résolution se manifeste dans la doctrine de Pothier. N'ayant plus à combattre les jugements comminatoires dont les tribunaux conservaient tout au plus le souvenir, il s'attaque à la théorie des délais, et, du moins, lorsqu'il y a eu pacte commissoire stipulé à jour fixe, on a vu plus haut (2) qu'il imposait au juge, si le créancier l'exigeait, l'obligation de déclarer la convention résolue après l'expiration du temps prévu par le contrat (3). Avant lui, Furgole était allé plus loin ; il avait

(1) Argou, *op. cit.*, liv. II, tit. I, ch. 11 *in fine*. V. aussi liv. III, t. II, ch. 35.

(2) *Supra*, p. 175.

(3) *Vente*, n° 475.

refusé à la justice, dans le cas de clause commissoire *ad diem*, et le droit de concéder des délais, et celui d'admettre la *moræ purgatio*.

Dans les pays de droit écrit, quand le vendeur agissait en temps utile, l'acheteur ne pouvait en offrant le prix se soustraire aux conséquences du pacte commissoire (1) ; cependant je constate, d'après le témoignage de Catelan, que le parlement de Toulouse dérogeait sur ce point au droit commun. Influencé sans doute par l'usage moins rigoureux des provinces coutumières, il décidait que l'acheteur pouvait, dans le délai même laissé au vendeur pour exercer son option, purger sa demeure « *celeri præstatione* (2). »

L'innovation de la commise judiciaire n'empêcha pas cependant de décider que le créancier qui avait une fois demandé la résolution n'était plus recevable à revenir sur son choix pour exiger ensuite l'exécution du contrat (3), et il en était ainsi quand même l'acheteur n'avait encore signifié aucun acquiescement à la demande. Car, par la clause résolutoire, disait-on, il a acquiescé d'avance aux conclusions du demandeur, et la déclaration du juge n'est requise que pour confirmer la résolution déjà accomplie par la seule force de ce consentement anticipé. « Il est vrai, ajoute Pothier,

(1) Cpr. Despeissés, 1re partie, tit. I, sect. 6, n° 3, 7° ; — Guy-Pape, *Quæst. 171*, n° 1.

(2) Catelan, *Arrêts notables du parlement de Toulouse*, liv. V, ch. 20.

(3) Cpr. Cormier, *Code d'Henri IV*, liv. IX, tit. III, ch. 6, n° 269 ; — A. Faber, *Codex Fabr.*, lib. IV, tit. 37, def 1 ; — Despeisses, 1re partie, tit. I, sect. 6, n° 4, 2° ; — Ferrière, *Dictionnaire de pratique*, V° *Pacte de la loi commissoire* ; — Pothier, *Vente*, n° 461.

« qu'avant la sentence la résolution du contrat n'est « pas opérée d'une manière irrévocable, et que l'a« cheteur est admis jusqu'à la sentence à en empêcher « l'effet par des offres de payer le prix ; mais c'est une « pure grâce que la jurisprudence accorde à l'ache« teur, et qui ne doit pas être rétorquée contre lui « lorsqu'il ne veut pas s'en servir (1). »

CHAPITRE II.

Exercice de l'action en résolution.

Comme en droit romain, deux conditions sont exigées pour l'exercice de l'action résolutoire : Vouloir user de la résolution et avoir qualité pour la requérir.

(1 *Vente*, n° 461. — Ce caractère purement déclaratif de la sentence en résolution ne laisse pas, quoi qu'en dise Pothier, d'être logiquement inconciliable avec l'admissibilité de la *purgatio* et plus encore avec le pouvoir du juge d'accorder des délais. Si la résolution s'est accomplie par le « seul consentement, donné d'avance aux conclusions du vendeur, » il n'y aura pas ici un droit chancelant susceptible de s'affermir par une exécution tardive, mais bien anéantissement immédiat et absolu d'un état de choses qui ne pourrait être rétabli que par un nouveau contrat; et dès qu'on admet, par la possibilité d'une concession de délai, par l'acceptation d'une *purgatio* postérieure à l'ouverture de l'instance, que l'appréciation du juge ne se reporte plus à l'époque où le paiement devait avoir lieu, on fait évidemment de la sentence un élément essentiel de la résolution. Tiraqueau, plus logique que Pothier, avait nettement accepté cette conséquence. Au n° 20 de sa glose sur le mot *Revertatur* de la loi 8 *De revocandis donationibus*, il distingue : Si la résolution s'est produite *ipso jure*, de telle sorte que le juge ne puisse pas se dispenser de la reconnaître, la sentence est *déclarative ;* dans le cas contraire, elle est attributive ou, suivant son expression, *dispositiva*. (V. aussi *op. et v° cit.*, n° 500.)

Le non-paiement du prix, même après l'expiration du terme conventionnel, s'il y a eu pacte commissoire, n'autorise pas plus qu'autrefois à Rome l'acheteur en retard à demander la résolution de la vente. Il ne peut dépendre de lui de s'exonérer, en ne l'exécutant pas, de l'obligation que lui impose le contrat (1).

L'action résolutoire n'est donc ouverte qu'au vendeur.

Passe-t-elle à ses héritiers? L'affirmative n'a jamais fait doute; l'ancien droit accepte sans réserve la réponse donnée par Scévola dans la loi 10 *De rescind. vendit.* (2). On objecterait en vain la doctrine contraire admise en matière de donations et d'emphytéose, car il est facile de se convaincre, à la simple lecture du motif qu'elle invoque, que cette divergence de solution est exclusivement due à des causes toutes spéciales qui ne permettent ici aucune analogie : Justinien, sous la loi 10 au Code *De revoc. donat.*, avait assimilé dans la donation l'inexécution de charges aux faits d'ingratitude; or, comme les lois romaines refusaient à l'héritier du donateur le droit d'actionner en révocation le donataire ingrat, les canonistes d'abord, et les jurisconsultes après eux, décidèrent directement pour la donation, et, par analogie pour l'emphytéose, que les successeurs du créancier ne jouissaient, contre le donataire ou l'emphytéote, d'aucun recours en résolution fondé sur l'inaccomplissement, au préjudice du dé-

(1) Cpr. Cormier, *Code d'Henri IV*, liv. IX, tit. III, ch. 6, n° 268; — Despeisses, 1re [illegible]e, tit. I, sect. 6, n° 4; — Ferrière, *Dictionnaire de pratique*, V° *Pacte de la loi commissoire*; — Pothier, *Vente*, n° 460.

(2) Cpr. Despeisses, 1re partie, tit. I, sect. 6, n° 3, 2°.

funt, des charges stipulées par le contrat (1). « La commise est une vengeance; l'offensé qui s'est tu a pardonné l'injure. » Et ce qui montre clairement que la transmission du droit n'avait d'autre obstacle qu'un pardon présumé, c'est qu'elle s'opérait *de plano* sur la tête de l'héritier toutes les fois que le créancier avait pris soin de démentir lui-même la présomption, soit en commençant des poursuites, soit en protestant, avant de mourir, de son intention formelle de les entreprendre (2). Impossible de rien trouver dans tout cela qui offre le moindre rapport avec la position des héritiers du vendeur.

L'action résolutoire était, ainsi qu'on le verra plus bas, susceptible par sa nature de réfléchir contre les sous-acquéreurs; mais, alors même que l'immeuble avait passé en mains tierces, le vendeur devait la diriger directement contre l'acheteur primitif ou, s'il était mort, contre ses héritiers. La circonstance que ces derniers, dans la donation et l'emphytéose, n'é-

(1) Cpr. Cormier, *Code d'Henri IV*, liv. XVII, tit. VIII, ch. 11, n° 252; — Guy-Pape, *quæst. 214*, n°s 1 et 4; — Imbert, *Enchiridium*, V° *Revocari ob ingratudinem an possit donatio*; — Charondas, *Réponses*, liv. IX, ch. 19, et l'arrêt qu'il cite, rendu par le parlement de Paris au mois d'avril 1596; — Despeisses, 1re partie, tit. XIV, sect. 4, n° 10, 9°, et *Des droits seigneuriaux*, tit. IV, sect. 5, n° 14, 9°; — Ferrière, *Dictionnaire de pratique*, V° *Ingratitude*.

(2) Cpr. Ranchin et Ferrerius, *Sur la quest. 214 de Guy-Pape*; — Cormier, *Code d'Henri IV*, liv. XVII, tit. VIII, ch. 11, n° 252; — Papon, *Arrêts des cours souveraines*, liv. II, tit. I, n° 37; — Charondas, *Réponses*, liv. V, ch. 27, et l'arrêt qu'il cite, rendu par le parlement de Paris, au mois de novembre 1499; — Despeisses, 1re partie, tit. XIV, section IV, n° 10 *in fine*, et *Des droits seigneuriaux*, tit. IV, sect. V, n° 14, 9°; — Ferrière, *op. et loc. cit.*

taient pas responsables du fait de leur auteur, serait encore ici sans aucun poids, car si les successeurs du donataire et de l'emphytéote n'avaient rien à redouter des déchéances méritées par celui dont ils continuaient la personne, cela tenait toujours à cette confusion maladroite que j'ai signalée plus haut entre l'idée d'ingratitude et celle d'inexécution : « La commise est une vengeance, elle ne doit frapper que la personne du coupable. » Il n'était dérogé à cette règle qu'autant que le débiteur était mort pendant le cours de l'instance, ou que le créancier n'avait pas connu son droit assez tôt pour s'en prévaloir (1). Ces considérations, je le répète, n'ont rien à voir dans notre matière (2).

CHAPITRE III.

Nature de l'action en résolution.

C'est l'avis unanime de tous nos vieux auteurs que le vendeur non payé dans le cas de pacte commissoire, ou même en l'absence de cette clause, a l'action réelle

(1) Cpr. Despeisses, 1re partie, tit. XIV, sect. 4, n° 10, 8°, et *Des droits seigneuriaux*, tit. IV, sect. 5, n° 14, 8°.

(2) L'intransmissibilité tant active que passive de l'action tendant à la révocation des donations entre-vifs pour inaccomplissement de charges, est si bien une conséquence de la théorie romaine qui met sur la même ligne et le fait d'ingratitude et le défaut d'exécution, que les auteurs qui distinguent entre les deux idées reconnaissent expressément que la révocation peut être poursuivie par les héritiers du donateur ou contre les héritiers du donataire, dans tous les cas où elle est fondée, non plus sur un acte d'ingratitude proprement dite, mais sur la négligence du bénéficiaire à remplir les obligations qui étaient la condition de la libéralité (Cpr. Ferrerius, *In quæstione 214 Guidonis-Papæ*).

utile ou directe pour réclamer la résolution de la vente. Il est à remarquer toutefois qu'ils n'attribuent pas à la demande un caractère de pure réalité; ils l'assimilent de préférence à ces actions *personales in rem scriptæ* qui, suivant la définition qu'ils en donnaient, « naissent d'une obligation personnelle à l'exécution « de laquelle est affectée la chose qui en fait l'objet, » sortes d'actions mixtes qui, étant principalement et par leur nature actions personnelles, tiennent néanmoins de la nature de l'action réelle par quelque chose qui leur est accessoire (1).

« L'action qui naît du pacte commissoire, dit Po- « thier, est personnelle-réelle, et peut être intentée « contre les tiers-détenteurs; car le vendeur, n'ayant « aliéné l'héritage qu'aux charges portées par son con- « trat, en aliénant l'héritage, il l'a affecté à l'exécution « des obligations que l'acheteur a contractées envers « lui par ce contrat (2). »

Je dois dire cependant que certains commentateurs avaient nié à l'origine ce mélange des deux caractères personnel et réel dans les actions, *personales in rem scriptæ*. Si l'on considère, disaient-ils, l'action résolutoire à l'état de repos, avant qu'elle soit exercée, elle peut, à la vérité, paraître mixte, mais ce n'est là qu'une apparence, et, dès qu'on la suppose en exercice, on la voit aussitôt se dédoubler en deux actions

(1) Cpr. Pothier, Introduction générale aux coutumes, n° 122. — « *Actionum in personam, aliæ sunt omnimodo id est vi ipsa et scriptura in personam; aliæ vi ipsa in personam et scriptura in rem* » (Cujas, *Commentarii in diversos digestorum titulos*, ad leg. 9, *Quod metus causa*).

(2) *Vente*, N° 464.

distinctes, l'une, *pura in personam*, par laquelle le vendeur agit directement contre l'acheteur; l'autre, *pura in rem*, véritable revendication, par laquelle le vendeur, réintégré dans son droit, poursuit la chose entre les mains des tiers. Celle-ci est dévolue au tribunal de la situation de l'immeuble; celle-là au juge du domicile du défendeur (1). Mais cette objection d'un interprète aujourd'hui inconnu ne fut jamais prise au sérieux, et la pratique décida constamment que l'action résolutoire était à la fois personnelle et réelle, susceptible, comme action mixte, d'être portée indifféremment ou devant le tribunal du domicile ou devant celui de la situation (2).

CHAPITRE IV.

Fins de non-recevoir contre l'action résolutoire.

Quatre causes principales pouvaient faire naître au profit de l'acheteur une exception contre la demande

(1) « *Primus emptor omnino conveniri debet coram judice sui domicilii.* » (Albericus, *in leg.* 5, § 1 *Ad exhibendum*, cité par Tiraqueau, *De retractu gentilitio*, § 8, glossa 5, N° 14).

(2) Cpr. Tiraqueau, *De retractu gentilitio*, § 8, glossa 3, N°s 8, 9 et 10; — Loyseau, *Du déguerpissement*, liv. II, ch. 1, N° 3; — Hévin, sur l'article 9 de la *Coutume de Bretagne*; — D'Argentré, *Commentaria ad præcipuos juris britannici titulos*, in *art.* 9; — De Laurière, *Sur la Coutume de Paris*, T. II, p. 5 et 6; — Furgole, *Traité des testaments*, tit. II, ch. VII, sect. 3, N° 100; — Bornier, *Conférences des ordonnances de Louis XIV*, sur l'art. 1, tit. IV de l'ordonnance de 1669, T. I, p. 417; — Pothier, *loc. cit.*; — V. cependant Argou, *Institution au droit français*, liv. III, ch. 24.

en résolution. C'étaient : la renonciation du vendeur au droit de l'intenter, la prescription de ce droit, la faute du demandeur et enfin l'excuse du défendeur.

1° *Renonciation.* — La poursuite judiciaire tendant au paiement du prix ou à la prestation des intérêts, privait le créancier de son droit de résolution (1).

Quant à la sommation extrajudiciaire, devenue en pratique un préliminaire obligé de l'action résolutoire, elle n'était plus considérée, même dans le pacte commissoire *ad diem*, comme impliquant renonciation tacite.

De même que la demande en justice et, à plus forte raison, l'acceptation du paiement, après l'arrivée du terme conventionnel, s'il y avait eu clause expresse, faisait supposer de la part du vendeur l'abandon de la faculté de faire résilier la vente (2), peu importait qu'en recevant le prix il eût ou non protesté contre la déchéance : *Qui protestatur nihil agit* (3). La jurisprudence alla même jusqu'à décider que si, depuis l'échéance du délai, le vendeur était resté un long espace de temps sans se prévaloir du pacte, son retard le rendait non recevable à en invoquer le bénéfice. Authomne rapporte un arrêt du parlement de Paris par lequel la cour débouta un vendeur qui prétendait user

(1) Cpr. Cormier, *Code d'Henri IV*, liv. IX, tit. III, ch. 6, N° 270 ; — A. Faber, *Codex Fabr.*, lib. IV, tit. 37, def. 1 ; — Despeisses, 1re partie, tit. I, sect. 6, N° 4, 3° ; — Pothier, *Vente*, N° 462.

(2) Cpr. Despeisses, *loc. cit.*

(3) Cpr. Guy-Pape, *Quæst. 171*, et Matthæus, sur la Question 412 du même auteur.

d'une *lex commissoria* dont le terme était échu depuis deux ans (1).

2° *Prescription.* — L'action en résolution n'est plus recevable si elle est prescrite. En règle générale, les actions mixtes ne s'éteignent qu'après trente ans, « car, dit Dunod, quoique, à raison de ce qu'elles ont « de réel, elles semblent avoir dû se prescrire par dix « ou vingt ans, néanmoins, comme elles entraînent « des restitutions de fruits qui sont dus personnelle- « ment, on a jugé plus convenable de les soumettre à « la prescription trentenaire (2). » Mais nous savons, par le même auteur, que la plupart des coutumes avaient fait une exception pour les actions en commise, et que, vu leur caractère odieux, elles étaient assujetties à la prescription décennale (3). Du reste, cette limitation légale de la durée de l'action n'offrait d'intérêt pratique que dans les hypothèses où la résolution se produisait en vertu de la loi ou d'une clause stipulée sans terme ; car j'ai montré précédemment que, dans le pacte commissoire à jour fixe, la jurisprudence prononçait avec rigueur que le silence prolongé pendant un certain laps de temps, — ne fût-ce que deux années, — depuis l'époque où le vendeur eût pu argumenter du pacte, suffisait à lui seul à entraîner l'extinction de l'action résolutoire.

(1) *Conférence du droit français avec le droit romain,* sur le titre *De lege commissoria, in princip.;* Despeisses, 1re partie, tit. I, sect. 6, N° 4, 3°.

(2) *Des prescriptions,* 3e partie, ch. 10.

(3) Dunod, *op. et loc. cit.* — Le droit écrit maintenait la prescription de trente ans. Despeisses, *Des droits seigneuriaux,* tit. IV, art. V, N° 13, 9° ; — Guy-Pape, *Quæst. 412.*

3° *Faute du demandeur.* — L'acheteur était également à l'abri de la résolution si l'inexécution de son engagement était motivée par le fait ou la faute du vendeur. Ainsi il pouvait légitimement opposer qu'il y avait eu saisie-arrêt entre ses mains (1); que le demandeur avait lui-même manqué à l'obligation dont il devait s'acquitter le premier (par exemple de fournir des cautions) (2); qu'il avait refusé le paiement, ou qu'il s'était caché pour empêcher le défendeur de l'effectuer en temps utile (3). Toutefois cette dernière excuse n'était admise qu'autant qu'il y avait eu offres réelles suivies de consignation (4).

4° *Excuse du défendeur.* — L'acheteur qui est empêché par un cas de force majeure de payer le prix au jour qu'avaient indiqué la convention ou la sentence du juge, est mis, par cette circonstance, à couvert de la résolution : « *Nemini imputari potest quod humana providentia regi nequit.* »

L'héritier de l'acheteur, qui avait, pendant sa minorité, laissé prononcer contre lui la résolution de la vente, pouvait-il se prévaloir de sa qualité de mineur afin d'être restitué contre les effets de la commise? En

(1) Cpr. Papon, *Arrêts des cours souveraines,* liv. XII, tit. X, N° 2; — Despeisses, 1re partie, tit. I, sect. 6, N° 4, 3°.

(2) Cpr. Despeisses, 1re partie, tit. I, sect. 6, N° 4, 5°.

(3) Cpr. Cormier, *Code d'Henri IV,* liv. IX, tit. III, ch. 6, N° 266; — Despeisses, *ubi supra,* N° 3, 1°; — Ferrière, *Dictionnaire de pratique,* V° *Pacte de la loi commissoire;* — Pothier, *Vente,* N° 459.

(4) Cormier, *Code d'Henri IV, ubi supra,* N° 267; — Ferrière, *loc. et v° cit.;* — V. aussi par anal. Despeisses, *Des droits seigneuriaux,* tit. IV, art. V, N° 14, 10°; — Guy-Pape, *Quæst. 123;* — Mornac, *Observationes,* ad leg. 2 C. *De jure emphyteutico.*

théorie, il faut répondre : Non; et la raison en est, comme l'observait Brodeau, que le mineur n'a pas été partie au contrat, et que la résolution ne s'accordait jamais que relativement aux obligations qu'il avait contractées lui-même : « *Factum defuncti majoris non retractatur ex persona hæredis minoris* (1). » Cependant, comme plusieurs coutumes avaient admis que le mineur était « restituable contre les diverses « commises qu'il avait encourues par sa faute et sans « qu'il y eût du dol de sa part (2), » il est encore possible qu'on eût en pratique rendu cette disposition applicable à notre espèce. Je présumerais même que c'était là l'erreur que Brodeau reprochait à Grimaudet lorsque, dans son explication de la loi 38 D. *De minoribus*, il accusait cet auteur d'avoir méconnu le sens du rescrit de l'empereur Antonin (3). Mais il ne paraît pas, quelque appui qu'elle ait rencontré, que cette opinion ait jamais dû tenir en jurisprudence contre le principe rappelé par Brodeau, que « *Nulla, ratione facti majoris, restitutio minori datur, nisi ex causa qua defunctus ipse restitui potuisset.* »

(1) Brodeau, *Sur Louet*, lettre P, N° 36; — Matthæus, *Sur la Question 435* de Guy-Pape.

(2) Dunod, *Des prescriptions*, 3e partie, ch. 1; — Cpr. De St-Maurice, *De restitutionibus in integrum*, cap. 248, 290 et 299; — Ferrerius, *Sur la Question 435* de Guy-Pape; — Taisand, *Sur la Coutume de Bourgogne*, tit. II, art. 8, note 8.

(3) *Sur Louet, loc. cit.*, et lettre R, N° 7.

CHAPITRE V.

Effet de la résolution accomplie.

La résolution accomplie, soit en vertu d'une clause expresse, soit par l'autorité de la loi, rétroagissait au jour même du contrat : « *Habet oculos retro videlicet ad tempus dispositionis.* » — « Le vendeur « rentre dans la possession de son héritage comme s'il « n'avait jamais cessé d'y être (1) ; » « *non censetur* « *de novo acquirere sed ad rem suam redire* (2). »

Entre les parties contractantes, deux principes résument à eux seuls toute la situation dans laquelle se trouvent réciproquement placés l'un à l'égard de l'autre le vendeur qui a obtenu la résolution et l'acquéreur qui la subit :

Le vendeur doit être réintégré dans la position où il se fût trouvé s'il n'avait jamais vendu ;

Celui que frappe la résolution, doit restituer tout le bénéfice qu'il a retiré du droit qu'on lui enlève.

Quant aux conséquences de ces deux règles, elles sont, à part quelques modifications de détail, celles-là même que le droit romain, dans son dernier état, avait attachées à l'accomplissement de la *lex commissoria* résolutoire (3).

Vis-à-vis des tiers, la résolution opérait même à

(1) Ferrière, *Dictionnaire de pratique*, V° *Clause résolutoire.*

(2) Dumoulin, *In consuet. Paris.* V. *supra*, p. 130 et suiv.

(3) Cpr. Despeisses, 1re partie, tit. I, sect. 6, n° 3 ; — Pothier, *Vente*, n°s 465 et suiv. — Une seule divergence, résultant de l'effet rétroactif de la résolution encourue, mérite d'être particulièrement signalée. Elle est

leur encontre le retour immédiat de la propriété sur la tête du vendeur originaire : « Le vendeur n'ayant « aliéné l'héritage qu'aux charges portées par son « contrat, il l'a affecté, en l'aliénant, à l'exécution des « obligations que l'acheteur a contractées envers lui « par ce contrat (1). ». « Les hypothèques du chef de « l'acquéreur sont toutes effacées, ses créanciers ne « pouvant avoir plus de droit que lui (2). »

De son côté, le vendeur réintégré est réputé, à l'égard des tiers, ne s'être jamais dessaisi de son droit. Ainsi l'immeuble reprend sa qualité première : avait-il été aliéné avant le mariage, il rentre comme propre dans le patrimoine de l'époux propriétaire (3) ; avait-il été *pendente conditione* grevé par le vendeur de quelques charges réelles dont l'existence était elle-même, comme le droit du concédant, soumise à l'éventualité de la résolution, ces charges sont consolidées, car elles émanent de la personne qui se trouve avoir été *ab initio* le seul légitime propriétaire.

relative aux charges et servitudes dont avant l'aliénation l'immeuble était grevé au profit de l'acquéreur ; la confusion qui les avait éteintes venant à s'évanouir, les droits réels renaissent : *Cessante causa, cessat effectus*.

(1) Pothier, *Vente*, n° 464 ; — V. aussi n° 395.

(2) Bourjon, *Coutume de Paris*, liv. I, tit. IV, ch. 9, n° 5 ; — Cpr. Henrys, liv. IV, ch. VI, quest. 41 et 42 ; — Ferrière, *op. et v° cit.* V. aussi par analogie les autorités citées plus haut, p. 179, note 2.

(3) Pothier, *Traité de la communauté*, n°s 185 et suivants.

SECONDE PARTIE.

DROIT FRANÇAIS MODERNE.

NOTIONS GÉNÉRALES.

De la résolution légale pour inexécution des charges.

La théorie inaugurée par la jurisprudence coutumière et d'après laquelle celui des contractants qui n'exécute pas son obligation est considéré comme déchu des droits que lui assurait le contrat, cette théorie, dis-je, est reproduite dans toute sa généralité par les rédacteurs du Code Napoléon.

« La condition résolutoire, porte l'article 1184, est toujours sous-entendue dans les contrats synallagmatiques, pour le cas où l'une des deux parties ne satisfera point à son engagement. »

Ainsi, chacun sera toujours censé avoir stipulé que son engagement serait non avenu pour le cas où l'autre partie ne remplirait pas le sien. C'est le principe posé par la législation romaine, en matière de contrats innommés, et enseigné par Pothier, au n° 672 de son *Traité des obligations* : « Quand même on n'aurait « pas exprimé dans la convention l'inexécution de « votre engagement comme condition résolutoire de

« celui que j'ai contracté envers vous; néanmoins « cette inexécution peut entraîner le résiliement du « marché et conséquemment l'extinction de mon obli-« gation. »

Les conditions résolutoires qui sont de la nature de celle prévue par notre article 1184, n'opèrent pas avec la même énergie que celles dont s'occupe l'article 1183, et les règles qui leur sont applicables diffèrent sous plusieurs rapports des principes ordinaires qui régissent les conditions.

Ainsi la condition *Si navis ex Asia venerit* produit son effet de plein droit et par le seul fait de sa réalisation. Les juges, s'ils sont consultés, n'auront jamais à répondre que sur ce point de fait : la condition est-elle, ou non, accomplie? Ils ne pourraient, sous aucun prétexte, après avoir constaté que l'événement a eu lieu, décider que cet événement n'a pas aussitôt résilié l'obligation.

De plus, lorsque la condition revêt ce caractère, elle peut être invoquée par l'un ou l'autre des contractants et par toute personne intéressée.

Au contraire, le bénéfice du pacte commissoire, sous-entendu par l'article 1184, n'est ouvert qu'à celui au préjudice duquel l'engagement n'est pas exécuté ou à ses ayants-cause. Il ne donne pas lieu à résolution par cela seul que l'un des obligés faillit à sa parole ; il faut en outre que l'autre partie manifeste expressément l'intention de s'en prévaloir, car elle est toujours libre, si elle le préfère, do réclamer l'exécution forcée du contrat. La résolution devra être obtenue en justice, et il sera même loisible aux tribunaux, tout en reconnaissant que le défendeur n'a pas tenu sa promesse, de ne pas la prononcer immédiatement, car l'article 1184 leur laisse la latitude d'accorder, s'ils le jugent à propos, un délai modéré, suivant les circonstances.

Celui qui se décide pour l'exécution forcée du contrat, le maintient, le ratifie, bien que l'événement susceptible d'amener sa résiliation soit, de fait, accompli ; cette confirmation serait impossible dans le cas d'une condition ordinaire. Ainsi, je vous ai donné le fonds cornélien en stipulant que la libéralité sera non avenue, *si votre navire arrive d'Asie*. Lorsque le navire sera de retour, il n'y aura jamais eu de donation, et en vain voudrions-nous ne pas tenir compte de la résolution, elle s'est produite *ipso jure*, d'elle-même et malgré nous, à tel point que si nous convenions que vous conserverez l'immeuble, il y aurait là, non pas une simple ratification du premier contrat, mais bien une seconde convention, qui ne vous constituerait propriétaire qu'à partir du jour où cette nouvelle entente serait intervenue.

Il serait sans doute fort intéressant de rechercher quelles sont, au point de vue pratique, les conséquences juridiques du précepte de la résolution légale pour inexécution de charges, appliqué aux divers contrats bilatéraux ; mais comme ces détails m'entraîneraient trop au delà des limites de mon sujet, je me borne simplement à l'examen de l'application particulière que le Code a faite de notre article 1184, en ce qui concerne les droits du vendeur non payé.

Réduite à ces termes, mon étude se divise en six chapitres :

Dans un premier chapitre, je recherche quel est le caractère de la résolution et de quelle manière elle s'accomplit ;

Un second chapitre traite des divers cas dans lesquels il peut y avoir lieu à résolution ;

Le troisième est relatif à l'exercice du droit de résolution ;

Le quatrième est consacré à l'examen de la nature de l'action résolutoire et de la compétence des tribunaux appelés à en connaître.

L'exposé des fins de non recevoir contre l'action résolutoire occupe le cinquième.

Et les effets de la résolution font l'objet du dernier.

DU DROIT DE RÉSOLUTION

ACCORDÉ AU VENDEUR NON PAYÉ.

CHAPITRE Ier.

Du caractère de la résolution et de la manière dont elle s'accomplit.

Dans toute espèce de ventes, quels qu'en soient la nature ou le caractère, le défaut de paiement du prix par l'acheteur peut toujours donner ouverture à l'action résolutoire. Que le contrat soit commercial ou civil, qu'il ait pour objet des immeubles ou simplement des effets mobiliers, la disposition de l'article 1654 demeure indifféremment applicable. Toutefois, le système d'application adopté par le législateur n'étant pas uniforme pour tous les cas, afin de tenir compte de ces divergences pratiques, j'étudierai séparément le droit de résolution dans la vente immobilière et dans la vente de meubles.

SECTION Ire.

Du droit de résolution dans les ventes immobilières.

Le défaut de paiement du prix, voilà le fait qui donne au vendeur la faculté de résoudre le contrat ;

mais comme la déchéance résultant de cet inaccomplissement effectif de l'obligation de l'acheteur, peut tirer sa source de la loi ou bien de la stipulation privée des parties, je distinguerai tout d'abord la résolution purement légale, de la résolution dérivée d'une clause conventionnelle.

§ Ier.

Résolution légale.

Tant que le débiteur n'est pas en demeure, il reste le maître d'empêcher l'exercice de l'action résolutoire en acquittant son prix. L'option du vendeur non payé pour la résolution de la vente, ne suffit même pas à révoquer *ipso facto* la propriété de l'acquéreur. Il faut auparavant constater le retard de celui-ci, et à cet effet le mettre en demeure au moyen d'une interpellation. Cet acte est le préliminaire obligé de la demande en justice; l'examen de sa régularité constitue la première phase de l'instance. S'il est reconnu valide, le juge aborde aussitôt le fond même du litige. Investi d'un pouvoir quasi discrétionnaire, il apprécie souverainement les excuses du défendeur et peut, dans sa sagesse, accorder les délais modérés qu'autorise la loi (art. 1184 et 1655 C. N.). Une pareille faveur ne compromet la situation de personne, le créancier qui s'en réfère au droit commun annonce par là même qu'il n'entend pas se montrer trop rigoureux.

Si pourtant la concession d'un terme de grâce devait mettre en péril les intérêts du vendeur, l'art. 1655 exigerait que la résolution fût prononcée sur-le-champ.

Assurément le danger n'irait point ici jusqu'à faire craindre une perte totale, puisque les immeubles ne s'anéantissent jamais en entier et que la revendication en est possible aux mains des tiers, encore que les détenteurs opposent de leur bonne foi ; mais l'acquéreur pourrait se rendre coupable de dégradations sur la chose, faire dans les forêts des coupes insolites, démolir les constructions pour en vendre les matériaux, changer la destination des terrains, par exemple, remplacer par une prairie des vignobles d'un cru recherché.

L'acheteur qui n'aura pas payé à l'échéance du premier délai, sera non recevable à en solliciter un nouveau ; c'était à lui de profiter du temps qu'il avait obtenu. La loi ne permet pas de surseoir davantage à la résolution (art. 1655, 3°). Mais s'il ne doit plus espérer de prorogation ultérieure, ne serait-il pas admis tout au moins à se libérer jusqu'à la sentence? Quelques auteurs lui reconnaissent cette faculté (1) ; cependant un tel système me paraît contredire ouvertement les textes. Que dit, en effet, le troisième alinéa de l'article 1655? « Ce délai passé sans que l'acheteur ait payé, la résolution de la vente *sera prononcée.* » Par ces mots : *sera prononcée,* le législateur semble bien entendre évidemment que l'indulgence doit expirer avec le sursis et que la faute du débiteur est désormais inexcusable. C'est là du reste le sens que le tribun Grenier attachait à ces expressions dans son discours au Corps législatif : « La seule circonstance

(1) Cpr. Toullier, t. VI, n° 581 ; — Delvincourt, t. III, note 1 sur la page 79.

« de l'expiration du délai, disait-il, consomme le droit « du vendeur à la chose, et la résolution de la vente « devient forcée ; le juge n'a qu'à prononcer que ce « droit est acquis (1). »

Si avant l'échéance du premier terme, l'acheteur était inquiété dans sa possession ; si, par exemple, il était atteint par une revendication ou une action hypothécaire (art. 1653), il trouverait dans cet événement un motif légitime pour s'abstenir de payer. Le tribunal saisi de la seconde instance devrait alors décider que le délai primitif a été suspendu de plein droit depuis l'époque où a commencé la juste crainte d'éviction jusqu'au jour où le vendeur a fait cesser le trouble ou fourni des garanties suffisantes. Néanmoins, comme à raison de sa situation peu favorable le débiteur pourrait voir ses exceptions accueillies avec quelque défiance, il ferait mieux de s'adresser directement à la justice, afin d'obtenir par cette voie une autorisation de retarder son offre du prix.

Un point reste à éclaircir : Je suppose que le paiement n'a pas eu lieu et que la vente a été résolue par une décision judiciaire, quelle sera la valeur de cette sentence? Opère-t-elle la réintégration du vendeur dans son droit à l'objet vendu, ou bien son effet est-il uniquement de constater un état de choses antérieur, de confirmer et d'établir envers et contre tous la déchéance qu'a encourue l'acheteur par l'arrivée de la condition résolutoire? Si le juge devait borner son intervention à l'examen de la mise en demeure, à la

(1) Fenet, t. XIV, p. 200 ; — Cpr. Duvergier, *Vente*, t. I, n°s 437 et 463 ; — Dalloz, *R. A.*, V° *Vente*, n° 1258.

recherche du préjudice souffert par le créancier et à l'appréciation des motifs de retard allégués par le débiteur, sa mission serait purement déclarative ; mais le rôle que lui attribue la loi a une toute autre importance. Il peut modifier par des concessions l'œuvre privée des parties, l'élargir dans une certaine mesure, admettre le défendeur à purger sa *mora*, suspendre les poursuites par des délais arbitraires ; or, avec de tels pouvoirs, il est difficile que sa décision n'emprunte pas sous quelques rapports le caractère d'un acte attributif. De deux choses l'une, en effet, ou la résolution s'est produite ou bien elle n'est pas encore effectuée ; si elle s'est produite, le droit évanoui ne revivra que par une convention nouvelle; une *purgatio* serait dès lors sans portée, une concession de délai n'aurait plus de raison d'être. Où la vie est éteinte, tout secours est inutile, on ne maintient pas un édifice écroulé. Si, au contraire, la résolution n'a pas encore eu lieu, la *purgatio* consolide le droit chancelant de l'acheteur, et le terme de grâce est pour celui-ci une ressource efficace et précieuse. Or notre Code a reconnu et institué ce double moyen de protection, donc il serait peu rationnel de présenter les magistrats comme invinciblement liés par le fait accompli et de ne voir dans le jugement qui résout la vente qu'une consécration fatale des résultats du non-paiement (1).

Une objection sera faite à la théorie que je soutiens : le tribun Grenier l'a proscrite d'avance lorsqu'il

(1) Cpr. M. Demolombe, *Traité des obligations*, t. II, n° 514.

a dit dans son discours au Corps législatif : « La réso-« lution de la vente devient forcée, *le juge n'a qu'à* « *prononcer que ce droit est acquis.* »

De prime abord, l'argumentation paraîtra sérieuse; mais, si l'on essaie de l'approfondir, on reconnaîtra bientôt que la difficulté provient tout entière de ce qu'on n'a pas assez tenu compte du but que se proposait l'orateur. Et de fait, de quoi se préoccupait Grenier en prononçant ces paroles? essentiellement et avant tout, de montrer qu'un premier délai n'était pas susceptible de prorogation! Dans son esprit, le point capital à mettre en lumière était celui-ci : le débiteur qui laisse passer le terme ne mérite plus d'intérêt, sa faute l'a fait déchoir sans retour du droit qu'il avait à la protection de la loi. Or, considérée à cette phase du procès, il est naturel que la sentence apparaisse comme déclarative; la concession du terme, l'admission de la *purgatio*, tout ce qui concourait en un mot à lui prêter le caractère attributif a déjà eu lieu, il n'y a par suite nul inconvénient à soutenir que le juge n'intervient que pour constater un état existant. Mais, avant d'arriver à cette constatation, il y avait à parcourir, je viens de le dire, toute la période de l'instance, où se révèle à chaque pas le pouvoir discrétionnaire de la justice, et dans cette période au moins on ne peut nier que la sentence n'empiète largement sur l'effet attributif. Rien, ce semble, n'est plus opposé au caractère de la simple déclaration que cette théorie de la *purgatio* et du terme de grâce consacrée par notre Code civil. Aussi n'est-ce point à ces préliminaires du jugement de résolution que se rapportent les lignes citées plus haut; au point de vue où se place Grenier, le temps des épreuves est fini, la mesure de l'indulgence est comble, et s'il reconnait au vendeur un droit acquis à la chose, c'est que, dans la situation qu'il envisage, la force attributive de l'intervention judiciaire est définitivement épuisée. Donc le passage qu'on m'oppose ne renferme rien contre la thèse que je défends. J'observerai au surplus que le législateur a lui-même proclamé diverses conséquences de ce pouvoir d'attribution conféré aux magistrats. Ainsi, c'est en vertu de l'effet attributif de leur décision que le vendeur, qui avait d'abord fait son choix entre la résolution et le paiement, est recevable à se rétracter ensuite et à changer des conclusions déjà prises sans encourir de fins de non recevoir (art. 1656). De même on expliquera très logiquement par ce caractère de la sentence pourquoi le vendeur seul est admis à résilier la vente, et comment il se fait que le droit de l'acheteur subsiste, tant que son dessaisissement n'est pas prononcé (art. 1184).

J'ai toujours supposé jusqu'ici que la résolution s'opérait en vertu d'une sentence judiciaire. Je dois dire maintenant quelques mots de la résolution accomplie à l'amiable. Et d'abord, un tel mode de procéder est-il légalement permis? La négative a été soutenue (1). Nulle part, a-t-on dit, le Code ne prévoit les résolutions de gré à gré; au contraire, en déclarant qu'elles doivent être demandées en justice, l'article 1184 rend l'intervention des tribunaux obligatoire pour tous les

(1) Cpr. Duranton, t. XI, nos 88 et 90, t. XVI, no 357; — Mourlon, *Répétit. écrites*, sur l'art. 1184.

cas. L'intérêt général exigeait d'ailleurs cette précaution salutaire ; la publicité d'un procès donnera l'éveil aux tiers, et, au lieu d'un accord secret des parties, accord plein de dangers et souvent frauduleux, on aura à découvert une instance en forme présentant aux intéressés toutes les garanties nécessaires à la sauvegarde de leurs droits. On a objecté en outre que sous l'empire du Code civil l'aliénation était accomplie par l'effet du seul consentement, et que, dans l'ancienne jurisprudence, Pothier prohibait la résolution amiable de la vente toutes les fois qu'il y avait eu tradition réelle et que déjà les choses n'étaient plus entières (1). On a ajouté enfin que, contrairement à un principe fondamental de notre droit, la doctrine contraire subordonnait l'existence de l'hypothèque aux actes ultérieurs de l'obligé, puisque, par le désistement volontaire, toutes les hypothèques judiciaires ou légales qui s'étaient étendues *ipso jure* à l'immeuble acquis seraient soumises de la sorte au caprice des débiteurs, qui pourraient dès lors les éteindre suivant leur bon plaisir.

Je suis loin de me faire illusion sur l'importance de ces divers arguments, mais, pour ma part, j'incline à penser avec de graves jurisconsultes que la théorie qui s'en appuie n'est pas celle adoptée par le Code. Le silence des textes qu'on invoque en premier lieu, n'est nullement prohibitif de l'acquiescement volontaire, la loi ne s'occupe des droits qu'au point de vue des différents qu'ils peuvent soulever entre les parties ; si

(1) Pothier, *Vente*, nos 328 et 329 ; — Cpr. Dumoulin, *In consuet. Paris.*, Tit. I, § 33, glossa 1, n° 19.

elle n'a rien prévu, une seule chose doit en résulter, c'est que la question retombe tout entière sous l'empire du droit commun ; or, d'après les principes généraux, toute personne peut spontanément déférer aux prétentions formulées contre elle. Si les articles 1184 et 1655 avaient dû créer un obstacle aux résolutions amiables, le législateur se serait expliqué là-dessus, comme il a toujours eu la précaution de le faire au sujet d'hypothèses analogues.

Toutes les fois, en effet, qu'il a vu un péril dans ces compromis privés, il a pris soin de les proscrire par une interdiction formelle. C'est ainsi que sous l'article 1443, après avoir dit en des termes à l'abri de toute controverse que « la séparation des biens ne peut être poursuivie qu'en justice, » il ajoute pour surcroît de précision que « toute séparation volontaire est nulle. » Mais rien de semblable n'a été formulé par notre Code en matière de résolution : les articles 1654 et 1656 sont tout facultatifs, ils ouvrent au vendeur la voie de la contrainte judiciaire, mais ils ne l'imposent pas comme une obligation, c'est une ressource qu'on lui ménage, libre à lui d'y renoncer. Quant à l'article 1184, il n'est pas non plus aussi exclusif qu'on voudrait le supposer, la disposition qu'il édicte et d'après laquelle la résolution « *doit être demandée en justice,* » veut être rapprochée de cette autre règle posée par le même article, que la résolution « *n'a pas lieu de plein droit.* » Le législateur a pensé que le retard dans l'exécution pourrait être motivé bien souvent par des circonstances imprévues indépendantes de la volonté de l'acheteur ; il n'a pas voulu que le créancier abusât d'une position malheureuse, et, venant au secours de la bonne foi, il lui a réservé une planche de salut en prohibant les résolutions *ipso facto*. S'il est possible que sous peu le débiteur soit en mesure d'accomplir sa promesse, un délai lui sera octroyé, mais cette faveur ne devant pas être le prix de la faute, il importait de soumettre tout d'abord à une appréciation équitable les raisons qui auraient fait retarder l'offre du paiement, et comme l'intérêt personnel aurait pu compromettre l'impartialité du contrôle, s'il eût été exercé par le vendeur lui-même, la connaissance des réclamations de l'acheteur a été dévolue à la prudente sagesse des tribunaux. De là le précepte de l'article 1184 : « La résolution doit être demandée en justice. » Tout se résume donc en une question d'équité; or, cette équité, serait-ce lui porter atteinte, serait-ce établir contrairement à ses vœux le principe des résolutions de plein droit, que de permettre à un débiteur impuissant à se libérer, de se soustraire, par un acquiescement amiable, aux frais d'une instance dont l'issue malheureuse lui est assurée dès le principe? Evidemment la logique se refuse à aller jusque là! Ce serait favoriser le conflit, bien loin de l'apaiser, frapper l'infortune, au lieu de la secourir, que d'imposer à l'acheteur les voies judiciaires dans un cas où, mieux instruit que personne sur les résultats d'un procès, il accepte spontanément et à l'avance les légitimes prétentions de son vendeur.

L'article 1184 signifie donc tout simplement que l'inexécution de la part de l'un des obligés ne suffit pas à anéantir le contrat, et que le lien juridique persiste aussi longtemps qu'il n'est pas rompu par la mutuelle volonté des parties, ou, en cas de refus du débiteur, par une sentence du tribunal.

J'estime encore moins heureux l'argument fondé sur ce que dans la vente actuelle l'acheteur devient immédiatement et sans tradition effective, propriétaire de la chose vendue. Pothier, qu'on invoque de préférence, n'offre rien dont on puisse se prévaloir contre les résolutions volontaires, et en vérité s'il restait encore quelques incertitudes sur le système que je propose, loin de les confirmer, le langage de cet auteur les léverait aussitôt : « Lorsque le contrat de vente, « dit-il, n'a reçu qu'une partie de son exécution, « comme si la chose a été livrée, sans que le prix ait « encore été payé ou *vice versa,* les parties peuvent « encore, par leur consentement mutuel, se déporter « du contrat (1). » Or, bien que dans notre droit moderne, la vente soit translative de propriété par le seul accord des parties, il ne faut pas conclure de là qu'elle soit, dès l'instant où elle se forme, entièrement consommée. Réduite à une demi-existence tant que l'acheteur ne s'exécute pas, elle ne devient complète que par l'acquittement intégral du prix. Donc il est toujours rationnel de soutenir avec le jurisconsulte d'Orléans que « si la chose a été livrée sans que le prix ait en« core été payé, les parties peuvent, par *leur con« sentement mutuel,* se déporter du contrat. »

Je crois également qu'on s'est effrayé mal à propos des risques éventuels que la résolution amiable faisait

(1) *Vente,* N° 328.

courir aux créanciers hypothécaires de l'acheteur. La propriété de celui-ci étant subordonnée de par la loi à la condition résolutoire du paiement, les tiers n'ont eux-mêmes raisonnablement dû compter que sur une chance conditionnelle de garantie (art. 2125). Si par l'arrivée de la condition, cette chance disparaît avec la propriété de l'acheteur, les ayants-cause de celui-ci ne doivent accuser que leur imprudence d'un préjudice qu'ils ont spontanément accepté. Tout ce qu'ils pourront prétendre, c'est que la cause de la résolution n'est pas sérieuse et que l'acheteur a, par devers lui, des moyens suffisants de faire face à son obligation. Mais s'il reste démontré que le caprice des parties n'est pour rien dans leur rétractation réciproque et que l'impuissance de l'acheteur à remplir son engagement a été le seul mobile de leur convention, l'effet résolutoire de la condition accomplie sera tenu pour légitimement acquis (1).

§ II.

Résolution conventionnelle.

Plusieurs hypothèses peuvent se présenter; je suppose en premier lieu qu'adoptant la formule de l'article 1656, les parties ont stipulé que : *faute de paiement*

(1) En ce sens Troplong, *Vente*, t. II, n° 691, *Transcription*, n° 244; — Rivière et Huguet, *Questions sur la transcription*, n°s 6-18; — Massé et Vergé, *Sur Zachariæ*, t. IV, p. 309, note 17; — Larombière, t. II, sur l'art. 1184, n° 72; — Dalloz, *R. A.*, v° *Vente*, n° 1368, et v° *Priviléges*, n° 1743; — Mourlon, *Transcription*, n°s 44 et 598; — Verdier, *Transcription hypothécaire*, n°s 77 et 406; — Demolombe, *Des contrats*, t. II, n° 518; — Cas. Rej., 30 août 1827; — Cass. 12 mars 1829 et 10 mars 1836; — Bourges, 12 février 1853.

du prix dans le terme convenu, la vente serait résolue DE PLEIN DROIT.

Une telle clause semblerait bien naturellement annoncer qu'il suffira de l'échéance du terme pour produire au gré du vendeur la résolution du contrat. Ce n'est point là cependant l'interprétation consacrée par le Code civil. A la fois prévenu et contre la rigide sévérité du système romain et contre la condescendance excessive de l'ancien droit, le législateur moderne a sauvegardé les intérêts de tous par une appréciation équitable de l'intention des contractants. Jugeant avec raison que « la rigueur du contrat pou« vait être adoucie par la volonté de l'homme, et que « le silence du vendeur faisait présumer son indul« gence, il a déclaré qu'une sommation positive pou« vait seule empêcher ou détruire cette présomp« tion (1). » C'est donc au fait de la sommation restée sans réponse immédiate et non pas à l'échéance du délai, qu'est attachée la résolution du droit transmis. De là, comme conséquence directe, cette faculté qu'a l'acheteur de payer son prix tant qu'il n'a pas reçu d'interpellation, et alors même que la dernière limite du terme prévu se trouve déjà dépassée. Mais la sommation enlève-t-elle au débiteur absolument et *ipso facto* toute possibilité de s'affranchir par des offres ultérieures? En principe, je répondrai : Oui. En refusant aux juges le pouvoir d'accorder une prorogation, la loi indique clairement qu'elle tient le contrat pour résolu, mais il va de soi que je n'irai pas jusqu'à

(1) Portalis, *Exposé des motifs du titre de la vente.*

soutenir que l'huissier doive refuser le paiement qui lui est offert : admettre une pareille conclusion, serait courir à l'absurde, puisqu'on exige une réclamation préalable du prix; c'est bien assurément afin que cette démarche obtienne un résultat. Toutefois j'estime qu'on ne doit laisser à l'acheteur que le temps matériel voulu pour la remise des espèces entre les mains de l'huissier ou leur transport au domicile du vendeur. Il est averti par l'arrivée du terme de tenir son argent prêt : lui permettre *à priori* de s'acquitter dans les vingt-quatre heures serait refaire la loi, ou tout au moins l'éluder par des concessions arbitraires.

Certains interprètes se montrent cependant beaucoup plus favorables à l'acheteur. Par une application, à mon avis, intempestive d'une décision de Pothier, ils prétendent autoriser le débiteur à purger sa demeure malgré la sommation et nonobstant les refus du créancier (1). Je dis qu'on s'est prévalu mal à propos de la doctrine de Pothier, et en vérité je crois que le n° 459 dont on argumente et d'après lequel l'acheteur peut, « jusqu'à ce que la sentence soit in- « tervenue, quoique après l'expiration du terme, em- « pêcher la résolution du contrat par des offres, » je crois, dis-je, que ce passage n'a point trait à l'espèce prévue par notre article 1656. La solution qu'il renferme est bien sans doute relative au pacte commissoire, mais au pacte commissoire ordinaire, à la simple clause de résolution en cas de non-paiement à une

(1) Cpr. Delvincourt, t. III, p. 386; — Duranton, t. XVI, n° 377; — Massé et Vergé *Sur Zachariæ*, t. IV, p. 312, note 29.

époque fixée. Les numéros 458 et 459 supposent toujours la stipulation conçue en ces termes, et ne se préoccupent nulle part du cas où la vente devrait tomber *de plein droit.* L'article 1656, au contraire, vise une convention dont le résultat sera de rendre *ipso jure* la vente non avenue; donc l'argument d'analogie manque de base rationnelle.

Au surplus, en concédant même que Pothier soutînt dans notre hypothèse la légalité de la *purgatio* tardive, il resterait encore à démontrer que sa théorie a pris place dans le Code Napoléon. Or les termes de l'article 1656 réclament énergiquement contre une semblable interprétation. Que décide en effet le législateur? Répète-t-il avec le numéro 459 que l'acheteur peut, jusqu'à la sentence et après l'expiration du terme, empêcher la résolution par des offres? Point du tout. Le droit que Pothier prorogeait jusqu'au jugement, il le fait évanouir à l'interpellation. « L'acquéreur, dit-il, peut payer après l'expiration du délai tant qu'il n'a pas été mis en demeure par une sommation. » Ces expressions sont assez claires, ce semble, pour attester le changement que la loi nouvelle a introduit dans l'économie générale des clauses résolutoires.

Si d'ailleurs il était besoin, pour établir cette innovation, de recourir à un nouveau témoignage, nous trouverions dans les travaux préparatoires des moyens décisifs de conviction : « Le projet, dit M. Faure, « exige cependant que, s'il s'agit d'un immeuble, il « ait été fait une sommation à l'acquéreur pour con- « stater le retard; *la sommation faite, l'exécution de*

« *la clause ne peut souffrir ni difficulté, ni re-* « *tard* (1). »

Cette volonté des rédacteurs du Code de faire de la sommation la limite dernière où s'arrête la faculté de purger a cependant été entendue dans un autre sens. Les auteurs que je réfute, insistent sur ce que l'article 1656 n'a pas prononcé que la résolution fût de droit accomplie par la mise en demeure ; le but de la sommation, dans leur système, c'est uniquement d'interdire au tribunal le pouvoir d'accorder un délai. Je n'accepte pas cette explication ; pour ma part, je vois dans l'article 1656 beaucoup plus que mes adversaires ne prétendent y trouver : en déclarant que l'acheteur peut, bien que le terme soit échu, s'exécuter, *tant qu'il n'a pas été mis en demeure par une sommation*, il décide implicitement par là que l'acheteur qui a été sommé de payer le prix est déchu par cette interpellation du droit de se libérer à l'avenir. Il est vrai que l'argument *à contrario* peut paraître ébranlé par cette phrase de notre article qu'après la sommation *le juge ne peut pas lui accorder de délai;* mais céder à cette apparence, serait se méprendre sur l'effet du commandement. Ce n'est point cet acte qui enlève aux juges le droit de retarder la résolution, car cette impossibilité existe pour eux aussi bien avant qu'après la mise en demeure; ce qui leur impose cette prohibition, c'est la clause privée des parties, c'est la fixation conventionnelle d'une époque après laquelle le contrat doit, faute d'exécution, être résolu de

(1) Fenet, t. XIV, p. 162.

plein droit. Je suppose en effet, qu'au lieu d'agir par voie de sommation préalable, le vendeur ait directement formé contre l'acheteur une demande en justice, dira-t-on que ce procédé relève les magistrats de l'impuissance où ils sont de proroger le terme? Personne, je présume, n'entreprendrait de le soutenir. Il faut donc forcément que la sommation ait un autre résultat, et ce résultat, les rédacteurs nous l'apprennent, la loi le proclame, c'est la déchéance pour l'acheteur du droit de prévenir la résolution par un paiement tardif (1).

Une circonstance qui, selon moi, n'a pas peu contribué à obscurcir cette question, c'est l'idée malheureuse qu'ont eue certains commentateurs de rendre judiciaire la résolution conventionnelle. Sous l'ancienne jurisprudence, les praticiens, habitués à voir les tribunaux ratifier les effets du pacte commissoire, en étaient venus à faire de la sentence un élément constitutif de la résolution. Nos auteurs modernes ont subi l'influence de ces précédents pratiques, et, trop imbus de cette croyance préconçue à la nécessité d'un jugement, ils ont transporté dans le système du Code les deux phases que les anciens jurisconsultes distinguaient dans la résolution : la sommation préliminaire et la sentence définitive. Cette intervention judiciaire, une fois reconnue, il s'est agi d'en déterminer la mesure. La question des délais étant mise en dehors, le

(1) Cpr. Troplong, *Vente*, t. II, nº 669; — Duvergier, *Vente*, t. I, nºs 437 et 463; — Aubry et Rau, *D'après Zachariæ*, § 302, 3e, t. VI, p. 56; — Larombière, t. II, sur l'art. 1184, nº 57; — Dalloz, *R. A.* Vº *Vente*, nº 1273; — Demolombe, *Des obligations*, t. II, nº 556; — Cass., 19 juillet 1824; — Riom, 5 juillet 1841; — Caen, 22 janvier 1847.

rôle du juge a dû se borner naturellement à l'admission de la *purgatio;* et, comme celle-ci était incontestée quand elle intervenait après l'échéance, mais avant la mise en demeure, on imagina de valider les offres postérieures à l'interpellation, afin de procurer à la justice une occasion d'intervenir au débat.

Le point de savoir si la résolution conventionnelle doit être judiciairement prononcée, n'a peut-être pas toujours reçu de nos commentateurs la lumière suffisante (1) ; il ne laisse cependant pas d'offrir un intérêt considérable. En effet, si le jugement est nécessaire, s'il est de sa propre autorité constitutif de résolution, la vente se soutient jusqu'au jour où il est rendu, et par suite le vendeur peut, en se désistant au cours du procès, empêcher la déchéance de l'acheteur. Si, au contraire, le dessaisissement de ce dernier s'est produit par la seule manifestation de la volonté de son auteur, si le recours à la justice n'est plus qu'accidentel, si la mission des magistrats est restreinte à la remise en possession de l'ancien propriétaire, à l'examen de l'existence ou de la régularité de la sommation, le contrat est dissout par le seul fait de la mise en demeure, et tout accord postérieur entre les parties n'aboutirait qu'à constituer une nouvelle vente.

J'ai déjà fait pressentir que, suivant mon opinion, il n'y avait pas lieu de faire consacrer par le tribunal

(1) Cpr. Toullier, t. VI, n°s 555 et 560; — Duranton, t. XVI, n°s 375 et 377; — Aubry et Rau, *D'après Zachariæ*, § 302, 3°, note 48, t. III, p. 56; — Duvergier, *Vente*, t. I, n° 463; — Marcadé, sur l'art. 1656, n° 4, t. VI. — M. Troplong ne paraît pas non plus avoir sur cette matière des idées bien nettes (V. *Vente*, t. I, n° 61, et t. II, n°s 632, 669 et 670.)

l'effet résolutoire de la clause prévue par l'article 1656; j'arrive maintenant à justifier cette solution.

A teneur de l'article 1184, la résolution n'opère pas de plein droit. De ce principe découlent trois conséquences distinctes : nécessité d'une interpellation, faculté pour le créancier de choisir entre le maintien et l'anéantissement du rapport contractuel, enfin décision judiciaire. Dans l'article 1656, c'est la règle opposée que je relève. La résolution ici s'effectue *de plein droit,* mais certaines réserves subsistent : la sommation préalable et l'option du vendeur sont toujours indispensables. Or, si de trois conséquences de l'article 1184, deux sont conservées, il faut bien, à peine de donner un sens identique à des propositions contraires, supprimer, comme l'a fait le législateur, la condition de la demande en justice. Au reste, l'hypothèse dont je m'occupe n'est pas la seule où l'on remarque cette divergence entre les résolutions de plein droit et celles qui nécessitent l'intervention du juge. Le Code nous fournit en d'autres matières des exemples nombreux de l'opposition que je viens de constater à présent au sujet des articles 1184 et 1656.

L'antithèse est surtout sensible dans les donations entre vifs. Ainsi, la révocation pour inexécution de charges ou pour cause d'ingratitude, ne peut résulter que d'une instance dont l'article 957 précise les règles, tandis que pour survenance au donateur d'un enfant légitime, elle s'opère de plein droit, par la seule puissance de la loi : « *Ita ut,* dit Godefroy, *nullius hominis ministerio sit opus* (1). »

(1) *Ad legem 8, C. De revoc. donat.*

Elle n'est pas moins évidente dans la théorie de l'usufruit ; pendant que les causes énumérées sous l'article 617 entraînent *ipso facto* l'extinction du droit, celle prévue par l'article 618 est simplement pour le juge une raison de le faire cesser, s'il y a péril.

Enfin, dans le cas de l'article 1657, les ventes de denrées ou d'effets mobiliers sont résolues de plein droit après l'expiration du terme convenu pour le *retirement*. Eh bien ! il n'est jamais venu à l'esprit de personne de soutenir qu'alors encore il était nécessaire de faire déclarer la résolution par le tribunal. Pourquoi donc se montrer plus rigoureux quand il s'agit de l'article 1656, dont le texte emploie mot pour mot les mêmes expressions.

Peut-être objectera-t-on que ce dernier article suppose la nécessité d'une sentence lorsqu'il ajoute : *Le juge ne peut plus lui accorder de délai*. Je tiens au contraire que cette phrase n'a pas de rapport avec la conclusion qu'on veut en tirer. La question de délai est indépendante de la question de sentence ; le principe de la résolution de plein droit tranche celle-ci mais ne touche point à la première. Pothier, qui, dans le paragraphe 459 cité plus haut, n'admet pas l'effet *ipso jure* du pacte commissoire ordinaire, refuse cependant aux magistrats le pouvoir d'accorder un sursis ; donc la résolution judiciaire n'est pas incompatible avec la prohibition des délais, et par suite cette prohibition ne peut pas être la conséquence exclusive de notre règle : *la résolution s'accomplit de plein droit.*

On comprend dès lors, puisqu'on laissait intact le point relatif au terme de grâce, on comprend, dis-je, qu'il fallait prévenir par une solution les doutes qui auraient pu s'élever à ce propos, et cette solution le législateur l'a donnée dans l'article 1656.

C'est par conséquent dans le but essentiel d'exclure le juge d'une manière plus expresse, que la loi lui a enlevé la dernière attribution qu'on aurait pu lui reconnaître : le droit de suspendre par son autorité l'effet immédiat de la convention des parties (1). Telle est d'ailleurs la pensée qui ressort des paroles suivantes du tribun Grenier, dans son discours au Corps législatif : « Si l'acquéreur ne répond pas à la sommation « par le paiement, le juge ne peut accorder aucun « délai, et *la résolution de la vente est opérée par* « *la seule force de la convention* (2). »

Je tiens donc pour décidément établi : 1° que la sentence est inutile dans l'hypothèse d'une clause de résolution de plein droit ; 2° que si le juge intervient, ce ne sera que par exception et toujours invariablement pour consacrer un fait accompli.

De là les conséquences ci-après :

1° Le vendeur qui s'est prononcé pour la résolution n'est plus maître de se dédire en venant ensuite réclamer le prix. Que le débiteur ait acquiescé ou non, son obligation est éteinte. Par son consentement à la clause du contrat, il a ratifié d'avance l'option de son auteur (3) ;

(1) Une autre preuve que l'admission d'un délai n'est pas la conséquence nécessaire de l'intervention des tribunaux, c'est que l'article 1184 a fait de cette concession l'objet d'une réserve spéciale, quoiqu'il eût déclaré *à priori* que la résolution *doit être demandée en justice*.

(2) Fenet, t. XIV, p. 200.

(3) Cpr. Despeisses, 1re partie, tit. I, *De l'achept*, section VI, n° 4 ; —

2° La sommation qui n'est pas suivie d'offres de paiement dans le délai moral indispensable pour la remise des espèces, rend le contrat non avenu ;

3° La *purgatio* tardive est impossible ;

4° Aucun terme de grâce ne peut être accordé.

5° Enfin les tiers intéressés peuvent utilement se prévaloir de la résolution.

Deuxième hypothèse. — *Les parties sont convenues que faute de paiement à une époque déterminée, la vente serait résolue de plein droit* ET SANS QU'IL FUT BESOIN DE SOMMATION. — La maxime *Dies interpellat pro homine* reprend tout son empire ; la volonté des contractants se substitue à l'autorité de la loi, l'acheteur est privé par les termes de la convention du bénéfice de l'article 1656. Duranton ne partage pas cette manière de voir ; toujours argumentant de la pratique de l'ancien droit, il voit dans la mise en demeure une mesure d'ordre public à laquelle il n'est pas permis de se soustraire (1). Mais l'objection me paraît violer les principes en même temps qu'elle exagère l'importance du commandement. En effet, l'article 1139, dont rien ne vient contredire ici la disposition générale, permet expressément de stipuler au profit du vendeur la dispense de l'interpellation : « Le débiteur, y lisons-nous, est constitué en de-

Pothier, *Vente*, n° 461 ; — Duvergier, *Vente*, t. I, n° 446 ; — Dalloz, *R. A.*, V° *Vente*, n° 1327. — Duranton (t. XVI, n° 379) et MM. Massé et Vergé (t. IV, p. 310, note 28), se méprennent évidemment sur la portée de notre pacte commissoire, lorsqu'ils exigent un acquiescement direct pour empêcher la rétractation du vendeur.

(1) Duranton, t. XVI, n° 376 ; — Cpr. Brodeau, *Sur Louet*, lettre P, n° 50.

meure, soit par une sommation ou par autre acte équivalent, soit par l'effet de la convention des parties, lorsqu'elle porte que, sans qu'il soit besoin d'acte et par la seule échéance du terme, le débiteur sera en demeure (1). » D'autre part, la règle qui protége la stabilité des ventes contre l'exécution trop rigoureuse des clauses résolutoires, ne tient pas tellement à la morale publique qu'il soit interdit à l'acheteur de renoncer au secours qu'elle lui réserve. Quelque préjudiciable que soit pour lui cette déchéance volontaire, l'abandon auquel il consent, s'il déroge au droit commun, ne touche cependant qu'à des intérêts privés. En exigeant la sommation préalable, l'article 1656 interprète la volonté des parties; mais lorsque celles-ci, par des clauses particulières, prennent soin de faire connaître leurs intentions à l'avance, de quel droit voudrait-on entraver l'effet d'un accord librement établi et dont les résultats ne sont prohibés ni par l'ordre social, ni par nos législateurs : « Les conventions légalement formées, porte l'article 1134, tiennent lieu de loi à ceux qui les ont faites. »

Troisième hypothèse. — *Les parties ont stipulé que la vente serait résolue, faute de paiement, dans un terme préfixe. Elles n'ont pas ajouté que la résiliation s'effectuerait* DE PLEIN DROIT. — Une mise en demeure est nécessaire, la résolution doit être

(1) Cpr. Toullier, t. VI, nos 557 et 568; — Duvergier, *Vente*, t. I, n° 462; — Troplong, *Vente*, t. II, n° 668; — Aubry et Rau, *D'après Zachariæ*, § 356, note 87, t. III, p. 288; — Dalloz, *R. A.*, V° *Vente*, n° 1270.

demandée en justice, la sentence qui la prononce est attributive, la *purgatio* est possible jusqu'à la décision du tribunal.

J'avoue cependant que cette solution est peu goûtée en doctrine. La plupart des auteurs ne voient dans l'article 1184 qu'une disposition relative au pacte commissoire tacite; ils se fondent pour le démontrer sur une restriction apparente qui résulte de ces mots : *Dans ce cas,* insérés au second alinéa de cet article. Ces mots, disent-ils, se rapportent évidemment au premier alinéa, qui ne s'occupe que des conditions résolutoires sous-entendues ; donc, *à contrario*, lorsque la clause de résolution est exprimée, l'effet s'en opère de plein droit (1).

Cette argumentation ne m'a pas convaincu. Je ne conteste pas sans doute que, grammaticalement, les expressions : *dans ce cas* ne paraissent se référer au pacte commissoire légal dont traite le premier alinéa de l'article 1184 ; mais induire de là un argument *à contrario*, c'est je crois forcer le sens des mots aussi bien que prêter au législateur une intention qui était loin de son esprit. Il est d'ailleurs facile d'opposer au raisonnement ci-dessus une réfutation que je trouve péremptoire. Elle consiste tout simplement à ne voir dans la prétendue restriction de notre article qu'un moyen de rendre palpable l'opposition existante entre les conditions résolutoires casuelles dont l'effet de

(1) V. Delvincourt, t. II, texte, p. 133, et notes, p. 487 ; — Toullier, t. VI, n° 554 ; — Duranton, t. XI, n° 88 ; — Dalloz, *R. A.*, V° *Obligations*, n° 1202 ; — Cpr. Troplong, *Vente*, t. I, n° 61, et t. II, n° 666 ; — Duvergier, *Vente*, t. I, n° 459 ; — Cass. Rej., 19 août 1824.

plein droit est reconnu par l'article 1183, et le pacte commissoire en particulier, qui n'entraîne la résolution qu'ensuite d'une demande judiciaire. C'est en ce sens que l'article 1184 a été entendu par Bigot de Préameneu, dans son discours au Corps législatif : « La partie « qui peut réclamer l'effet de la condition, disait-il, « doit être en même temps autorisée à contraindre, « par les moyens de droit, l'autre partie d'exécuter la « convention ; il est alors nécessaire qu'elle ait re- « cours aux tribunaux ; et, *lors même que la con- « dition résolutoire serait stipulée*, il faudrait tou- « jours constater l'inexécution, en vérifier les causes, « les distinguer de celles d'un simple retard, et dans « l'examen de ces causes, il peut en être de si favo- « rables que le juge se trouve forcé, par équité, à « accorder un délai (1). »

L'intention des rédacteurs du Code est donc évidente ; l'article 1656 est à leurs yeux sans autorité dans l'espèce que j'examine ; cependant faut-il aller aussi loin que Bigot et adopter de point en point l'application de l'article 1184 ? Le système du Code, sinon la logique rigoureuse, me semble s'y refuser, et, pour mon compte, je proposerai un tempérament favorable au vendeur. La prohibition du terme de grâce, je l'ai exposé plus haut, ne résulte pas forcément du principe que la résolution a lieu de plein droit, elle n'est

(1) Fenet, t. XIII, p. 244. — Cpr. Aubry et Rau, *D'après Zachariæ*, § 302, 3°, note 47, t. III, p. 55 ; — Larombière, t. II, sur l'article 1184, n°s 53 et 59 ; — Massé et Vergé, *Sur Zachariæ*, t. III, p. 383, note 10 ; — Demolombe, *Traité des obligations*, t. II, n° 549 ; — Nîmes, 22 août 1809 ; — Bordeaux, 4 juillet 1829 et 8 janvier 1839.

pas inconciliable avec la nécessité d'une intervention du juge, sa raison d'être, elle réside tout entière dans la fixation préalable d'un délai pour l'exécution.

Donc, si cette détermination conventionnelle existe, et elle se retrouve dans le cas supposé, l'acheteur devra subir sa déchéance sans que le pouvoir discrétionnaire des tribunaux vienne l'ajourner par un sursis quelconque. Telle était déjà sous l'ancienne jurisprudence la solution que Pothier opposait aux doctrines de Bourjon et de Domat renouvelées en 1803 par l'orateur du Corps législatif :

« Lorsqu'il y a un pacte commissoire, écrivait le « jurisconsulte d'Orléans, le juge, sur la demande « donnée après l'expiration du temps porté par le « pacte, doit prononcer d'abord la résolution du con- « trat, et permettre au vendeur de rentrer en pos- « session de la chose vendue : au lieu que lorsqu'il « n'y a pas de pacte commissoire, le juge, sur la de- « mande du vendeur, rend une première sentence, « par laquelle il fixe un certain temps, qui est laissé « à son arbitrage, dans lequel il ordonne que l'ache- « teur sera tenu de payer ; passé lequel temps, il sera « permis au vendeur de rentrer en possession de la « chose qu'il a vendue : et si l'acheteur ne paie pas « dans ledit temps, le vendeur, après l'expiration du « temps, doit obtenir une seconde sentence, qui, « faute par l'acheteur d'avoir satisfait à la première, « déclarera le contrat de vente nul et résolu, et per- « mettra au vendeur de rentrer en possession (1).

(1) *Vente*, n° 475.

Cette efficacité restreinte de la clause commissoire à jour fixe me sauve du reproche qu'on pourrait adresser à une application trop radicale de l'article 1184, celui de violer l'article 1157, en considérant comme une redondance inutile la convention par laquelle les parties avaient expressément étendu la portée naturelle de la condition résolutoire légale.

Quatrième hypothèse. — *Les parties sont convenues que la vente tomberait si l'acheteur ne payait pas son prix.* — Cete clause, qui n'est que l'expression insignifiante du droit commun, demeure tout entière soumise aux règles générales de la résolution tacite.

Une observation me reste à faire au sujet de la résolution dans les ventes d'immeubles. De même que les créanciers du vendeur avaient tout à craindre de l'aliénation si elle demeurait inconnue, de même aussi le dessaisissement de l'acheteur, s'il n'était pas rendu public, menaçait de devenir pour les tiers une source féconde en déceptions ruineuses. Il fallait donc, en instituant la publicité des transmissions de droits réels, mettre en garde contre les surprises ceux que la transcription d'un acte pouvait induire en erreur sur son existence apparente. C'est à ce besoin qu'a pourvu l'article 4 de la loi du 23 mars 1855 :

« Tout jugement prononçant la résolution d'un acte transcrit, doit, dans le mois où il a acquis l'autorité de la chose jugée, être mentionné en marge de la transcription faite sur le registre. L'avoué qui a obtenu ce jugement est tenu, sous peine de cent francs d'amende, de faire opérer cette mention, en remettant un bordereau rédigé et signé par lui au conservateur, qui lui en donne récépissé. »

La mise en regard dans un même tableau de la transcription de la vente et de la mention du jugement qui est venu frapper ce contrat, tel est le moyen offert aux intéressés de connaître d'une manière utile et certaine la véritable situation de la personne avec laquelle ils traitent. Cette mesure, dont l'honneur revient tout entier à l'Assemblée législative, est sans contredit une innovation des plus heureuses ; cependant malgré les avantages incontestables qu'elle présente, certains commentateurs, par une interprétation trop scientifique du verbe *prononcer*, ont entrepris d'en restreindre l'application aux seuls jugements rendus en matière de résolution n'opérant pas de plein droit. D'après leur système, les sentences qui se bornent à constater un état préexistant, celles en un mot, que j'ai qualifiées de purement déclaratives, sont demeurées en dehors des prévisions de la loi.

Le raisonnement qu'on a fait est celui-ci :

En prononçant une amende contre l'avoué qui néglige d'accomplir la mention prescrite, l'article 4 édicte une pénalité ; or, tout ce qui participe du caractère pénal est de droit étroit; donc il n'est pas permis d'étendre aux constatations judiciaires d'un fait antérieur, une formalité qui n'est requise que pour les jugements *prononçant* la résolution (1).

Logiquement et à ne consulter que les principes du

(1) Rivière et Huguet, *Questions sur la transcription*, nos 45 et 260.

droit abstrait, l'argumentation de nos adversaires est rationnelle ; mais si en théorie la distinction qu'ils enseignent est irréprochable, en pratique au moins elle est complétement méconnue. Nos codificateurs modernes paraissent en général peu familiers avec la terminologie exacte et rigoureuse de la science. Plus soucieux de l'utilité de leur œuvre, que jaloux de sa pureté scientifique, ils préfèrent volontiers les expressions vulgaires du praticien, au langage difficile du monde savant. C'est ainsi, pour ne citer qu'un exemple, qu'on les voit sous l'article 1658 qualifier d'action en résolution la même demande que partout ailleurs ils appellent action en rescision (art. 1674 et suiv.).

Au surplus, n'est-il point téméraire d'établir un système exclusivement sur la valeur précise d'un mot aussi élastique que le verbe *prononcer ?* Peu d'expressions, dans notre langue, me paraissent susceptibles de sens plus divers. Les interprètes eux-mêmes sont loin de l'employer toujours avec la signification restrictive que lui prêtent messieurs Rivière et Huguet. Dans les écrits de nos jurisconsultes les plus scrupuleux en technologie, comme dans les décisions des tribunaux les plus élevés, si *prononcer la résolution*, veut dire pour l'ordinaire anéantir un acte encore existant, parfois aussi, la portée directe de cette formule est d'indiquer la simple déclaration d'un fait ancien, la reconnaissance judiciaire d'une résolution accomplie. Rien n'est plus naturel par conséquent que de donner aux termes de notre article 4 une interprétation aussi large que possible ; l'exception ne se suppose pas, surtout lorsqu'elle est contraire à l'esprit général de la loi. Ce qu'a voulu le législateur, c'est que la propriété, comme l'a fort bien dit M. Mourlon, eût en quelque sorte son état civil, c'est que le public trouvât des renseignements infaillibles dans les registres destinés à garantir ses spéculations contre des mécomptes désastreux : « Or, si c'est la loi qui prononce la résolution, c'est le juge qui la déclare, et les tiers ont « le même intérêt à connaître une résolution opérée « de plein droit, qu'une résolution opérée par justice (1). »

De là cette conclusion soutenue par l'ensemble de la doctrine que la mention est requise aussi bien pour les sentences et actes judiciaires qui proclament l'effet *ipso jure* de la condition résolutoire, que pour les jugements attributifs constituant par leur autorité propre la dissolution effective d'un rapport contractuel (2).

Doit-on, par analogie de motifs, décider de même quand la résolution se produit en vertu d'un acquiescement volontaire des parties? En faveur de l'affirmative, on peut dire sans doute que la transaction a toute la valeur de la chose jugée en dernier ressort et que les raisons qui tout à l'heure commandaient la publicité des résolutions judiciaires acquièrent une nouvelle force lorsque le déplacement du droit résulte d'un acte qui n'est pas même révélé par les débats de l'audience; mais par contre la négative a une objection qui, cette fois, est invincible, c'est la lettre de la loi!

(1) Verdier, *Transcription hypothécaire*, t. II, n° 408.

(2) Cpr. Troplong, *Transcription*, n°s 214 et 215; — Mourlon, *Examen critique*, appendice n°s 361 et 363, *Transcription*, t. II, n° 528; — Flandin, *Transcription*, n° 613.

Transcription ou indication marginale, les deux voies sont également fermées. Pour transcrire, il faut une mutation, et nous n'avons en l'espèce qu'une *reconnaissance du droit d'autrui;* pour exiger la mention en marge, il faut produire un jugement, et l'acte ici n'est qu'une entente amiable. Le défaut de translation écarte l'article 1er, et l'absence de décision judiciaire rend inapplicable la disposition de l'art. 4. Et d'ailleurs, qui serait tenu de requérir la mention : l'avoué du bénéficiaire? il n'y a pas d'avoué en cause! la partie elle-même? mais ni la loi, ni son intérêt personnel ne lui en font un devoir; que la formalité soit remplie ou non, peu lui importe, une amende contre l'officier ministériel, voilà toute la sanction de la publicité prescrite (1).

SECTION II.

Du droit de résolution dans les ventes mobilières.

Une question sur laquelle j'ai besoin de revenir en abordant cette matière, c'est celle de savoir si la vente d'effets mobiliers est, aussi bien que celle d'immeubles, sujette à tomber sous le coup de l'article 1654. Delvincourt (2) et après lui M. Duranton (3) prétendent

(1) Cpr. Troplong, *Transcription*, nos 144 et 232 — Rivière et Huguet, *op. cit.*, nos 6 à 18; — Mourlon, *Transcription*, t. I, nos 44 et t. II, no 547; *Examen critique*, appendice, no 362; — Verdier, *Transcription*, t. I, no 77, t. II, no 409.

(2) T. III, notes, p. 157.

(3) T. XVI, no 320.

que le vendeur de meubles qui a livré sa chose est déchu du droit de faire résoudre la vente. Les articles 1655 et 1656, disent-ils, ne parlent que des immeubles, et, selon l'article 1657, c'est le défaut de retirement de l'objet vendu qui seul peut motiver la demande en résolution. Mais les articles 1184 et 1654 sont conçus en termes généraux, et ce n'est qu'à la suite de la disposition qui déclare résoluble toute vente absolument, que sont énumérées les règles spéciales aux ventes d'immeubles. Quant à l'article 1657, rien ne donne à entendre qu'il soit limitatif; loin de là, puisque, en autorisant la résolution au préjudice de l'acheteur qui ne retire pas, il applique à un fait d'une importance relativement secondaire, la même peine que l'article 1654 n'attachait qu'au défaut de paiement du prix. Si donc il y a lieu de résoudre le contrat par ce simple motif que la délivrance n'est pas réclamée au terme convenu, à bien plus forte raison doit-il en être de même lorsque, infidèle à son engagement principal, l'acheteur refuse d'acquitter son prix.

Aujourd'hui cette application de l'article 1654 aux ventes mobilières ne fait plus doute pour personne (1).

(1) Cpr. Favard, Répertoire, V° *Acheteur*, n° 3; — Pardessus, *Cours de droit commercial*, t. II, n° 289; — Troplong, *Vente*, t. II, n° 615, et *Hypothèques*, t. I, n° 193; — Duvergier, *Vente*, t. I, n° 436; — Aubry et Rau *D'après Zachariæ*, § 356, note 21, t. III, p. 284; — Massé et Vergé *Sur Zachariæ*, t. IV, p. 308; — Macardé, sur l'article 1654, n° 1; — Dalloz, *R. A.*, V° *Vente*, n° 1234; — Larombière, t. II, sur l'article 1184, n° 42; — Demolombe, *Traité des obligations*, t. II, n° 502; — Paris, 18 août 1829, 24 avril 1833 et 11 novembre 1837; — Rouen, 29 novembre 1837; — Lyon, 21 mars 1839.

seulement on s'est demandé si, en adoptant le principe, il fallait admettre par là même les modifications édictées pour les ventes d'immeubles, spécialement si une concession de délais était admissible, si la sommation de l'article 1656 était nécessaire. A cette difficulté les auteurs ont diversement répondu. M. Troplong est formel dans le sens de la négative (1); je proposerai pour ma part la solution opposée. Si le législateur ne s'est occupé que des immeubles sous l'article 1655, c'est qu'il a pensé avec raison que dans les ventes mobilières, l'usucapion instantanée de l'article 2279 exposerait le plus souvent le vendeur à perdre la chose et le prix, et que de la sorte le juge serait presque toujours tenu, ainsi que le veut le premier alinéa de notre article, de prononcer sur-le-champ la résolution demandée. Mais, si en fait ce danger n'était pas à craindre, le terme de grâce pourrait être octroyé soit par analogie de l'article 1655, soit surtout en vertu du principe général de l'article 1184. Ce texte, en effet, domine l'ensemble de la matière et permet indistinctement, pour tous les contrats synallagmatiques, d'accorder un sursis suivant les circonstances (2).

A son tour la sommation préliminaire est indispensable lorsque la vente de meubles est consentie sous la clause expresse que, faute de paiement à une épo-

(1) Cpr. *Vente*, t. II, nos 665 et 667; V. cependant, *Hypothèques*, t. I, n° 193.

(2) Cpr. Duvergier, *Vente*, t. I, n° 436; — Aubry et Rau, *D'après Zachariæ*, § 356, note 38, t. III, p. 288; — Marcadé, sur l'article 1655, n° 2; — Mourlon, *Examen critique*, n° 130.

que convenue, la convention sera résiliée de plein droit. En proscrivant la mise en demeure, l'opinion contraire me semble avoir mal compris l'art. 1656 (1). L'interpellation adressée à l'acheteur n'est pas, comme le veulent la plupart des interprètes (2), une mesure d'exception qu'il est interdit d'étendre d'un cas à un autre; c'est simplement une conséquence du principe que la résolution, lors même qu'elle doit s'effectuer de plein droit, ne s'accomplit pas par la seule échéance du terme. En rappelant au vendeur d'immeubles cette nécessité d'un commandement préalable, le Code n'a pas introduit une modification aux règles qui gouvernent le pacte commissoire, il n'a fait qu'énoncer une conséquence nécessaire de l'article 1139 (3).

Les ventes de choses mobilières incorporelles sont résolubles pour défaut de paiement, aussi bien que celles qui ont pour objet des meubles matériels. Ainsi la cession d'un fonds de commerce, y compris l'achalandage et les recouvrements, le transport des actions dans les sociétés, des rentes, créances ou obligations quelconques, sont régis par l'article 1654 (4). Je ferai toutefois une réserve au sujet des transmissions d'offices. En supposant même, comme le fait la jurisprudence, que le contrat intervenu entre le démissionnaire et l'aspirant à la succession de sa charge,

(1) Cpr. Troplong, *Vente*, t. II, n° 667; — Duvergier, *Vente*, t, I, n°s 460 et 461.

(2) Cpr. Toullier, t. VI, n° 555, et Duranton, t. XVI, n°s 375 et 376.

(3) Cpr. Aubry et Rau, *D'après Zachariæ*, § 302, 3°, note 49, et § 356, note 37, t. III, p. 68 et 286.

(4) Cpr. Troplong, *Vente*, t. II, n° 645; — Duvergier, *Vente*, t. I, n° 436; — Pau, 24 juin 1831.

constitue une véritable vente, il n'y aura jamais lieu à l'exercice de l'action résolutoire. La nécessité de l'intervention du gouvernement chaque fois qu'un office passe entre les mains d'un nouveau titulaire, enlève au cédant non payé ce bénéfice du droit commun.

Le droit de résolution s'éteint lorsque le meuble non payé a été revendu ou donné en gage à un tiers de bonne foi. Dans ce cas, le sous-acquéreur comme le créancier gagiste opposeront victorieusement au vendeur primitif la maxime de l'article 2279 : « En fait de meubles, la possession vaut titre. »

La vente cesse également d'être résoluble toutes les fois que l'objet mobilier est devenu, depuis le contrat, immeuble par nature. Mais il n'en est plus de même quand l'acheteur en a fait simplement un immeuble par destination. Si l'article 524 imprime le caractère immobilier aux meubles qui, par l'usage auquel on les affecte, deviennent l'accessoire, la dépendance d'un immeuble, c'est uniquement par une fiction de la loi. La transformation tout intellectuelle ne modifie point la nature de l'objet ; à ne s'en tenir qu'à la réalité, la forme matérielle de la chose, ses éléments constitutifs sont restés les mêmes. « Elle est ce qu'elle « était ; il n'y a de changé que la qualité morale, et « cette mutation n'est pas de celles que l'on peut as- « similer à la perte absolue (1). »

L'article 593 du Code de procédure vient encore prêter à cette doctrine un argument décisif : le texte

(1) Troplong, *Vente*, t. II, n° 645.

défend l'exécution par saisie mobilière sur les objets que la loi déclare immeubles par destination, si ce n'est pour certaines causes limitativement spécifiées, parmi lesquelles figure celle-ci : « Pour sommes dues aux fabricants ou vendeurs desdits objets. » Or, permettre au vendeur de saisir-exécuter le meuble de la même manière que si l'immobilisation ne s'était pas produite, c'est bien dire évidemment qu'à son égard la fiction disparaît, et que le changement postérieur à la vente ne détruit pas, en ce qui le concerne, le caractère mobilier que la chose vendue tient de sa propre nature. Quel moyen y aurait-il dès lors d'opposer à l'action résolutoire la destination qui a civilement immobilisé le meuble, puisque la loi déclare en termes formels que le vendeur est, en ce qui le touche, affranchi de toutes les suites de l'immobilisation fictive (1)?

Cette solution est généralement admise lorsque le débat s'agite entre le vendeur et l'acheteur ou ses créanciers chirographaires, mais elle rencontre beaucoup moins de sympathies quand la résolution atteint ceux qui ont un droit d'hypothèque sur l'immeuble à la qualité duquel participe l'effet mobilier non payé (2).

(1) Cpr. Troplong, *Vente*, t. II, n° 645, et *Hypothèques*, t. I, n° 113; — Mourlon, *Examen critique*, n° 66; — Paris, 10 juillet 1833; — Amiens, 1er septembre 1838.

(2) Cpr. Duvergier, *Vente*, t. I, n° 439; — Aubry et Rau, *D'après Zachariæ*, § 284, texte, et note 4, t. II, p. 846; — Marcadé, sur l'article 1654, n° 2; — Dalloz, *R. A.*, V° *Vente*, n° 1239; *R. P.*, 1834, II-23, et 1836, I-5; — Paris, 16 août 1832; — Cass. civ. Rej., 9 décembre 1835 et 9 juin 1847; — V. Valette, *Traité des priviléges*, n° 85, et Pont, *Des hypothèques*, n° 154.

A l'appui de cette distinction on invoque les articles 2118 et 2133 du Code civil. En empruntant la nature du fonds au service duquel ils sont appliqués, les meubles immobilisés par l'article 524 deviennent susceptibles d'hypothèques, conformément au premier alinéa de l'article 2118; or, comme l'hypothèque acquise s'étend à toutes les améliorations de l'immeuble qu'elle frappe (article 2133), elle affecte *ipso facto* l'immeuble par destination, et par conséquent le droit immobilier des créanciers hypothécaires doit l'emporter sur le droit purement mobilier du vendeur.

Ce raisonnement, fût-il juste dans son principe, aurait encore le tort de prouver beaucoup trop, et loin de justifier la distinction en faveur de laquelle on le présente, il en serait au contraire la condamnation péremptoire.

Si, en effet, l'immobilisation s'est produite, l'objet vendu, dépouillé de sa nature primitive, ne peut plus servir d'assiette à l'action résolutoire, et dès lors ce n'est pas seulement au profit des créanciers hypothécaires que le droit de résolution est éteint, c'est aussi à l'égard des créanciers chirographaires. La déchéance a lieu *erga omnes*. Et qu'on n'essaie pas de se tirer d'embarras au moyen de l'article 2133, car si les créanciers hypothécaires peuvent se prévaloir en vertu de ce texte de l'extension de l'hypothèque aux améliorations de l'immeuble qu'elle frappe, les créanciers chirographaires seront admis avec autant de raison à exciper de l'article 2093, qui fait entrer dans leur gage tous les biens présents et à venir de leur débiteur. Au surplus, je ne crois pas qu'il soit permis d'argumenter de l'accroissement de l'hypothèque ; celle-ci ne s'augmente qu'autant que la propriété immobilière du débiteur s'est elle-même étendue ; or, en l'espèce, les meubles immobilisés conservant *respectu venditoris* leur caractère essentiel de meubles, on ne peut pas dire qu'ils sont entrés dans une hypothèque opposable au vendeur. L'incorporation ne s'est accomplie que sous la condition tacite du paiement. Par le fait, tant que le prix reste dû, l'acheteur ne peut transmettre à son créancier que le bénéfice éventuel d'une immobilisation incertaine et révocable : *Nemo plus juris in alium transferre potest quam ipse habet.*

Marcadé puise cependant dans la bonne foi des tiers intéressés une exception à l'axiome *Nemo dat quod non habet.* « Il est très vrai, dit-il, que du vendeur à « l'acheteur l'immobilisation dont il s'agit ne nuit en « rien au droit de ce vendeur ; mais il en est autrement « entre le vendeur et le tiers qui acquiert un droit « sur le meuble vendu, et il est faux de dire que ce « tiers ne puisse pas avoir plus de droits que n'en « aurait l'acheteur. M. Troplong reconnaît que, vu « l'effet de la possession de bonne foi sur les choses « mobilières, celui à qui le meuble aurait été revendu « par mon acheteur serait à l'abri de mon action en « résolution, tandis que mon acheteur, lui, s'il avait « encore le meuble, ne pourrait pas s'en garantir. Le « tiers peut donc avoir plus de droits que l'acheteur, « et c'est tout simple, puisque c'est un effet de la « bonne foi de ce tiers, bonne foi dont l'acheteur qui « ne paie pas ne saurait argumenter. Si celui à qui le « le meuble a été revendu est à l'abri de l'action réso-

« lutoire, s'il en est de même du créancier dont ce « meuble est devenu le gage mobilier, pourquoi en « serait-il autrement de celui dont il est devenu, par « son immobilisation, le gage hypothécaire (1)? » Pourquoi? mais parce que les deux premiers trouvent dans le fait de leur possession immédiate la source d'un droit qui leur est propre, le droit d'invoquer l'article 2279; parce que cette possession, sans laquelle la bonne foi est impuissante à faire échec au droit d'autrui, est précisément ce qui manque au créancier hypothécaire.

Un autre amendement à la solution que je soutiens a été formulé par M. Devilleneuve, à propos d'un arrêt de la Cour de cassation du 9 décembre 1835. Suivant le système du judicieux arrêtiste, on doit distinguer entre les créanciers qui ont reçu hypothèque avant que l'objet vendu ait été incorporé à l'immeuble et ceux dont le droit est postérieur à l'immobilisation. Ceux-ci sont à couvert de l'action résolutoire; ceux-là, au contraire, sont tenus de la subir. La raison de décider, a-t-on dit, c'est que le créancier postérieur ayant dû compter sur l'immeuble tel qu'il se présentait extérieurement lors de la constitution d'hypothèque, et n'ayant eu d'ailleurs aucun moyen de savoir si le prix du meuble immobilisé était acquitté, il serait injuste d'amoindrir inopinément à son préjudice le gage sur la consistance duquel il a réglé son crédit. Mais, ajoute-t-on, ce motif n'existe plus vis-à-vis du créancier à hypothèque antérieure. Celui-ci n'a pas dû s'attendre

(1) Sur l'article 1654, n° 2, t. VI.

à l'augmentation de valeur résultant pour l'immeuble de l'incorporation du meuble, et par conséquent il n'y a pas là de droit acquis que puisse léser l'action du vendeur.

Je ne m'explique point, en présence de l'article 2133, cette singulière influence de la date des inscriptions. A teneur de cet article, tous les créanciers hypothécaires en général doivent profiter de l'immobilisation, aussi bien ceux dont le titre est antérieur, que ceux inscrits postérieurement. Les uns comme les autres ont pu croire, en voyant la destination donnée à l'objet, que le meuble devenu immeuble serait compris dans leur gage commun ; les premiers, pas plus que les seconds, n'étaient en mesure de vérifier la solidité du droit de leur débiteur. Il y a plus, c'est que d'après le principe *prior tempore, potior jure,* les tiers dont l'hypothèque aurait pris naissance depuis l'incorporation seraient primés sur l'accroissement de l'immeuble par les créanciers antérieurs. Si donc on adoptait la distinction proposée, il faudrait forcément admettre ce résultat impossible de préférer au vendeur un créancier qui est lui-même primé par ceux que priment ce vendeur.

CHAPITRE II.

Des divers cas dans lesquels il peut y avoir lieu à résolution.

Le droit de résolution est ouvert au vendeur toutes les fois qu'il n'est pas intégralement payé du prix. Si faible que soit la somme restée due, ce retard suffit à motiver contre l'acheteur l'application de l'article 1654, et la poursuite sera ouverte non pas seulement pour une portion de la chose correspondante à la fraction du prix non payé, mais bien pour le tout.

Si, au lieu d'être consentie moyennant un capital une fois payé, la vente est conclue sous réserve d'une rente perpétuelle, le défaut de prestation des arrérages aura les mêmes conséquences que le non-paiement du prix. Le crédi-rentier ne serait même pas tenu d'attendre, comme l'exige l'article 1192, que le débiteur eût cessé de servir la rente pendant deux années consécutives. Car, si cet article met obstacle à ce qu'on relève trop facilement le créancier de sa renonciation conditionnelle à l'exigibilité du capital et s'oppose à ce que, sans un motif sérieux, on fasse d'un contrat de rente un prêt d'argent pur et simple, il n'en reste pas moins absolument étranger au droit qu'a le vendeur de reprendre la chose dont il n'a pas reçu l'équivalent : ce qu'on veut ici, ce n'est pas transformer l'engagement dérivé du contrat, c'est anéantir d'un même coup toutes les obligations qui en résultent (1).

Il en est encore ainsi, alors même que la rente a été stipulée postérieurement à l'indication d'un prix déterminé en capital. La novation, en effet, ne se présume point (art. 1273), et ce serait évidemment méconnaître ce principe que de voir dans la constitution de rente autre chose qu'un changement apporté au mode d'acquittement du prix : « La dette primitive

(1) Cpr. Delvincourt, t. III, p. 386 ; — Duranton, t. XVI, n° 370 ; — Duvergier, *Vente*, t. I, n° 451.

« subsiste toujours et rien ne l'a altérée dans son « caractère et son principe (1). » Mais je tiendrai au contraire pour l'accomplissement d'une véritable novation, si le prix, fixé d'abord à une somme exigible, était converti en rente perpétuelle par un acte subséquent. Il y aurait alors une créance nouvelle substituée à l'ancienne, et l'action résolutoire qui protégeait celle-ci a dû par le fait même s'évanouir avec elle, si le vendeur ne l'a formellement réservée (2).

Le même principe de l'article 1273, qu'il faut pour opérer la novation une déclaration expresse des parties qui la consentent, m'amène à décider que si le vendeur a, sans donner décharge de la dette, accepté des effets négociables souscrits à son profit par l'acheteur, l'acceptation de ces effets n'entraîne pas, à moins d'une intention clairement manifestée, la perte du bénéfice légal de la résolution de la vente.

Que décider maintenant sur l'hypothèse où l'acheteur se serait engagé à servir, non plus des arrérages perpétuels, mais une rente viagère? Pas de difficulté, si le prix intégral est représenté par la rente ; le défaut de service des arrérages n'autorise point le vendeur à rentrer dans sa propriété. Aux termes de l'article 1978, le crédi-rentier « n'a que le droit de saisir et faire vendre les biens de son débiteur et de faire ordonner ou consentir, sur le produit de la vente, l'emploi

(1) Troplong, *Vente*, t. II, n° 649. — Cpr. Duvergier, *Vente*, t. I, n° 451 ; — Aubry et Rau *D'après Zachariæ*, § 356, note 17, t. III, p. 283 ; — Paris, 11 mars 1816 ; — Bordeaux, 22 mars 1832.

(2) Cpr. Aubry et Rau *D'après Zachariæ*, § 324, note 19, et § 356, t. III, p. 150 et 283.

d'une somme suffisante pour le service des arrérages. » C'est qu'il serait impossible en l'espèce de rétablir les choses dans l'état où elles se trouvaient avant le contrat. Le débiteur a couru des chances sur lesquelles il serait injuste de revenir ; s'il en a eu de mauvaises, il faut bien par contre lui laisser les bonnes, et le contraindre à rembourser tout à coup, pour un simple retard, une rente qu'il a déjà servie peut-être fort longtemps, serait une dureté et en quelque sorte une injustice devant laquelle le législateur a cru devoir raisonnablement fléchir.

Mais il peut se présenter des ventes où le prix sera pour partie une somme d'argent et pour le surplus une rente viagère. Eh bien ! encore malgré cette situation mixte, je refuserai sans hésiter la résiliation du contrat ; et cela aussi bien lorsque le débiteur, exact à payer les arrérages, aura laissé échoir le terme sans compter la somme d'argent, que dans le cas où le capital exigible étant payé, c'est le service des arrérages qui est en souffrance. La résolution ne pouvant être obtenue que pour le tout, cette indivisibilité imprime le caractère aléatoire au contrat tout entier, et alors même que le prix stipulé en argent reste dû, elle maintient avec leur première énergie les raisons d'équité qui ont fait écrire dans la loi la prohibition de l'article 1978. Toutefois la disposition de cet article n'est pas une de ces règles d'ordre social auxquelles il est absolument interdit de déroger, et la jurisprudence accorde son entier effet à la clause par laquelle les parties seraient convenues que la résolution aura lieu pour défaut de paiement, encore que le prix consiste en une rente viagère pour une quote-part ou pour le tout. Une telle réserve est à la vérité un peu dure pour le débiteur, mais elle n'est pas contraire à l'essence de la rente viagère. A la séance du 5 pluviôse an XII, le consul Cambacérès demanda même à ce que l'article 1978 l'autorisât en termes explicites : « La « rédaction proposée, ajoutait-il, n'exclut pas cette « clause dérogatoire, mais il serait plus utile de l'ex- « primer formellement (1). » La proposition du consul fut renvoyée à la Section, et Locré nous apprend que celle-ci ne crut pas devoir l'admettre, parce qu'une stipulation de ce genre ne blessant ni l'ordre public ni les bonnes mœurs, sa légalité se trouvait résulter assez clairement du principe de la liberté des conventions (2).

Lorsque l'acheteur a obtenu un terme pour l'acquittement du prix et qu'il s'est obligé à faire compte des intérêts de la somme jusqu'au jour où elle serait exigible, le retard dans le service de ces intérêts ne rend pas *ipso jure* le contrat de vente résoluble. L'article 1654, en effet, ne parle que du défaut de paiement du prix ; or, considérés isolément dans leur condition particulière d'exigibilité, les intérêts ne peuvent être compris sous cette expression du législateur. Ils représentent uniquement, à ce point de vue, une légitime indemnité pour la privation d'un capital productif.

(1) Locré, *Législation*, t. XV, p. 156.

(2) Locré, *Législation*, t. XV, p. 149 ; — Cpr. Troplong, *Vente*, t. II, n° 648 ; — Aubry et Rau *D'après Zachariæ*, § 390, texte et note 10, t. III, p. 425 ; — Bordeaux, 5 juillet 1816 ; — Cass. civ. rej., 26 mars 1817 ; — Bordeaux, 14 mars 1829 ; — Toulouse, 2 juin 1832 ; — Paris, 22 février 1837 ; — Cass. civ. rej., 23 août 1843 ; — Caen, 16 décembre 1843.

Le refus de remboursement des frais et loyaux coûts du contrat n'ouvrirait pas non plus l'action résolutoire au vendeur, lorsque ce dernier en aurait fait l'avance à la décharge de l'acheteur. Le but du droit de résolution, c'est de garantir à celui qui a vendu, la créance dérivée immédiatement de la vente et pas autre chose. Or, ce n'est pas en vertu de la vente que le vendeur est créancier du coût de l'acte et des frais d'enregistrement, puisque c'est au notaire et au fisc qu'ils étaient dus à l'origine; par conséquent l'avance effectuée ne peut avoir pour résultat de modifier la nature de la dette et de l'investir d'une garantie qui n'était pas instituée pour elle. Et qu'on n'objecte pas que les frais entrent en ligne de compte dans les calculs des contractants et font par là même partie intégrante du prix réel de la chose, car si l'observation est vraie, elle ne peut l'être qu'en ce qui regarde l'acheteur. Qu'à ses yeux le prix véritable se compose de tout ce qu'il débourse, je le veux bien ; mais que le vendeur se préoccupe d'autre chose que de ce qui doit entrer dans sa poche, c'est peu vraisemblable. Pour lui, tout se borne à la valeur qu'il touche : ce qui tombe effectivement dans son patrimoine en échange de la chose vendue, voilà le seul prix sur lequel il ait compté. Or la somme qu'il réclame en remboursement des frais avancés par lui, elle ne remplace pas dans son patrimoine la valeur de l'objet vendu, elle y figure simplement comme la restitution d'un prêt ordinaire (1).

(1) Cpr. Caen, 7 juin 1837 ; — Dalloz, *R. A.* V° *Vente*, n° 1276, texte et note 1.

CHAPITRE III.

De l'exercice de l'action en résolution.

Le droit de résolution est établi dans l'intérêt exclusif de la partie qui exécute son obligation contre celle qui refuse d'accomplir la sienne. Ainsi, dans le contrat de vente seront admis à s'en prévaloir :

1° Le vendeur.

2° Les créanciers du vendeur du chef de celui-ci et en vertu de l'article 1166 (1).

3° Ses héritiers ou ayants-cause universels ou à titre universel, chacun dans la limite de sa quote-part héréditaire.

Cette divisibilité de l'action résolutoire se fonde sur un argument *à pari sensu* tiré de l'article 1669, où il est question de la vente à réméré ; mais faut-il de plus, complétant l'analogie, transporter dans notre matière la disposition de l'article 1670, et, par application de ce texte, autoriser l'acheteur à requérir que tous les cohéritiers soient mis en cause, afin de s'entendre sur la reprise de l'héritage entier? La Cour de cassation a jugé l'affirmative en 1829, et depuis, sa jurisprudence a rencontré dans la doctrine d'importantes adhésions (2). Cette décision ne me paraît ce-

(1) Cpr. Merlin, *Répertoire*, V° *Résolution;* — Duvergier, *Vente*, t. I, n° 449 ; — Massé et Vergé, *Sur Zachariæ*, t. IV, p. 308, note 12 ; — Dalloz, *R. A.*, V° *Vente*, n° 1282.

(2) Cpr. Troplong, *Vente*, t. II, n° 639 ; — Aubry et Rau, *D'après Zachariæ*, § 356, t. III. p. 283 ; — Cass., civ. rej., 6 mai 1829.

pendant pas aussi plausible qu'elle semble l'être pour ses défenseurs, et c'est avec raison, je crois, qu'elle est repoussée par la Cour de Paris et par M. Duvergier (1). On s'appuie sur l'article 1685, mais, à coup sûr, rien n'est plus fragile ; car, en déclarant applicables à l'action en rescision les règles établies dans la section du réméré pour le cas où le vendeur a laissé plusieurs héritiers, la loi dispose limitativement et écarte *per exclusionem* l'application de ces mêmes règles à l'action résolutoire. On invoque encore l'injustice qu'il y aurait à contraindre l'acheteur de conserver pour partie une chose qu'il n'aurait certainement pas acquise ainsi fractionnée. Mais cette raison toute puissante quand il s'agit de l'acheteur à réméré, n'est plus d'aucun poids en faveur de celui qui refuse de solder son prix de vente ; le premier est exempt de reproche, le second au contraire est passible de sa négligence, sinon de sa mauvaise volonté. S'il éprouve un dommage, il ne peut l'imputer qu'à lui-même, et ce serait l'abriter sous sa propre faute que de le faire participant d'un bénéfice exceptionnel institué pour l'avantage exclusif de l'acheteur qui a rempli ses obligations. Un expédient bien simple lui est offert pour se soustraire à la rigueur dont il se plaint : qu'il paie son prix entre les mains des héritiers ! S'il ne le fait pas, il manque à sa parole, et protéger sa mauvaise foi serait de la part du législateur s'en constituer le complice.

4° Le cessionnaire de la créance du prix. — Le

(1) Cpr. Paris, 12 février 1844 ; — Duvergier, *Vente*, t. I, n° 464.

droit de poursuivre la résolution n'est pas attaché à la personne du vendeur. Il peut évidemment le céder à un tiers (1). Mais des doutes se sont élevés sur le point de savoir s'il passait au cessionnaire de la créance du prix en dehors de toute convention spéciale à cet égard. Considérant l'action résolutoire comme un moyen de faire valoir la créance, MM. Aubry et Rau enseignent qu'elle forme un accessoire de celle-ci, et qu'à ce titre, elle est implicitement comprise dans la cession (2).

Marcadé n'accepte pas cette opinion. A ses yeux, « l'idée est inexacte et le motif mauvais. » Le droit de résolution, dit-il, est bien à la vérité, quoique tel ne soit pas son but direct, un moyen de plus d'obtenir le paiement de la créance, mais « loin que le premier « droit soit l'accessoire du second, il ne prend nais-« sance qu'après que celui-ci a cessé d'exister : la « demande en résolution indique et présuppose la « renonciation au droit de demander le paiement, la « renonciation à la créance ; or un droit qui ne peut « pas exister tant qu'existe un autre droit, ne peut « certes pas être l'accessoire de celui-ci (3). »

Il y a tout au moins de l'exagération dans cette critique de Marcadé, car, s'il est possible que l'action résolutoire ne constitue pas en toute précision de langage un accessoire de la créance au même degré

(1) Cpr. Amiens, 9 novembre 1825 ; — Paris, 8 juillet 1829 ; — Bordeaux, 16 et 23 mars 1832.

(2) Art. 1692 C. N. — V. Aubry et Rau, *D'après Zachariæ*, § 359 bis, note 35, t. III, p. 313 ; — Cpr. Massé et Vergé, *Sur Zachariæ*, t. IV, p. 308, note 12 ; — Dalloz, *R. A.*, Vº *Vente*, nº 1279 ; — Poitiers, 13 mai 1846.

(3) Sur l'article 1692, nº 2, t. VI.

que l'hypothèque, le privilége ou le cautionnement, il n'en est pas moins vrai qu'en fait, elle n'a de vie que par la créance qu'elle garantit : ce n'est pas un droit distinct de cette dernière ayant une existence propre et indépendante, c'est un droit sanctionnateur qui assure le recouvrement de la créance, qui n'existe qu'à cause d'elle, et qui sans elle par conséquent est impossible à concevoir. Or les sûretés qui, « la cré-« ance tombant, tombent elles-mêmes et n'ont plus « de raison d'être, » sont, de l'aveu même de Marcadé, des accessoires de la créance (1). Donc il est naturel de présumer, dans le silence des parties, que le transport de la créance du prix a également fait passer au cessionnaire le droit de résolution compétant au vendeur. Il est bien entendu sans doute que les tribunaux pourront toujours examiner, par appréciation des termes de l'acte, s'il n'a pas été dans l'intention des contractants de lui interdire l'exercice de ce droit. Mais si le juge ne constate pas clairement cette volonté tacite de restreindre l'effet de la cession, il devra maintenir dans la plus large mesure la transmission par le cédant de tous les moyens susceptibles de faire valoir le droit cédé. « Le cessionnaire, porte l'article 2112, exercera tous les mêmes droits que le cédant en son lieu et place. »

Si d'ailleurs on refuse l'action résolutoire à l'acquéreur de la créance du prix, en définitive que deviendra cette action? Assurément le vendeur n'a pas entendu se la retenir, puisqu'il n'est plus créancier, et que

(1) Sur l'article 1692, n° 1, t. VI.

sans le droit à la créance il n'y a pas de faculté de résolution. Dira-t-on que les parties ont voulu l'éteindre au profit de l'obligé? Mais cela n'est guère présumable; quel principe alléguerait-on? Est-ce que vis-à-vis de l'acheteur la dette ne conserve pas son caractère primitif? Est-ce que la loi ne place pas toujours sur la même ligne et le droit d'exiger le paiement du prix et celui de résoudre la vente, si ce paiement n'a pas lieu? On objecte que l'action résolutoire a des conséquences graves pour le débiteur, mais la contrainte par corps n'était pas, ce semble, moins rigoureuse contre lui. Cependant, jusqu'à la loi du 22 juillet 1867, qui l'a abolie, tout le monde reconnaissait que cette garantie passait au cessionnaire *ipso jure* en même temps que la créance, sans qu'il intervînt aucune clause à cet égard. Je conclus donc en dernière analyse que le vendeur qui cède purement et simplement sa créance du prix, est censé transmettre avec elle le droit de résolution toutes les fois que le contraire ne résulte pas des termes de l'acte ou des circonstances du fait.

5° Les tiers subrogés aux droits du vendeur. — Si, au lieu d'une simple cession de la créance, on suppose une subrogation conventionnelle ou légale opérée au profit d'un tiers qui a désintéressé le vendeur, ce tiers subrogé sera recevable à exercer le droit de résolution comme le serait le vendeur lui-même. C'est là du moins la solution généralement admise par les auteurs et la jurisprudence (1), et elle ne cessera

(1) Cpr. Aubry et Rau, *D'après Zachariæ*, § 321, 4°, texte et note 53, t. III, p. 128; — Mourlon, *Traité des subrogations personnelles*, p. 87

pas d'être exacte, soit que du paiement avec subrogation, considéré entre le débiteur et le subrogé, on fasse une espèce de cession (1), soit qu'on le représente seulement comme le transport des sûretés de l'ancienne créance à une nouvelle créance provenant d'un contrat de prêt ou de gestion d'affaires (2).

De la part de ceux qui ne voient dans l'opération qu'une sorte de cession fictive, l'opposition ne saurait être sérieuse. Il est évident que pour ceux-là le subrogé devra jouir des mêmes prérogatives que le cessionnaire. On pourrait objecter, peut-être, que l'action résolutoire suppose l'inexécution des engagements, et qu'ici la dette de l'acheteur a été couverte par le paiement; mais à cela je répondrai que, si la remarque était juste quant au droit de résolution, elle le serait aussi pour tous les autres accessoires de la créance. Si, en effet, l'obligation de l'acheteur a été accomplie au moyen du paiement fait par le tiers subrogé, il faudra par suite déclarer anéantis tous les priviléges, hypothèques ou cautionnements que ce

et 157; — Gauthier, *Traité de la subrogation des personnes*, n° 107; — Larombière, t. II, sur l'article 1252, n°s 13 et suiv.; — Dalloz, *R. A.*, V° *Obligations*, n°s 1848 et 1983; — Grenoble, 5 janvier 1826; — Bourges, 19 juin 1838; — Rouen, 15 mai 1852; — Paris, 30 juin 1853.

(1) Cpr. Delvincourt, t. II, p. 559; — Toullier, t. VI, n°s 119 et 120; — Duranton, t. XII, n° 117, note 1; — Aubry et Rau, *D'après Zachariæ*, § 321, t. III, p. 117; — Mourlon, *Traité des subrogations personnelles*, p. 6 à 14; *Répétitions écrites*, sur l'art. 1250; — Gauthier, *op. cit.*, n°s 40 et suiv.; — Dalloz, *R. A.*, V° *Obligations*, n° 1818.

(2) Cpr. Merlin, *Répertoire*, V° *Subrogation de personnes*, sect. II, § 1, et *Questions de droit*, *eod. v°*, § 1, où il rapporte une consultation de Grappe; — Favard de Langlade, *Répertoire*, V° *Subrogation de personnes*, § 1; — Marcadé, sur l'art. 874, n° 1; sur l'art. 1236, n°s 1 et 4, et sur l'art. 1249; — Bugnet, *Sur Pothier*, t. II, p. 136, 291 et 299.

tiers a cru acquérir par la subrogation, ce qui serait en opposition flagrante avec les principes et contredit par le texte littéral de la loi.

Je ne serai pas embarrassé davantage en présence du système d'après lequel la subrogation opère seulement le transport à une nouvelle créance des sûretés qui protégeaient l'ancienne. A ses critiques j'opposerai l'esprit du Code et les expressions mêmes qu'il emploie. En effet, dans le cas du paragraphe 1er de l'article 1250, la subrogation consentie au profit d'un tiers par le créancier, confère à ce tiers non-seulement les privilèges et hypothèques attachés à la créance éteinte par le paiement, mais encore tous les droits et actions résultant du contrat primitif, et par conséquent l'action résolutoire elle-même. Plus loin, quand il s'agit de la subrogation faite par le débiteur, le paragraphe 2 du même article déclare que l'opération a pour effet de transférer au tiers qui fait le paiement les *droits du créancier* sans distinction ; or, par la généralité de ces termes : *les droits du créancier*, le législateur indique clairement que, pour que la subrogation soit expresse, il n'est pas indispensable qu'elle énumère chacun des droits cédés, et que la condition est exactement remplie lorsque, sans équivoque, il est facile d'induire de l'acte qu'elle comprend tous les droits et actions (1).

La résolution peut être exercée :

1° Contre l'acheteur ;

2° Contre ses héritiers ou ayants-cause universels ou

(1) Cpr. Bourges, 19 juillet 1838 ; — Paris, 30 juin 1853 (Dev. 53, II-481, texte et note 1).

à titre universel. — Mais le demandeur ne pourra, même avant le partage, actionner l'un d'entre eux pour le tout; chacun n'est tenu qu'en proportion de sa quote-part héréditaire. Toutefois, il en serait autrement si, par l'attribution des lots, l'objet non payé était échu à l'un des copartageants qui aurait à sa charge la dette entière du prix. Dans cette hypothèse, mais alors seulement, le vendeur est dispensé de diviser son action. Du reste il est libre de ne poursuivre qu'un seul des débiteurs et de négliger son droit contre les autres; le partage ayant rendu les divers héritiers étrangers les uns aux autres, leurs intérêts sont désormais distincts, et celui que frappe la demande en résolution réclamerait vainement la mise en cause de ses coobligés;

3° Contre les tiers. — Je dois observer cependant qu'en principe la résiliation ne les atteint qu'après avoir été prononcée contre l'acheteur. Vis-à-vis d'eux le vendeur ne peut avoir qu'un simple droit de revendication, résultant pour lui de ce que la propriété a fait retour entre ses mains.

CHAPITRE IV.

De la nature de l'action résolutoire et de la compétence des tribunaux appelés à en connaître.

La discussion qui s'était élevée dans l'ancienne jurisprudence sur la nature et les caractères de l'action résolutoire n'a pas été close par notre droit moderne.

17

L'action est-elle personnelle, réelle ou mixte, c'est un point sur lequel les commentateurs du Code maintiennent de nos jours des dissidences plus sérieuses encore que les controverses de leurs devanciers.

L'intérêt de la question se résume en une difficulté relative à la compétence. Evidemment le débat n'est pas possible si la demande a pour objet de faire anéantir une vente mobilière ; elle est portée, dans ce cas, devant le tribunal du domicile du défendeur, cela ne fait doute pour personne. Mais, lorsqu'il s'agit de résoudre un droit réel immobilier, l'embarras commence, les complications surgissent, et avec elles le désaccord se fait jour entre les jurisconsultes.

Fixons-nous tout d'abord sur le sens et la portée des mots.

L'action est *personnelle* toutes les fois que le demandeur se prévaut d'un droit de créance, qu'il allègue une obligation. — Elle est *réelle* quand il invoque, non plus un simple lien personnel, mais un droit de propriété, qu'il réclame directement sa chose contre un détenteur dont le fait entrave l'exercice de son droit. — Enfin, elle est *mixte*, lorsqu'elle présente un certain mélange de personnalité et de réalité, c'est-à-dire lorsque le demandeur oppose à la même personne un droit personnel et un droit réel, qu'il se porte en même temps propriétaire et créancier.

Ces définitions posées, la nature de l'action résolutoire semble devoir être nettement définie. Elle le serait en effet pour tout le monde, si le système que j'adopte relativement à l'action mixte n'avait rencontré de la part de certains auteurs une malencontreuse opposition.

Particulièrement soucieux de l'exactitude théorique, quelques bons esprits vont jusqu'à nier dans notre législation l'existence de l'action mixte. Prenant cette qualification dans son sens naturel, ils soutiennent qu'il est impossible de trouver des actions en même temps personnelles et réelles, des actions dans lesquelles le demandeur prétende être à la fois propriétaire et créancier d'une même chose (1). Cette opinion, qui peut être en théorie pure rigoureusement vraie, ne tient cependant pas compte des textes et de leur explication historique.

L'article 59 du Code de procédure parle d'actions *mixtes,* il y en a donc ; et le législateur, en employant cette expression, a nécessairement en vue des actions ayant un caractère spécial.

Empruntées au droit romain (2), d'où elles passèrent ensuite sans une formule précise dans notre ancienne jurisprudence, les actions mixtes furent conservées par la loi du 26 ventôse an IV (art. 7). Le projet du Code de procédure les maintint à son tour ; l'article proposé était ainsi conçu : « En matière réelle et mixte, le demandeur peut assigner le défendeur devant le juge de la situation de l'objet litigieux, ou devant le juge du domicile du défendeur. »

La discussion s'engagea sur la disposition relative à l'action réelle ; Muraire proposa d'attribuer la connaissance de celle-ci exclusivement au tribunal de la situation de l'immeuble. Son avis prévalut après un vif

(1) Cpr. Bonjean, *Traité des actions,* § 292, t. II, p. 234 et suiv. ; et sous certains rapports, M. Duvergier, *Vente,* t. I, n° 467.

(2) *Inst.,* § 20, *De actionibus* (IV-6).

débat. De l'action mixte il n'en fut pas même fait mention. Au Corps législatif aussi bien qu'au Tribunat, elle dût passer inaperçue. « Le titre de l'ajournement, « disait Treilhard dans son exposé des motifs, ne « contient ni difficulté ni disposition nouvelle (1). »

L'intention d'innover n'était donc pas dans l'esprit des rédacteurs du Code, ce qu'ils avaient en vue c'était simplement de consacrer la pratique existante ; mais en se bornant à reconnaître ainsi les errements du passé, ils ont laissé une large porte ouverte aux incertitudes. Quel sens attachaient-ils à ces mots d'action mixte ; quelle interprétation ont-ils admise du texte des Institutes, où Justinien parle déjà d'actions d'une nature particulière *tam in rem quam in personam?* C'est là ce que les commentateurs se demandent encore aujourd'hui.

D'après un premier système, développé dans la Thémis (tome V, page 368), le fragment des Institutes : *Quædam actiones mixtam causam obtinere videntur, tam in rem quam in personam,* signifierait non pas que certaines actions sont mixtes en ce qu'elles sont à la fois personnelles et réelles ; mais plutôt qu'il y a des actions, les unes personnelles, les autres réelles, qui sont mixtes, suivant Ulpien, parce que chaque partie y joue simultanément le rôle de demandeur et celui de défendeur (2). Cette opinion s'appuie sur divers passages des sources romaines où les mots *tam in rem quam in personam* sont employés effec-

(1) Locré, *Législation*, Code de procédure, t. II, n° 15, et t. IX, n° 76.

(2) L. 37, § 1, D., *De oblig. et action.* (44-7).

tivement avec cette signification (1). Mais l'explication est inacceptable, parce qu'on ne connaît pas d'action *in rem* où le rôle de demandeur appartienne également à chaque partie, et que les seules actions énumérées par le § 20 sont les actions divisoires *familiæ erciscundæ, finium regundorum, communi dividundo,* actions toutes les trois *in personam* (2).

Quoi qu'il en soit du reste, et à supposer même qu'il y ait là une interprétation exacte du paragraphe des Institutes, il est certain que les idées du romaniste moderne étaient inconnues lors de la rédaction de l'article 59, et la preuve qu'à cette époque on faisait découler le caractère mixte de l'action, non point du rôle attribué à chaque partie, mais essentiellement d'un certain mélange de personnalité et de réalité, c'est qu'on a laissé le choix au demandeur d'ouvrir son instance indifféremment devant le juge du domicile de son adversaire ou devant le juge de la situation de l'immeuble (3).

Un second système, dont la donnée paraît due à Beaumanoir (*sur Beauvoisis*), veut que les rédacteurs aient confondu l'action personnelle avec l'action mobilière et l'action réelle avec l'action immobilière. L'action mixte, dans cette opinion, est celle qui réunit deux chefs simultanés ou alternatifs, l'un mobilier, l'autre immobilier. Elle se distingue à la nature de son objet.

(1) Cpr. Inst. § 3 et § 31 *De actionibus* (IV-6) ; — Inst. pr. *De perpet. et tempor. action.* (IV-12).

(2) Cpr. Inst. § 3 et § 4 *De oblig. quas ex contr.* (III-27) ; — L. 1 D. *Fin. regund.* (10-1) ; — L. 1, § 1, C. *De ann. except.* (7-40).

(3) Cpr. Duvergier, *Vente*, t. I, n° 467.

Avec cette doctrine, c'est au tribunal de la situation de l'immeuble que devraient se porter les demandes personnelles immobilières; or l'avis est unanime pour déclarer compétent le juge du domicile du défendeur. Les actions personnelles dérivant d'une créance dont l'objet est immobilier sont, il est vrai, extrêmement rares dans notre droit; l'action réelle mobilière, je le reconnais encore, n'existe elle-même que par exception (article 2280). Néanmoins, comme il n'est pas impossible de rencontrer des actions présentant l'un ou l'autre de ces deux caractères, cette seule possibilité est suffisante pour rendre inadmissible l'explication proposée.

Enfin, suivant une troisième interprétation généralement adoptée par nos anciens auteurs, l'action mixte serait une action *sui generis* distincte de tout autre, participant à la fois de la nature des actions réelles et de la nature des actions personnelles.

En droit romain, je l'avoue, cette définition n'est pas moins sujette à la critique que celle fournie par les partisans du premier système, et vouloir la concilier avec la procédure romaine serait, à coup sûr, un effort sans résultat. Mais le terrain que je dois parcourir est tout autre; que cette donnée offre ou non la véritable théorie du paragraphe 20, je n'ai pas à m'en inquiéter à présent. Ce que je tiens à établir, c'est qu'à tort ou à raison, les anciens jurisconsultes l'avaient mise en honneur, et que, bonne ou mauvaise, elle a seule présidé à la rédaction de l'article 59.

Tout n'est pas dit cependant lorsqu'on a défini l'action mixte, celle qui présente le double caractère de la réalité et de la personnalité ; ces mots demandent eux-mêmes à être analysés avec soin ; par le sens complexe dont ils sont susceptibles, ils soulèvent une question dans laquelle les commentateurs ont diversement pris parti.

Pour les uns, la matière est mixte toutes les fois que par une demande principale réelle au fond, on réclame des accessoires qui par eux-mêmes sont purement personnels.

Dans l'action en partage, par exemple, le fond de l'instance, c'est une revendication ; il s'agit de fixer le lot définitif dont le cohéritier poursuivant sera propriétaire dans un immeuble indivis jusqu'alors. Mais à ces conclusions principales, qui paraissent réelles, se joignent pour l'ordinaire des conclusions secondaires qui sont évidemment personnelles. Ainsi le demandeur réclamera presque toujours à ses cohéritiers ou sa quote-part dans les fruits perçus durant l'indivision, ou des indemnités pour le préjudice qu'a pu subir la chose commune ensuite de leur fait, ou bien encore le remboursement proportionnel des sommes qu'il a dépensées pour l'amélioration de cette chose.

Telle est, suivant un grand nombre d'interprètes, l'explication de ce mélange de personnalité et de réalité qu'on a cru reconnaître dans les expressions *tam in rem quam in personam* employées par les Institutes (1).

(1) Cpr. Mynsinger, *Inst.*, lib. IV, tit. 6, § 19 ; — Perez, *Prælection. in Cod.*, lib. III, tit. 39, n° 2 ; — Voet, *Comment. in Pand.*, lib. X, tit. 22, n° 4 ; — Vinnius, *Inst.*, lib. IV, tit. 6, § 20. — Cormier, *Code d'Henri IV*.

Si cette idée était admise, il faudrait en conclure que c'est le concours des deux demandes personnelle et réelle qui constitue l'action mixte, et que celle-ci perd ce caractère pour demeurer simplement réelle dès que le demandeur supprime ses conclusions accessoires (1).

Qui ne voit dès lors qu'il suffira d'une légère modification dans l'exposé de la demande pour changer au gré du poursuivant et la nature de l'action et la compétence du tribunal?

La Cour de cassation avait trouvé un expédient pour atténuer ce vice du système. Dans ses observations sur le Code de procédure civile, elle proposait de tenir pour invariablement mixtes toutes les actions qui, outre la revendication d'une chose, embrassent habituellement et *presque toujours* une demande de prestations (2).

Il y avait là un progrès incontestable, mais le remède de la Cour suprême n'en laissait pas moins subsister un autre tort non moins grave de l'interprétation, celui d'exagérer l'importance des accessoires au point d'altérer par cet élément accidentel la réalité des conclusions principales.

Pour qu'une demande secondaire dût être prise en

lib. XXVII, tit. 5, n°s 6 et 7; — De Ferrière, *Inst.*, liv. IV, tit. 6, § 20; *Dictionnaire de pratique*, V° *Action mixte*; — Merlin, *Répertoire*, V° *Action*, § 2; — Henrion de Pansey, *Compétence des juges de paix*, chapitre II; — Berriat-Saint-Prix, *Traité de la procéd. civ.*, t. I, p. 105 (5e édit.); — Duvergier, *Vente*, t. I, n° 467.

(1) Cpr. Favard, *Répertoire*, V° *Action mixte*.

(2) Observ. prélim. de la Cour de cassat. sur le proj. de Code de Pr. civ., liv. I, tit. 1, sect. 11, art. 18.

considération, il faudrait qu'elle tînt nécessairement à la substance même de l'action à laquelle elle se trouve liée.

En outre, si la personnalité des accessoires est assez puissante pour dénaturer le caractère réel du principal, on est forcément conduit à cette conséquence, qu'il n'y aura plus, en droit français, aucune action réelle. Toutes, jusqu'à la revendication d'immeubles, deviendront aussitôt des actions mixtes, car toutes, sans exception, comprennent *habituellement* des prestations personnelles. Le propriétaire qui revendique un immeuble n'a-t-il pas, aussi bien que l'héritier qui poursuit un partage, certains droits de créance à exercer contre son adversaire? Ne conclut-il pas *presque toujours* à la restitution des fruits touchés par le détenteur, à tout le moins de ceux perçus depuis le cours de l'instance? C'est donc un résultat fatal et inévitable, les actions réelles sont effacées de nos codes. Et cependant nous savons très bien que les législateurs n'ont jamais eu cette intention, je n'en veux pour preuve que cette règle du paragraphe 3 de notre article qui retire dans les matières réelles la faculté que l'ancienne jurisprudence laissait au demandeur de saisir à son choix le juge de la situation de l'immeuble ou celui du domicile du défendeur, et qui déclare seul compétent, à l'avenir, le tribunal de la situation de l'objet litigieux (1).

Ainsi il est impossible d'admettre que des conclusions secondaires à fin de prestations personnelles

(1) Locré, *op. et loc. cit.*

aient jamais assez de poids pour transformer en action mixte une demande qui, en soi, est au fond purement personnelle. Il faut par conséquent chercher une autre explication de ces mots : *tam in rem quam in personam*. Pothier nous la donne dans le paragraphe 121 de son *Introduction générale aux coutumes* : « Il y
« a, dit-il, des actions proprement mixtes, dont la
« nature participe de celle des actions réelles et de
« celle des actions personnelles ; on en compte trois :
« l'action en bornage entre voisins (*finium regun-*
« *dorum*), l'action en partage d'une succession entre
« cohéritiers (*familiæ erciscundæ*), et l'action en
« partage de quelque autre chose que ce soit (*com-*
« *muni dividundo*) ; elles participent de la nature de
« l'action réelle ou de la revendication en ce que le
« voisin réclame et revendique en quelque façon par
« cette action la partie limitrophe de son héritage,
« qui doit être fixée et déterminée par le bornage. Le
« cohéritier ou copropriétaire réclame la portion qui
« lui appartient dans la succession ou la chose com-
« mune qui doit être déterminée par le partage. Elles
« participent de la nature des actions personnelles en
« ce qu'elles naissent d'un engagement personnel ;
« l'action de bornage naît de l'engagement respectif
« que le voisinage forme *quasi ex contractu* entre
« les voisins, qui oblige chacun d'eux à borner leur
« héritage, lorsque l'un d'eux le requiert. Les actions
« de partage naissent de l'engagement que la commu-
« nauté ou indivision forme entre cohéritiers ou co-
« propriétaires, qui oblige chacun d'eux à partager la
« succession o[illegible] e chose qui leur est commun,
« lorsque l'un [illegible] le requiert. »

Mais les actions dont s'occupent le paragraphe 20, ainsi entendu, sont-elles les seules que vise l'article 59 du Code de procédure civile? S'il n'a que cette portée restreinte, l'alinéa 4, comme on l'a souvent observé, devient une disposition à peu près insignifiante. Appliquée aux actions divisoires, l'alternative ouverte au demandeur entre le tribunal de la situation de l'objet et le juge du domicile du défendeur, cette alternative, dis-je, serait, dans la plupart des cas, absolument impraticable. Et d'abord, si j'examine l'action en partage entre cohéritiers, je la trouve soumise à une compétence particulière. Aux termes des articles 882 du Code civil et 59 du Code de procédure, elle doit toujours être portée au tribunal de l'ouverture de la succession. Le partage entre associés est également régi par une exception analogue; l'action *communi dividundo* est dévolue au tribunal du lieu où la société était établie avant qu'elle fût dissoute (arg. des art. 882 et 1872 C. N. combinés). Reste l'action en bornage, la seule où l'on n'ait pas mis d'entraves à l'application du paragraphe 4. Eh bien! l'option du demandeur ne saurait y avoir plus de chances d'aboutir : elle est condamnée d'avance par la bizarrerie des résultats qu'elle entraîne. Ici le bon sens des parties a corrigé l'imperfection de la loi; c'est toujours devant le tribunal de la situation de l'immeuble qu'agissent les demandeurs en bornage.

Les trois actions énoncées aux Institutes comme ayant une *mixtam causam* ne sont donc pas les seules auxquelles notre pratique française attribue le caractère mixte; il doit évidemment s'en rencontrer d'autres où la régle de compétence posée par l'alinéa 4 reçoive une application plus sérieuse que dans les trois cas incomplets que je viens d'exposer d'après les sources romaines. Sur ce point encore Pothier va nous servir de guide :

« Il y a d'autres actions qu'on appelle mixtes en « un autre sens, lesquelles étant principalement et par « leur nature actions personnelles, néanmoins, par « rapport à quelque chose qui leur est accessoire, « tiennent de la nature de l'action réelle. Telles sont « les actions qu'on appelle personnelles-réelles ou per- « sonnelles *in rem scriptæ,* qui naissent d'une obli- « gation personnelle à l'exécution de laquelle la chose « qui en fait l'objet est affectée. On peut apporter « pour exemple l'action de réméré. Cette action est « principalement personnelle, puisqu'elle naît de la « clause du contrat de vente et de l'obligation que « l'acheteur d'un héritage a contractée envers le ven- « deur, de lui rendre l'héritage lorsqu'il voudrait y « rentrer, en offrant la restitution du prix et des loyaux « coûts. Mais, comme l'héritage est affecté à l'exécu- « tion de cette obligation, n'ayant été aliéné qu'à cette « charge, cette action, quoique personnelle principa- « lement, tient de la nature des actions réelles, en ce « qu'elle suit l'héritage et qu'elle peut se donner contre « les tiers détenteurs de l'héritage, pour qu'ils le dé- « laissent comme affecté à l'exécution de l'obligation « de l'acheteur (1). »

Ainsi l'action sera encore mixte, suivant l'opinion

(1) *Op. cit.* § 122. Cpr. *supra* p. 103, note 1, le fragment que j'ai cité de Cujas (*Recit solemn.* ad leg. 9, D. *Quod metus causa*).

de Pothier, dans toutes les hypothèses où le défendeur sera personnellement tenu et où la clause qui l'oblige affectera l'objet de telle sorte que l'issue de l'instance doive amener du même coup la reprise de la chose et l'exécution de l'obligation. Le même interprète demeurait donc bien fidèle à sa doctrine lorsque, assimilant sous ce rapport l'action résolutoire à l'action de réméré, il écrivait, à propos de l'action qui naît du pacte commissoire :

« Cette action est personnelle-réelle et peut être intentée contre les tiers détenteurs, car le vendeur « n'ayant aliéné d'héritage qu'aux charges portées par « son contrat ; en aliénant l'héritage, il l'a affecté à « l'exécution des obligations que l'acheteur a contrac- « tées envers lui par ce contrat (1). »

Ces idées du jurisconsulte d'Orléans se retrouvent chez tous nos vieux auteurs. L'ancienne jurisprudence est unanime pour reconnaître dans la demande en résolution ce cumul de personnalité et de réalité qui avait fait qualifier de *mixtes* par les praticiens les actions empreintes de ce double caractère (2).

Cette opinion est également de nos jours celle qui rencontre le plus de crédit, et je crois qu'à tous égards elle mérite un accueil favorable. Il y avait là un système trop universellement reçu pour qu'il soit raisonnable de supposer, en face du silence des rédacteurs, que le paragraphe 4 de l'article 59 n'ait pas entendu le consacrer (3).

(1) *Vente*, n° 464.
(2) *Supra* p. 118.
(3) *Supra*, p. 104, note 2. — Cpr. en ce sens : Rauter, *Cours de pro-*

Cela posé, j'examine dans quels cas l'action en résolution d'un immeuble non payé pourra être considérée comme mixte. Il faut à cet effet distinguer plusieurs hypothèses.

Première hypothèse. — *L'immeuble est encore entre les mains de l'acquéreur.* — L'action résolutoire est mixte ; le vendeur peut la porter à son choix devant le tribunal de la situation de l'objet, ou devant celui du domicile de l'acheteur. Cette solution, quoi qu'on ait dit pour la combattre, me paraît cependant la seule rationnelle. En effet, le vendeur, en même temps qu'il poursuit l'exécution d'une clause expresse ou tacite du contrat, conclut à ce que l'immeuble dont la propriété repasse sur sa tête en vertu de cette clause, lui soit restitué par l'acheteur. L'objet se trouve, comme le disait Pothier, affecté à l'exécution de l'engagement, et l'action du demandeur, bien que dérivée du contrat de vente, aboutit néanmoins aux conclusions d'une demande réelle, au délaissement de la chose vendue par l'acquéreur qui le détient (1).

cédure civile française, § 55 ; — Boncenne, *Théorie de la procédure civile,* Introduction, ch. V, t. I, p. 75 ; — Troplong, *De la vente,* t. II, n°s 625 à 630 ; — De Fréminville, *De la minorité,* t. II, n° 932 ; — Bonnier, *Eléments d'organisation judiciaire,* t. I, n° 491 ; — Aubry et Rau *D'après Zachariæ,* § 746, notes 9 et 10, t. VI, p. 302 ; — Dalloz, *R. A.,* V° *Actions,* n° 148 et V° *Vente,* n° 1309 ; — Boitard et Colmet d'Aage, *Leçons de procédure civile,* t. I, n°s 134, 135 ; — Verdier, *Transcription,* t. II, n° 584, note 1 ; — Demolombe, *Distinction des biens,* t. I, n° 468, et *Obligations,* t. II, n° 524 ; — Paris, 13 mai 1817 ; — Cass. 13 février 1832 ; — Lyon, 31 août 1849.

(1) Cpr. Duranton, t. XVI, n° 452 ; — Troplong, *Vente,* t. II, n°s 624 à 630 ; — Aubry et Rau *D'après Zachariæ,* § 746, notes 10 et 11, t. VI, p. 302 ; — Marcadé, sur l'art. 1654, n° 5 ; — Dalloz, *R. A.,* V° *Vente,* n° 1309.

Peut-être eût-il été préférable, au point de vue pratique, d'attribuer exclusivement cette action au tribunal du domicile du défendeur, car il sera plus que tout autre à même d'apprécier l'état des affaires, et de juger s'il y a lieu d'accorder au débiteur le secours d'un terme de grâce. On peut répondre cependant qu'à son tour le juge de la situation est en mesure, mieux que celui du domicile, de décider si la mal-tenue de l'immeuble n'expose pas le vendeur à perdre en même temps la chose et le prix.

Seconde hypothèse. — *L'immeuble non payé a été revendu à un tiers qui le possède.* — Quelques auteurs prétendent que l'action dirigée contre l'acquéreur primitif est personnelle (1). Je soutiens au contraire qu'elle ne cesse pas d'être mixte. On m'oppose la doctrine de Pothier, mais j'en appelle à l'autorité même qu'on invoque; Pothier ne faisait pas de distinction : « Cette action, disait-il, quoique personnelle principalement, tient de la nature des actions réelles, en « ce qu'elle suit l'héritage et qu'elle peut se donner « contre les tiers détenteurs de l'héritage pour qu'ils « le délaissent comme affecté à l'obligation de l'acheteur (2). »

Puis, si l'action est mixte à raison de son fondement, parce que le vendeur se prévaut à la fois d'un droit réel et d'un droit personnel, la revente de l'immeuble ne lui enlève pas ce caractère. La réalité de

(1) Cpr. Pigeau, *Procédure civile des tribunaux de France*, t. 1, p. 81; — Marcadé, sur l'article 1654, n° 5; — Dalloz, *R. A.*, V° *Vente*, n° 1309.

(2) *Loc. supra cit.*, p. 183.

l'action naissant du résultat même de la demande, c'est-à-dire du retour de la propriété entre les mains du demandeur, cet effet se produit dans tous les cas, aussi bien lorsque l'immeuble est resté en la possession de l'acheteur, que lorsqu'il a été revendu. La circonstance que l'acquéreur ne possède plus n'empêche pas qu'à l'égard de ce dernier, le vendeur ne soit toujours propriétaire (1).

Exercée contre le tiers détenteur après l'accomplissement régulier de la résolution au préjudice du premier acquéreur, l'action est en principe réelle. Cette opinion, généralement enseignée en doctrine, se justifie sans peine. Le vendeur qui fait résilier l'aliénation n'est sous aucun rapport créancier direct du tiers possesseur; l'action par laquelle il revendique sa chose ne tend pas, vis-à-vis de ce tiers, à l'exécution d'une promesse personnelle, elle a uniquement pour objet la restitution d'un corps certain, dans la propriété duquel le vendeur est réintégré par suite d'une condition résolutoire dont l'événement réagit sur les ayants-cause de l'obligé direct (2).

Monsieur Poncet professe un autre système. A en croire cet interprète, l'action intentée contre le sous-acquéreur est personnelle : « Lors, dit-il, que le pre- « mier acquéreur a transmis à d'autres la propriété de « l'immeuble vendu, il n'a pu leur transférer que les

(1) Cpr. Troplong, *Vente*, t. II, n° 635; — Aubry et Rau, *D'après Zachariæ*, § 746, texte et note 11, t. VI, p. 302.

(2) Cpr. Troplong, *Vente*, t. II, n°s 628 et 630; — Aubry et Rau, *D'après Zachariæ*, § 746, note 11 *in fine*, t. VI, p. 303; — Marcadé, Sur l'article 1654, n° 5; — Dalloz, *R. A.*, V° *Vente*, n° 1309; — Cass. req. rej., 8 août 1847.

« mêmes droits qu'il avait lui-même; c'est-à-dire qu'il « n'a pu le faire que sous les mêmes conditions aux- « quelles il l'avait lui-même acquis. Or il n'avait sur « l'immeuble qu'un droit résoluble en vertu de la « stipulation, ils ne l'ont reçu de lui qu'à la charge « expresse ou sous-entendue de la même condition « résolutoire. Ils sont donc engagés comme lui à « l'exécution de cette condition. L'action que leur in- « tente ce vendeur dérive ainsi de l'engagement qu'ils « ont *tacitement et indirectement* contracté envers « lui, comme encore de celui de restituer que leur « impose la loi. Elle est donc personnelle par sa na- « ture; elle l'est aussi par son objet qui est d'obtenir « l'exécution du pacte originaire dont ils se sont im- « plicitement chargés (1). »

Cette théorie est demeurée dans un complet isolement, et en vérité son discrédit est légitime. En faisant du tiers détenteur un obligé personnel du premier vendeur, elle viole ce principe fondamental de notre législation qu'un acquéreur à titre particulier ne succède pas aux obligations de son auteur, qu'il n'est pas lié par les engagements de celui dont il tient son droit. M. Poncet croit parer à l'objection en alléguant qu'il y a au moins engagement tacite et indirect; mais il n'a pas remarqué qu'en voulant fuir un écueil, il donnait dans un autre, et qu'avec cette subrogation virtuelle des ayants-cause à titre singulier aux obligations de leur auteur, il supprimait *de plano* tous les droits réels, et convertissait en action personnelle la

(1) *Traité des actions*, n° 119.

revendication elle-même. Du reste, et c'est encore là une considération qui aurait dû frapper l'estimable professeur : si le détenteur est obligé personnel, comment expliquera-t-on qu'il puisse se libérer par un délaissement?

Entre ces deux doctrines radicales, l'une tenant pour la nature réelle, l'autre protestant du caractère personnel, Carré pose le moyen terme de l'action mixte (1). Il cite à l'appui de son assertion, cette définition de l'action mixte enseignée par Duparc-Poullain :

« L'action qui a la seule chose pour objet et qui « naît d'un contrat passé entre le défendeur et un « tiers est l'action mixte, parce qu'elle a un mélange « de réalité et de personnalité. Elle n'est pas pure-« ment réelle, quoiqu'elle ait la seule chose pour « objet direct, parce qu'elle dérive d'un contrat sans « lequel elle n'aurait pas lieu. Elle n'est pas aussi pu-« rement personnelle, parce que le contrat dont elle « dérive n'est point passé entre les deux parties, et ne « forme pas un véritable lien personnel entre elles (2). »

Cette opinion dangereuse doit être repoussée. On fonde l'action du vendeur sur le contrat intervenu entre l'acheteur et le tiers qui possède! Mais qu'importe au vendeur le contrat ou la cause qui ont dessaisi son acquéreur? L'objet vendu en est-il moins sa propriété? A-t-il autre chose à faire qu'à prouver son droit pour le reprendre partout où il le trouve (3)? Et

(1) *Compétence*, t. I, n° 219.
(2) *Principes de droit*, t. VIII, n° 4.
(3) Cpr. Troplong, *Vente*, t. II, n° 630.

le détenteur, en quoi sera-t-il personnellement tenu? Sera-t-il lié par le contrat primitif qui oblige son auteur? Mais à quel titre? Tout cela n'est-il pas, quant à lui, *res inter alios acta?*

Il me semble en outre que Carré se montre ici peu conséquent avec lui-même. Si les détenteurs sont tenus personnellement, ils doivent être assimilés à l'acquéreur immédiat; or, comment se fait-il que l'action qu'il présente comme personnelle contre celui-ci, devienne mixte contre ceux-là? J'avoue pour mon compte ne pas saisir la différence; s'il n'y a pas de contradiction, il y a du moins quelque chose qui en revêt toutes les apparences (1).

Donc, en deux mots, l'action résolutoire exercée contre l'acheteur immédiat est mixte; intentée contre les sous-acquéreurs, elle est purement réelle. De là cette conséquence pratique que, dans le premier cas, la demande est portée au tribunal de la situation ou au juge du domicile, tandis que, dans le second, elle est déférée exclusivement au tribunal dans le ressort duquel les biens sont situés.

Mais le vendeur pourrait-il *omisso medio* revendiquer directement, au préjudice des tiers détenteurs,

(1) Poullain-Duparc s'était-il lui-même bien rendu compte de sa solution? Il est permis d'en douter; sa doctrine, je crois, procède d'une erreur historique : d'Argentré, commentant la Coutume de Bretagne, avait écrit sur l'article 8 que l'action rescisoire dirigée contre les tiers possesseurs était *non proprie personalis, sed in rem scripta*. Puis sur l'article 9 il avait ajouté : *Adversus possessorem in rem actio est etsi tribunalium stylus personalem admixtam censet (Aitiolog. in art. 8 et 9 consuet. Britann.)*. Poullain-Duparc, s'emparant de la première décision, traduisit sans s'inquiéter des remarques sur l'article 9. L'action rescisoire est mixte lorsqu'elle frappe les sous-acquéreurs.

sans avoir au préalable actionné l'acheteur primitif ou sans le mettre en cause simultanément dans l'instance?

Oui, répond Merlin, car c'est le propre de l'action réelle d'être donnée contre tout possesseur de la chose qui en est l'objet. C'est ainsi qu'en cas de rescision pour cause de lésion, l'article 1681 autorise le détenteur à choisir entre la restitution de l'immeuble et le paiement d'un supplément de prix, et que l'article 1664 permet au vendeur à réméré de poursuivre le sous acquéreur, quand même la clause de rachat n'aurait pas été mentionnée dans le second acte de vente (1).

Cette argumentation de Merlin est facile à réfuter. Sans doute l'action est réelle à l'égard de celui qui détient la chose, mais, pour qu'elle soit ouverte, il faut avant tout que le contrat soit résolu. Tant qu'il subsiste, la prétention du vendeur qui vient opposer au tiers son droit de propriété, cette prétention manque de base, et le sous-acquéreur lui répondra victorieusement qu'il n'est pas son contradicteur légitime, que n'ayant pas été partie au contrat, il n'est tenu envers lui d'aucune obligation, et qu'il ne le tiendra pour propriétaire de l'immeuble qu'autant qu'il aura fait légalement rescinder la première vente (2). Quant à l'art. 1664, il prévoit une espèce bien différente de celle qui nous occupe. La résolution qui naît du retrait conventionnel s'opère de plein droit, simplement en

(1) *Questions de droit*, V° *Résolution;* — Cpr. Duranton, t. XVI, n° 361.

(2) Cpr. Troplong, *Vente*, t. II, n°s 634, 732 et 804.

vertu d'une déclaration de volonté du vendeur. Il suffit donc à ce dernier, pour reprendre la chose vendue, de faire connaître sa détermination et de justifier auprès du tiers de l'accomplissement légal du pacte résolutoire. Dans l'hypothèse de l'article 1655 au contraire, l'intention du vendeur n'a plus cette toute-puissance, elle ne peut devenir efficace que par l'autorité des tribunaux, et le contrat se maintient jusqu'au jour où il est judiciairement résolu.

La preuve tirée de l'article 1681 n'est guère plus concluante. Ce texte reconnaît au tiers acquéreur, comme à l'acheteur primitif, la faculté d'offrir un supplément de prix, mais cela veut-il dire que ce tiers puisse être directement actionné? Je n'en crois rien! Cet article suppose simplement que le possesseur a été appelé à l'instance principale dirigée contre son auteur, ou qu'il est spontanément intervenu au procès, et c'est alors qu'il le déclare recevable dans ses offres de compléter le prix. Il ne fait que répéter à propos du sous-acquéreur ce que Pothier avait écrit au sujet des créanciers hypothécaires sous le numéro 371 de son *Traité de la vente* :

« Le créancier hypothécaire de l'acquéreur ayant « droit, pour la conservation de son droit d'hypothè- « que, d'exercer tous les droits que son débiteur est « dans le cas d'exercer, peut intervenir sur l'action « rescisoire avant qu'elle ait été exercée ; et en payant « au vendeur le supplément du juste prix, exercer « ses hypothèques sur l'héritage. »

Donc, en thèse générale, le vendeur devra poursuivre tout d'abord son acheteur, s'il veut efficacement revendiquer sur le tiers en possession (1). Toutefois, les raisons mêmes qui m'ont conduit à écarter la doctrine de Merlin m'amènent à tempérer cette règle par une double restriction :

1° Il peut arriver que le contrat de revente ait mis à la charge du second acheteur l'obligation de désintéresser le vendeur primitif. Celui-ci, dès lors, est autorisé, en vertu de cette clause, à poursuivre le tiers substitué, par l'action directe qu'il avait contre le débiteur originaire. La demande, en ce cas, serait mixte, car le défendeur y est à la fois dénoncé et comme obligé personnel et comme possesseur de l'objet affecté à l'obligation. L'instance, aux termes de l'article 59, pourrait être dévolue par conséquent au tribunal de la situation ou bien à celui du domicile (2).

2° Le tiers détenteur pourra être actionné directement *omisso medio*, toutes les fois qu'on se trouvera sous l'empire de l'art. 1656, c'est-à-dire qu'il s'agira d'une résolution opérant *ipso jure* sans le ministère du juge. Le droit de l'acquéreur est alors éteint *erga omnes*, et le vendeur, pourvu qu'il manifeste sa volonté d'user de la résolution, est aussitôt rétabli dans sa propriété. La demande est ici purement réelle et la connaissance en appartient au tribunal de la situation (3).

(1) Troplong, *Vente*, t. II, n°° 633 et 634 ; — Duvergier, *Vente*, t. I, n° 466 ; — Aubry et Rau *D'après Zachariæ*, § 356, t. III, p. 284 ; — Dalloz, *R. A.*, V° *Vente*, n° 1298 ; — Demolombe, *Des Obligations*, t. II, n° 521 ; — Bourges, 22 février 1842.

(2) Troplong, *Vente*, t. II, n°° 633 et 635 ; — Duvergier, *Vente*, t. I, n° 466 ; — Aubry et Rau *D'après Zachariæ*, § 356, t. III, p. 284 ; — Dalloz, *R. A.*, V° *Vente*, n°° 1295 et 1310 ; — Cass., 12 mars 1829.

(3) Cpr. Duranton, t. XI, n° 95.

Lorsque le vendeur doit faire résoudre la première aliénation, afin d'attaquer valablement le sous-acquéreur, il peut, au lieu d'engager deux instances successives, moyen long et dispendieux, les réunir en un procès unique et les introduire simultanément auprès du même tribunal par un seul exploit. Il y a en effet connexité intime entre les deux actions; le détenteur, si je puis m'exprimer ainsi, est frappé par un choc en retour, son droit ne peut disparaître que si la propriété de son auteur est elle-même anéantie; or, le cas le plus évident de connexité est celui où le règlement d'un litige n'est que la conséquence de la solution d'un autre point contesté, l'identité absolue entre les parties n'est pas indispensable pour que deux affaires soient connexes (1).

La mise en cause simultanée de l'acquéreur et du tiers en possession sera même ordinairement le procédé le plus sûr, car si le demandeur agissait contre son obligé direct séparément et sans faire intervenir le détenteur, ce dernier pourrait répondre qu'on ne devait pas mener l'affaire ainsi, qu'il lui eût été possible, en payant le prix, de prévenir la résolution, que son vendeur n'était plus le maître, en plaidant postérieurement à la revente, de compromettre le droit réel qu'il lui avait transmis; que le jugement lui est aussi étranger que le serait à son égard un contrat intervenu depuis son acquisition, et qu'il prétend en

(1) Troplong, *Vente*, t. II, n° 637; — Duvergier, *Vente*, t. I, n° 460; — Marcadé, sur l'article 1654, n° 5; — Dalloz, *R. A.*, V° *Vente*, n°° 1204 et 1312; — Demolombe, *Des Obligations*, t. II, n° 521.

arrêter l'exécution matérielle par un recours en tierce opposition (1).

L'instance dirigée conjointement contre l'acheteur primitif et le sous-acquéreur sera dévolue au gré du poursuivant, soit au juge du domicile du défendeur, soit au tribunal de la situation de l'objet. Si le vendeur saisit le tribunal du domicile, le détenteur qui y sera traduit n'aura pas lieu de s'en plaindre, la connexité le rend non recevable à soulever le déclinatoire. Si, au contraire, c'est devant le tribunal de la situation que la demande est portée, l'acheteur doit à son tour déférer à cette option. D'une part, en effet, l'action est mixte, et d'un autre côté la voie lui est plus favorable, car elle rend moins coûteuses et plus promptes les expertises et descentes sur les lieux, ayant pour but la constatation de l'état des immeubles.

Ainsi, en résumé, l'action résolutoire dirigée contre l'acquéreur immédiat est *mixte*. Peu importe du reste que le défendeur soit encore en possession, ou que la chose ait passé en mains tierces.

Dirigée contre les sous-acquéreurs, elle est en principe *réelle*. Elle est susceptible de devenir mixte, si le tiers, en s'obligeant par une clause formelle à payer le prix au premier vendeur, s'est constitué par là l'obligé personnel de celui-ci.

Dans ce dernier cas et dans l'hypothèse où il y aurait résolution conventionnelle *ipso jure*, le vendeur peut

(1) Cpr. Carré, *De la Compétence*, t. II, p. 421 ; — Duvergier, *Vente*, n° 466 ; — Dalloz, *R. A.*, V° *Vente*, n° 1295 ; — Cass., 21 février 1816, et 19 août 1818 ; — Douai, 5 juin 1820 ; — Cass., 25 mars 1828 ; — Voyez aussi Req., 11 février 1824.

poursuivre le détenteur *omissò mediò*. Seulement l'action, qui revêt le caractère mixte quand il y a engagement direct envers le vendeur, reste réelle quand il y a revendication en vertu du pacte commissoire exprès.

CHAPITRE V.

Des fins de non-recevoir contre l'action résolutoire.

Les fins de non-recevoir que l'on peut opposer à l'action résolutoire sont au nombre de quatre. Elles résultent, soit de la renonciation expresse ou tacite du vendeur, soit de la prescription du droit de résolution, soit de la perte du privilége sur la chose vendue, aux termes de l'article 7 de la loi du 23 mars 1855, soit enfin en cas de saisie de l'immeuble non payé au préjudice de l'acheteur, du défaut de notification de la demande avant le jour fixé pour l'adjudication (art. 692 et 717, C. pr.).

SECTION Ire.

De la renonciation du vendeur au droit de résolution.

En règle générale il est loisible à chacun de renoncer à un droit établi en sa faveur; mais, une fois que le titulaire en a fait l'abandon, il n'est plus recevable à s'en prévaloir à l'avenir. Ainsi, lorsque par une clause du contrat ou dans une convention ultérieure, le vendeur aura déclaré se départir du droit de faire résoudre la vente pour défaut de paiement du prix, cette renonciation conventionnelle fera naître à son encontre une fin de non-recevoir invincible, si plus tard il veut, en cas de non-paiement, revendiquer l'immeuble vendu.

La renonciation tacite produira également le même effet; seulement on peut se demander dans quelles circonstances le vendeur sera présumé s'être dessaisi de son action résolutoire.

En droit romain la demande du prix faisait perdre sans retour le bénéfice du pacte commissoire; réclamer l'exécution de la vente, c'était en reconnaître irrévocablement l'existence. Chez nous, au contraire, on ne doit voir dans les poursuites à fin de paiement rien qui fasse supposer un abandon de la faculté de résoudre; bien plus, la clause résolutoire expresse ou tacite ne peut avoir de résultat qu'autant que les démarches tendant à l'acquittement du prix sont demeurées infructueuses. En exigeant la mise en demeure de l'acheteur, même pour l'exercice du pacte commissoire opérant *ipso jure*, l'article 1656 met en évidence l'esprit et la pensée de la loi (1).

Vainement dirait-on, comme le fait M. Duvergier (*Vente*, t. I, n° 445), que l'article 1656 ne statuant qu'à propos des immeubles, il faudra revenir au système romain quand il s'agira de ventes mobilières où

(1) Troplong, *Vente*, t. II, n° 656; — Duvergier, *Vente*, t. I, n° 444; — Merlin, *Questions de droit*, V° *Option*, § 1, n° 10; — Aubry et Rau, *D'après Zachariæ*, § 356, t. III, p. 235; — Marcadé, sur l'art. 1656, n° 3; — Dalloz, *R. A.*, V° *Vente*, n° 1324; — Demolombe, *Des obligations*, t. II, n° 530; — Cass., 2 décembre 1811; — Paris, 11 mars 1810.

la condition résolutoire sera formellement exprimée, car cette doctrine violerait à la fois et la volonté des parties et le principe fondamental de la résolution légale pour inexécution des charges. En effet, d'un côté il y aurait contradiction à soutenir que le vendeur qui, pour surcroît de garanties, a pris soin de stipuler une clause résolutoire devant opérer de plein droit, fût plus maltraité que celui qui a vendu sous la simple condition tacite, à laquelle cependant le Code attribue bien moins d'énergie ; et d'autre part, quand même on admettrait, conformément aux idées des jurisconsultes romains, que la demande en exécution substitue en quelque sorte une nouvelle vente à l'ancienne, cette subtilité ne serait ici d'aucun secours, puisque, en vertu des articles 1184 et 1654, cette seconde vente ne serait affranchie de l'éventualité d'une résolution conventionnelle que pour retomber aussitôt et fatalement sous l'empire de la condition résolutoire légale (1).

Le vendeur eût-il reçu des acomptes (2); eût-il même fait condamner l'acheteur à payer le prix de vente (3); eût-il encore acheminé l'exécution de la sentence par un commandement ou la saisie des meubles (4), toutes ces mesures seraient sans influence sur son droit de résolution.

Mais il en serait autrement, et le vendeur serait con-

(1) Troplong, *Vente*, t. II, n° 656 ; — Marcadé, *loc. cit.* ; — Dalloz, *R. A.*, V° *Vente*, n° 1326.

(2) Metz, 1er mars 1820 ; — Agen, 11 mars 1830.

(3) Paris, 11 mars 1816.

(4) Limoges, 21 août 1811 ; — Metz, 30 mars 1816 ; — Agen, 31 janvier 1826 ; — Montpellier, 29 mai 1827.

sidéré comme déchu de son action résolutoire, s'il avait consenti à la revente de l'immeuble non payé, ou bien s'il avait autorisé son acheteur à concéder sur ce même immeuble un droit réel de servitude ou d'hypothèque. Par cette ratification des actes de disposition de l'acquéreur, il renonce implicitement, en faveur des tiers qui ont acquis des droits sur l'immeuble, à la faculté qui lui compète de poursuivre la résiliation de la vente (1).

Si une partie seulement de la chose vendue avait passé en d'autres mains, la renonciation résultant de la reconnaissance que le vendeur a faite de la revente s'étendrait même à la portion demeurée dans le patrimoine du premier acheteur; d'après l'article 1220, les obligations sont indivisibles entre les parties qui les ont souscrites, par conséquent l'abandon du droit de reprendre les parcelles sous-aliénées a dû rendre la première vente irrévocable dans son ensemble et quant à la totalité de l'immeuble qui en a été l'objet.

Au contraire, l'acheteur serait non recevable à se prévaloir de l'indivisibilité de l'obligation, si une fraction de l'immeuble non payé ayant été revendue en détail sans le consentement du premier vendeur, celui-ci intentait l'action résolutoire simplement pour la portion non comprise dans la revente. Le défendeur ne peut se plaindre de ce que le créancier laisse en repos les tiers détenteurs, car c'est par son fait que le principe de l'article 1220 reste sans application; ce

(1) Cpr. Aubry et Rau, *D'après Zachariæ*, § 356, t. III, p. 286; — Marcadé, sur l'article 1654, n° 3; — Cass. rej., 7 novembre 1832 et 9 juillet 1834.

silence d'ailleurs le met à couvert des recours en garanties de la part de ses ayants-cause, et partant, moins que tout autre, il peut reprocher au demandeur des ménagements qui sont en définitive dictés par son propre intérêt (1).

En cas d'aliénations successives, la renonciation du vendeur primitif au droit de faire résilier la vente, ne constitue pas une fin de non-recevoir contre l'action résolutoire qui serait intentée par le second vendeur, alors même qu'il aurait délégué au renonçant la totalité ou une quote-part du prix stipulé dans l'acte de revente (2).

SECTION II.

De la prescription de l'action résolutoire.

La prescription, je l'ai déjà dit, est également une fin de non-recevoir opposable à l'exercice du droit de résolution.

Entre le vendeur et l'acquéreur ou ses héritiers, il ne saurait y avoir lieu qu'à la prescription trentenaire, et les 30 ans ne commenceront à courir que du jour de l'exigibilité du prix (3).

Si l'objet non payé est entre les mains d'un tiers qui le possède de bonne foi en vertu d'un titre translatif, l'action résolutoire s'éteint par l'usucapion de dix

(1) Troplong, *Vente*, t. II, n° 641 ; — Cass. rej., 30 avril 1827.

(2) Aubry et Rau, *D'après Zachariæ*, § 356, t. III, p. 286 ; — Cass., 18 juillet 1847 et 20 juin 1850.

(3) Arg. de l'art. 2257 ; Cpr. Troplong, *Vente*, t. II, n° 662 ; — Demolombe, *Des obligations*, t. II, n° 561.

ou vingt ans s'il s'agit d'un immeuble (art. 2265), et par le seul fait de la délivrance lorsqu'il s'agit d'effets mobiliers corporels (art. 2279).

Quelques arrêts ont décidé cependant que l'action en résolution d'une vente d'immeubles durait 30 ans, même contre le tiers acquéreur de bonne foi. La prescription par 10 ou 20 ans, a-t-on dit, n'est possible qu'à celui dont le titre émane d'un non-propriétaire (1).

Je ne saurais accepter cette solution. Aux termes de l'article 2265, l'usucapion par 10 ou 20 ans est ouverte à toute personne qui acquiert un immeuble par juste titre et de bonne foi ; or, il n'y a pas de raison pour excepter de cette règle générale le sous-acquéreur d'un immeuble non payé. Il est vrai que par l'opposition qu'il établit entre le possesseur et le véritable propriétaire, cet article 2265 permet de dire que sa disposition est applicable seulement à celui qui achète *a non domino*, et qu'en l'espèce le tiers ayant acquis du vrai propriétaire, il est non recevable à en invoquer le bénéfice. Mais il n'y a là évidemment qu'un abus de mots. « Il serait contraire au bon sens, dit « Marcadé, que celui qui acquiert *à vero domino*, et « qui a néanmoins besoin de prescrire, fût moins « bien traité que celui qui acquiert *a non domino*; la « circonstance que mon auteur était bien proprié- « taire ne peut être pour moi qu'une nouvelle cause « de faveur ! Que si, ajoute le même commentateur,

(1) Paris, 4 décembre 1826 ; — Montpellier, 29 mai 1827 ; — Paris, 4 mars 1838 ; — Agen, 28 août 1841.

« l'on veut de plus tenir judaïquement au texte, notre « cas y rentrera facilement : pourquoi, en effet, le « vendeur peut-il évincer ici le sous-acquéreur ? C'est « parce que le défaut de paiement faisant résoudre la « vente, ce vendeur, par l'effet rétroactif de la réso« lution, se trouve être toujours resté propriétaire, « et le premier acquéreur ne l'avoir jamais été. La « transmission faite par celui-ci l'a donc été *à non* « *domino* ; c'est le vendeur qui se trouve avoir été le « véritable propriétaire ; et la lettre même de l'article « 2265 est respectée (1). »

Il faut donc admettre sans hésiter que la prescription de l'action résolutoire est une prescription acquisitive, identique par sa nature à la prescription de l'hypothèque (2).

Une dernière question plus délicate peut-être, est celle de savoir si le tiers détenteur doit en principe être considéré comme étant de bonne foi. M. Troplong tient pour l'affirmative (3). Selon la doctrine du savant magistrat, le tiers en possession sera généralement

(1) Sur l'art. 1654, n° 5, t. VI.

(2) Cpr. Duranton, t. XVI, n°s 363 et 364 ; — Vazeille, *Des prescriptions*, t. II, n° 517 ; — Troplong, *Vente*, t. II, n° 662, et *Prescription*, n° 797 ; — Aubry et Rau, *D'après Zachariæ*, § 356, t. III, p. 287 ; — Marcadé, sur l'art. 1654, n° 5 ; — Massé et Vergé, *Sur Zachariæ*, t. IV, p. 308, note 14 ; — Dalloz, *R. A.*, V° *Vente*, n° 1363, et V° *Prescription*, n°s 953 et suiv. ; — Larombière, t. II, sur l'art. 1181, n° 109 ; — Demolombe, *Des obligations*, t. II, n°s 563, 564 et 565 ; — Toulouse, 13 août 1827 ; — Colmar, 6 mars 1830 ; — Cass. rej., 12 janvier 1831 ; — Rouen, 28 décembre 1831 ; — Orléans, 14 décembre 1832 — Bordeaux, 24 décembre 1832 ; — Nîmes, 19 janvier 1839 ; — Cass. rej., 31 janvier 1844 ; — Riom, 23 décembre 1845.

(3) *Vente*, t. II, n° 662.

présumé de bonne foi, quand même il aura pu savoir ou aura su que le prix des précédentes ventes n'était pas acquitté, car il a dû raisonnablement s'attendre à ce que chaque vendeur fût désintéressé par son acheteur immédiat. Je ne crois pas qu'il faille aller aussi loin : le sous-acquéreur, qui a pu facilement savoir que la chose par lui acquise était encore due au vendeur originaire, devait se prémunir contre les éventualités de recours de la part de ce dernier, et, au besoin, ne se dessaisir qu'en connaissance de cause et entre les mains des ayants-droit légitimes (1).

Dans le cas où le sous-acquéreur se serait personnellement engagé à payer au premier vendeur le montant du prix de la revente, il ne pourrait *à fortiori* invoquer la prescription décennale. Obligé direct, il a été, par l'acte même d'acquisition, averti de la fragilité de son droit ; il ne peut prétendre, par conséquent, qu'à la prescription libératoire qui se serait opérée à son profit par l'expiration du délai de trente ans (2).

SECTION III.

Déchéances résultant des articles 692 et 717 du Code de procédure.

Sous l'empire du Code civil, la conservation du droit de résolution n'était soumise à aucune mesure

(1) V. Aubry et Rau, *D'après Zachariæ*, § 356, note 41, t. III, p. 287 ; — Cpr. Paris, 20 janvier 1826 ; — Orléans, 14 décembre 1832 ; — Nîmes, 19 janvier 1839 ; — Cass. rej., 31 janvier 1844 ; — Paris, 12 février 1844.

(2) Cpr. Troplong, *Vente*, t. II, n° 662 ; — Demolombe, *Des obligations*, t. II, n° 563 ; — Limoges, 19 janvier 1824.

de publicité. Absolument occulte et ignorée des tiers, l'action résolutoire était indépendante du privilége établi par l'article 2103; la perte de celui-ci n'enlevait rien à l'efficacité de celle-là (1). Elle survivait aux expropriations forcées comme aux aliénations volontaires, l'accomplissement des formalités de la purge(2), la clôture définitive de l'ordre (3), la laissaient inex-

(1) Cpr. Merlin, *Répertoire*, V° *Echange*, n° 2, V° *Privilége*, sect. 5, n° 5, et V° *Résolution*, n° 2; — Persil, *Régime hypoth.*, Sur l'art. 2103, § 1, n° 14; — Troplong, *Des hypothèques*, t. I, n° 222; — Duranton, t. XVI, n° 361; Duvergier, *Vente*, t. I, n° 441; — Aubry et Rau, *D'après Zachariæ*, § 356, t. III, p. 285; — Marcadé, sur l'art. 1654, n° 2, t. VI; — Pont, *Des hypothèques*, n° 198; — Mourlon, *Examen critique*, n° 163; — Verdier, *Transcription*, t. II, n° 584; — Cass., 2 décembre 1811; — Caen, 18 juin 1813; — Rouen, 4 juillet 1815; — Paris, 11 mars 1816; — Cass., 3 décembre 1817; — Limoges, 19 janvier 1824; — Cass., 30 avril 1827; — Montpellier, 29 mai 1827; — Cass., 26 mars 1828; — Cass., 24 août 1831; — Cass., 30 juillet 1834; — Cass., 30 janvier 1837; — Cass., 25 août 1841; — Paris, 12 février 1844; — Rouen, 15 mai 1852. Mais de ce que le vendeur reste le maître d'exercer la résolution contre les tiers alors même qu'il n'a pas conservé son privilége, il ne faudrait pas conclure qu'il pourrait encore, en vertu de ce privilége, réclamer sa collocation dans l'ordre. La Cour de Lyon, qui l'avait décidé ainsi (20 mai 1828) par ce motif que celui qui peut dépouiller et tiers détenteurs et créanciers hypothécaires, doit à plus forte raison les primer, n'a pas eu d'écho dans la jurisprudence, et il resta bien acquis que le Code accordait au vendeur deux garanties parfaitement distinctes, d'abord le droit d'agir pour son paiement en créancier privilégié, puis d'autre part, si on ne le désintéresse pas, la faculté de faire résoudre la la vente. Sans doute la perte du privilége le fera redescendre au rang de créancier ordinaire, mais il n'en restera pas moins vendeur non payé, admissible, en cette qualité, à ressaisir envers et contre tous la propriété de l'immeuble vendu (Cass., 18 juillet 1825; — Montpellier, 1er avril 1832; V. aussi Aubry et Rau, *D'après Zachariæ*, § 356, note 28, t. III, p. 285, et Marcadé, sur l'article 1654, n° 2).

(2) Cpr. Paris, 11 mars 1816; — Cass., 25 août 1841 et 10 décembre 1844.

(3) Cpr. Cass., 24 août 1831; — Cass. rej., 30 juillet 1834; — Cass., 25 août 1841; — Paris, 12 février 1844; — Orléans, 14 août 1845.

pugnable en la personne du vendeur primitif. « Ainsi, « dit M. Mourlon, l'immeuble a été saisi sur l'acheteur; le vendeur a été prévenu de la poursuite et « mis en demeure d'y intervenir pour la sauvegarde « de son intérêt : il est resté inactif; l'adjudication « prononcée, il a été appelé à l'ordre ouvert sur le « prix et invité à y produire son droit; il a persévéré « dans son inaction. Néanmoins et quand tout est « consommé, alors que, conformément à l'ordre, le « prix d'adjudication a été payé aux créanciers colloqués, il peut, après avoir laissé les parties s'épuiser « en démarches et accumuler les frais, annuler, à son « gré, la saisie, l'adjudication et l'ordre accomplis « sous ses yeux. Son droit ne s'établit que sur des « ruines (1). »

Lors de la promulgation du Code, ce système parut si désastreux que les commentateurs aussi bien que les tribunaux hésitèrent, au début, à y voir une saine interprétation de la loi. Tombe-t-il sous les sens, disait Merlin, qu'un tiers acquéreur qui, à défaut d'inscription, ne peut être poursuivi hypothécairement par le vendeur, puisse être dépossédé par lui! Et cependant Merlin fut obligé de reconnaître lui-même que cette inconséquence monstrueuse le législateur l'avait consacrée. Tous les auteurs, depuis, se sont rangés à son opinion, et la jurisprudence, nous l'avons vu, suivit bientôt les errements de la doctrine (2).

Mais, dès cette époque, les jurisconsultes s'élevè-

(1) *Transcription*, t. II, n° 751.

(2) Cpr. *supra*, p. 289, notes 1, 2 et 3.

rent unanimes pour dénoncer au pouvoir législatif le danger permanent auquel cet état de choses exposait le crédit. N'est-il pas surprenant, disait on, que sous un régime hypothécaire dont l'une des principales promesses est d'affranchir de tout privilége ou hypothèque les immeubles mis en circulation, il y ait des droits réels même plus redoutables aux tiers qu'une créance privilégiée, qui ne puissent cependant être purgés par aucun moyen? « Il en résulte, observait « Grenier, qu'un acquéreur refuse de se libérer du « prix, à moins qu'on ne lui rapporte les quittances « des prix des anciennes ventes, ce qui peut remonter « à quarante, à cinquante ans et plus. Les vendeurs « en éprouvent les plus graves inconvénients, surtout « dans les classes inférieures, où les titres de pro« priété et de libération sont moins soigneusement « conservés. Des mesures deviennent indispensables « pour concilier les intérêts des acquéreurs avec ceux « du vendeur (1). »

La justesse de ces observations frappa tous les esprits. Tout le monde reconnut qu'on était en proie à un mal chronique et invétéré, dont les menaces incessantes appelaient un remède énergique. Le progrès néanmoins fut lent à s'accomplir, et ce ne fut que peu à peu, par des réformes successives et partielles, que l'on arriva à mettre un terme aux funestes inconvénients de l'action résolutoire.

(1) *Traité des hypothèques*, Discours préliminaire, § 6, n° 8; — Cpr. le même auteur, *op. cit.*, t. II, n° 382; — Jourdan, *Thémis*, t. V, p. 232 et suiv.; t. VI, p. 194 et suiv.; — Troplong, *Hypothèques*, Préface, p. 89, et t. I, n° 223.

Le premier pas vers la réforme date de 1833. La loi qui, à cette époque, organisa l'expropriation pour cause d'utilité publique, posa en principe, dans son article 19, qu'aucune action réelle ne pourrait arrêter l'expropriation, ni en entraver les effets, et que, par suite, le droit de résolution des anciens vendeurs serait reporté de l'immeuble exproprié sur l'indemnité pécuniaire qui le représente (1).

Cette dérogation, qui s'explique suffisamment par la permanence de l'utilité publique une fois reconnue, aboutit, on le voit, à transformer l'action résolutoire en un simple droit de préférence sur une somme d'argent. Mais, quoique identiques dans leur objet, le privilége du vendeur et le droit de résolution transporté sur le prix présentent, dans leurs résultats pratiques, une différence remarquable qu'il importe de noter. Le vendeur agit-il en vertu de son privilége, il ne recevra que le montant du prix de la vente; exerce-t-il au contraire son action résolutoire, il touche l'indemnité tout entière. La vente résolue est en effet considérée comme n'ayant jamais pris naissance, et le vendeur, censé propriétaire au jour de l'expropriation, perçoit en cette qualité la valeur intégrale de l'immeuble.

Cet amendement fut accueilli avec une satisfaction universelle. Economistes et jurisconsultes, tous comprirent qu'il y avait là, suivant l'expression de M. Lherbette, « un germe qui, fécondé par le temps, se dé-

(1) V. la loi du 7 juillet 1833, art. 19. Cette disposition a été reproduite par la loi du 3 mai 1841, art 18.

« velopperait ensuite dans toute notre législation sur « la transmission des biens (1). »

Cette prévision ne tarda pas longtemps à devenir une réalité. En 1841, l'étude d'un projet de loi sur la *saisie immobilière* fournit au législateur l'occasion de faire un pas de plus dans la voie des réformes et de réprimer un des abus les plus graves du système du Code : la possibilité pour le vendeur d'user de son droit de résolution contre les adjudicataires sur saisie.

On convint tout d'abord de la nécessité de rompre à cet égard avec les traditions du droit établi : « Nous « ne pouvons que faire des vœux, disait M. Persil « dans son rapport à la Chambre des pairs, pour que « l'action résolutoire accordée par l'article 1654 aux « vendeurs créanciers du prix, soit astreinte bientôt « à certaines conditions de publicité. Il est indispen- « sable que les tiers la connaissent, et que dans aucun « cas ils ne puissent être victimes, soit de la négli- « gence, soit de la fraude. Mais, en attendant que « cette réforme puisse atteindre cette partie du Code « civil, votre commission croirait manquer à son de- « voir si elle ne vous proposait de profiter de l'occa- « sion qui vous est offerte pour régler ce qui concerne « les effets de l'adjudication sur saisie immobi- « lière (2). »

Deux systèmes rivaux, défendus l'un et l'autre par les jurisconsultes les plus éminents de l'époque,

(1) V. Discours de M. Lherbette à la Chambre des députés.

(2) Rapport présenté par M. Persil à la Chambre des pairs, dans la séance du 23 mars 1840 (*Moniteur* du 31 même mois, année 1840, p. 600).

passionnèrent avec une chance égale la Chambre des députés et la Chambre des pairs.

Dans le premier système, le vendeur non payé qui a fait inscrire son privilége antérieurement à la saisie, ou qui, à défaut d'inscription, l'a fait mentionner au cahier des charges ou l'a dénoncé au poursuivant, ce vendeur reste nanti de son action résolutoire, et, pourvu qu'il l'intente avant la clôture de l'ordre, il est admis à s'en prévaloir, tant contre l'adjudicataire lui-même, qu'au préjudice des créanciers inscrits sur l'immeuble (1).

Suivant la seconde donnée, au contraire, le droit de résolution ne peut en aucune circonstance être invoqué par le vendeur postérieurement à l'adjudication (2).

Deux cas, disait-on, peuvent se présenter :

Le privilége est ou n'est pas inscrit au moment où, en conformité de l'article 692 du Code de procédure, le poursuivant lève un état des inscriptions existantes sur l'immeuble saisi.

Première hypothèse. — *Le vendeur a fait inscrire utilement son privilége.* — La saisie lui est notifiée comme à tous autres créanciers inscrits. Cet avertissement lui donnera l'éveil sur les dangers qui menacent son droit, et s'il laisse consommer l'expropriation sans produire son action résolutoire, c'est évidemment qu'il y aura renoncé.

(1) Amendement Lherbette ; séance de la Chambre des députés du 15 janvier 1841 (*Moniteur* du 16, année 1841, p. 122).

(2) Amendement Mater ; séance du 15 janvier 1841 (*Moniteur* du 16, année 1841, p. 120).

On le laisse donc choisir entre le privilége et la faculté de résolution; seulement le délai qu'on lui accorde, délai fatal et de rigueur, ne lui permet pas des indécisions prolongées, il doit manifester son option dès à présent. Laisse-t-il prononcer l'adjudication, la propriété qui était résoluble entre les mains du saisi, devient sur la tête de l'adjudicataire définitive et irrévocable. Ouvre-t-il en temps opportun sa demande en résolution, on sursoit aux procédures de la saisie et le tribunal fixe un délai pour le réglement définitif de l'instance. Si le vendeur laisse passer le terme convenu, ou si, faute par lui de se conformer aux prescriptions du tribunal, l'adjudication intervient avant le jugement de l'action résolutoire, l'immeuble passe affranchi dans le patrimoine de l'adjudicataire, et le vendeur ne conserve plus d'autre droit que celui de réclamer dans l'ordre le rang que lui assigne son privilége.

Seconde hypothèse. — *Le privilége n'a pas été rendu public par l'inscription.* — Le poursuivant, qui ne sait pas et n'est pas tenu de savoir que le prix de l'immeuble est encore dû, n'informera pas le vendeur de l'ouverture des poursuites; la saisie sera continuée sans lui, et, s'il n'a pas soin d'intervenir avant l'adjudication, la peine de sa négligence sera la perte de son droit de résolution.

Ce projet, par son caractère radical et ses allures décidées, ne manqua pas de réunir de zélés partisans. Il importe au crédit public, disait-on, non moins qu'au saisi, aux créanciers et au vendeur lui-même, que les enchérisseurs sérieux se présentent en plus grand nombre possible; or, pour atteindre ce but, il est essentiel d'assurer aux adjudicataires une pleine sécurité. Que l'acquéreur amiable subisse le contrecoup des résolutions qui frappent son auteur, on le conçoit facilement; libre de se mettre en rapport immédiat avec celui-ci, il a dû s'enquérir de l'état de ses affaires, vérifier ses titres d'acquisition, s'édifier enfin sur toutes les chances d'éviction susceptibles de compromettre la solidité de son droit. Toute autre est la situation des adjudicataires. Presque toujours privés des renseignements du saisi, ils achètent sous la foi de la justice, sans aucune communication de titres, et par conséquent dans une complète ignorance de l'origine de la propriété mise en vente. Comment les exposer dès lors aux périls d'une dépossession inattendue? ce sont les plus favorables de tous les acquéreurs, on leur fait appel par des annonces réitérées, on les sollicite d'enchérir par toutes les suggestions de la publicité, les évictions qui les frapperaient seraient d'autant plus iniques qu'elles s'accompliraient sous l'œil de la justice, avec la participation et par l'autorité même de ses magistrats. La circonstance que la publicité du privilége a précédé la saisie, n'empêche pas pour cela que la survie de l'action résolutoire, après l'adjudication, ne soit un danger pour les adjudicataires en même temps qu'un obstacle aux offres avantageuses. De deux choses l'une en effet, ou prévenus de la fragilité de l'adjudication, les tiers s'abstiendront d'enchérir de peur d'être plus tard victimes du droit de résolution, ou bien en voyant le vendeur assister aux opérations de la saisie sans en arrêter la marche, ils seront naturellement conduits à penser qu'il se contentera de produire à l'ordre, et quand après avoir dûment payé l'immeuble, ils seront actionnés par lui en résolution, ils se trouveront sans défense, victimes irréprochables d'un piége tendu publiquement à leur bonne foi, au vu et su des tribunaux eux-mêmes.

Telles furent les raisons que développèrent, au sein des deux chambres, des orateurs convaincus, dont la science égalait les talents oratoires (1). Leur poids incontestable, l'important appui qu'elles rencontraient dans l'assemblée devaient prochainement assurer leur triomphe. Néanmoins toute résistance n'était pas encore abattue; on objecta contre le projet qu'il y avait injustice à contraindre le vendeur d'user de son droit de résolution, que c'était violer la foi du contrat que de le mettre en demeure d'agir prématurément, que par la vente il a dû s'attendre à obtenir une somme d'argent, que peut-être il pourra arriver à cette fin en exerçant son privilége, mais que dans l'impossibilité où il est de le prévoir avant l'adjudication, on l'obligera, au grave détriment des créanciers, de viser au plus sûr et de recourir pour l'ordinaire à son action résolutoire (2).

(1) V. discours de M. Mater à la Chambre des députés (séance du 15 janvier 1841, *Moniteur* du 16; année 1841, p. 120). — Deuxième rapport présenté par M. Persil à la Chambre des pairs dans la séance du 5 mars 1841 (*Moniteur* du 7; année 1841, p. 568). — Deuxième rapport de M. Pascalis à la Chambre des députés (séance du 22 avril 1841, *Moniteur* du 27; année 1841, p. 1120); Cpr. premier rapport Persil, *Moniteur* de 1840, p. 600 (31 mars).

(2) Cpr. discours de MM. Thil, Lherbette, Hébert à la Chambre des députés (séance du 15 janvier 1841, *Moniteur* du 16; année 1841, p. 121 et suiv.).

Mais à cela on répondit que ce n'était pas faire violence au vendeur que de l'inviter à choisir entre ses deux droits ; que ce n'était pas non plus le dépouiller injustement que de restreindre les garanties de sa créance dans des limites équitables et rationnelles ; que sans doute il n'aura pas le secret des enchères, mais que cependant, dans la plupart des cas, il lui sera facile d'apprécier à l'avance s'il doit opter pour la résolution, ou si, à l'inverse, il lui est plus avantageux de s'en tenir à son privilége.

Si l'action résolutoire, ajoutaient les adversaires du vendeur, pouvait, moyennant de simples réserves, être intentée jusqu'à la clôture de l'ordre, l'adjudicataire serait bien dès cette époque à l'abri de toute réclamation de cette nature, mais rien par contre ne le protégerait pendant les temps antérieurs ; la fragilité du titre éloignerait des enchères les acquéreurs sérieux et la vileté du prix ne ferait plus de l'adjudication qu'un désastreux pacte aléatoire, dont toutes les chances seraient, comme aujourd'hui, pour ces spéculateurs parasites qui établissent leur fortune sur la ruine des débiteurs et celle des créanciers (1).

Ces considérations, auxquelles la Chambre des députés s'était d'abord montrée rebelle, parurent au contraire décisives à la Chambre des pairs. Dans sa séance du 5 mars 1841, elle proclama, sans restriction,

(1) V. Deuxième rapport de M. Persil à la Chambre des Pairs (*Moniteur* du 7 mars 1841, *loc. sup. cit.*) ; — V. aussi deuxième rapport de M. Pascalis à la Chambre des députés (*Moniteur* du 27 avril 1841, *loc. cit.*), — et discours de M. Mater à la Chambre des députés (*Moniteur* de 1841, p. 120, — 10 janvier).

ce principe posé par le second système : que l'adjudicataire ne pourrait être troublé dans sa propriété par aucune poursuite fondée sur le droit de résolution des précédents vendeurs. Toutefois, afin de prévenir d'autant mieux les déchéances imprévues, elle fit insérer le paragraphe suivant dans l'article 692 : « Si parmi « les créanciers inscrits se trouve le vendeur de l'im- « meuble saisi, la sommation à ce créancier portera « qu'à défaut de former sa demande en résolution et « de la notifier au greffe avant l'adjudication, il sera « définitivement déchu à l'égard de l'adjudicataire du « droit de la faire prononcer (1). »

La Chambre des députés se rendit à son tour et l'art. 717 fut voté définitivement en ces termes :

« L'adjudication ne transmet à l'adjudicataire d'au- « tres droits à la propriété que ceux appartenant au « saisi. Néanmoins, l'adjudicataire ne pourra être « troublé dans sa propriété par aucune demande en « résolution fondée sur le défaut de paiement du prix « des anciennes aliénations, à moins qu'avant l'adju- « dication la demande n'ait été notifiée au greffe du tri- « bunal où se poursuit la vente. Si la demande a été « notifiée en temps utile, il sera sursis à l'adjudication « et le tribunal, sur la réclamation du poursuivant ou « de tout autre créancier inscrit, fixera le délai dans « lequel le vendeur sera tenu de mettre fin à l'instance « en résolution. — Le poursuivant pourra intervenir « dans cette instance. — Ce délai expiré sans que la « demande en résolution ait été définitivement jugée,

(1) V. Deuxième rapport de M. Persil à la Chambre des pairs (*Moniteur* de 1841, p. 508, — 7 mars).

« il sera passé outre à l'adjudication, à moins que pour « des causes graves et dûment justifiées, le tribunal « n'ait accordé un nouveau délai pour le jugement de « l'action en résolution. Si, faute par le vendeur de se « conformer aux prescriptions du tribunal, l'adjudi- « cation avait eu lieu avant le jugement de la demande « en résolution, l'adjudicataire ne pourrait pas être « poursuivi à raison des droits des anciens vendeurs, « sauf à ceux-ci à faire valoir, s'il y avait lieu, leurs « titres de créance dans l'ordre et distribution du prix « d'adjudication. »

La loi du 21 mai 1858 n'a pas modifiée cette situation ; elle s'est bornée à élargir la précaution introduite par la Chambre des pairs, en exigeant qu'à défaut de domicile élu dans l'inscription du privilége, la sommation de l'art. 692 fût faite au domicile réel du vendeur : « Si au nombre des créanciers inscrits, « porte le nouvel article, se trouve le vendeur de « l'immeuble saisi, *la sommation à ce créancier* « *sera faite, à défaut de domicile élu par lui, à son* « *domicile réel, pourvu qu'il soit fixé en France.* « Elle portera, etc., »

Cette addition, qui d'ailleurs n'a fait que consacrer une jurisprudence établie (1), était justifiée en ces termes dans le rapport de la commission : « Le ven- « deur, disait M. Riché, peut n'avoir pas de domicile « élu dans son inscription, à moins qu'il ne l'ait re- « nouvelée. Sa première inscription n'est pas en « général prise par lui, mais d'office par le conser-

(1) Paris, 31 mai 1813 ; — Rennes, 24 juin 1823.

« vateur, lors de la transcription de la vente. Ce « conservateur peut ne pas trouver dans l'acte de « vente, surtout s'il est sous seing privé, les éléments « d'une élection de domicile dans l'arrondissement « du bureau ; il n'a pas d'ailleurs qualité pour élire « domicile au nom du vendeur. Aussi dans le cas des « sommations de produire à l'ordre, des arrêts ont « décidé que la sommation au vendeur devait être « faite à son domicile réel. Votre commission a voulu « trancher irrévocablement la difficulté et donner une « garantie de plus au droit si respectable du vendeur, « pourvu que son domicile soit situé dans la France « continentale (1). »

Le vendeur dont le privilége est inscrit n'a donc rien à craindre pour son action résolutoire tant qu'il n'a pas été mis en demeure de l'exercer par une sommation spéciale.

La qualification donnée à l'acte dont procède le droit du vendeur sera même ici indifférente. Il suffit que la créance inscrite soit en réalité un prix de vente pour qu'il y ait lieu d'insérer dans la sommation l'a-

(1) Ces paroles du rapporteur nous donnent la mesure des réserves qu'a posées la loi en consacrant cette innovation. Pour que le vendeur soit averti à son domicile réel, deux conditions sont requises : il faut d'abord que ce domicile soit situé en France, et en second lieu, il faut que l'inscription n'indique pas de domicile élu. Il suit de là que, malgré l'inscription du privilége effectuée d'office par le conservateur, le vendeur domicilié à l'étranger ne sera instruit officiellement ni des poursuites, ni de l'expropriation; et que si le vendeur a requis lui-même l'inscription, soit qu'il ait jugé à propos de la prendre directement, soit qu'il l'ait renouvelée, cette inscription devant, pour être régulière, contenir une élection de domicile, la sommation ne pourra plus être signifiée qu'au domicile élu, conformément au précepte ordinaire du droit commun.

vertissement particulier relatif à l'action résolutoire : « Ce que la loi protége essentiellement, dit M. Pont « dans son *Commentaire des priviléges,* c'est la trans- « mission de la propriété ; ce qu'elle veut assurer, « c'est l'exécution, dans toutes ses parties, dans toutes « ses conséquences, du contrat par lequel le proprié- « taire abandonne sa chose et la livre sous la condi- « tion de recevoir en retour les sommes ou les valeurs « qui sont le prix en vue duquel il s'est dessaisi. Donc « la faveur du privilége (et partant de l'action résolu- « toire) s'attachera aux conventions de l'espèce, dès « que la transmission aura le caractère et les effets de « la vente, bien que l'acte qui la constate n'en porte « pas la qualification (1). »

Dans le cas où le vendeur aurait cédé sa créance à un tiers, si l'inscription du cessionnaire mentionne la subrogation au prix de vente, la sommation sera due au créancier subrogé (2).

S'il arrivait que le vendeur étant décédé, ses héritiers n'eussent pas pris parti au moment où la sommation doit être remise, la signification de l'acte sera valablement faite au dernier domicile du défunt. Cette décision, conforme à l'article 2156, est en outre commandée par une raison d'économie et par la brièveté du délai accordé au poursuivant pour accomplir la formalité.

A la sommation du poursuivant finit la sécurité du vendeur. Une fois éclairé sur sa position, c'est à lui

(1) N° 186 ; — V. aussi Séligman, *Explication de la loi du 21 mai 1858,* page 151, note 1.

(2) Cpr. Séligman, *op. cit.,* n° 19.

de veiller à ses intérêts. S'il se décide pour l'action résolutoire, il n'a pas de temps à perdre ; l'article 717 le serre de très près, ses dispositions sont rigoureuses et fécondes en déchéances.

D'après cet article, on se le rappelle, trois obligations distinctes sont imposées au vendeur de l'immeuble. Il doit :

1° Former une demande en résolution ;

2° La notifier au greffe du tribunal où se poursuit la saisie ;

3° La faire juger avant l'adjudication.

Ce sont là des conditions *sine qua non* de l'exercice efficace du droit de résolution ; nul expédient ne saurait y suppléer, ni une réserve inscrite au cahier des charges, ni une déclaration adressée au poursuivant, ne soustrairait le vendeur à la nécessité de les accomplir. Dès que la loi exige une instance, il faut reconnaître forcément qu'elle n'admet d'autre voie d'action que celle de la demande proprement dite (1).

La demande en résolution n'est pas un simple incident à la procédure d'expropriation ; elle constitue une instance principale et distincte de la poursuite. Si en effet elle n'était qu'un incident, le poursuivant y serait partie de droit et la loi n'aurait pas eu besoin de réserver en sa faveur la ressource de l'intervention.

Le saisi sera seul mis en cause ; l'assignation se fera par la voie ordinaire de l'exploit d'ajournement à huitaine, et l'affaire dispensée du préliminaire de con-

(1) Cpr. Chauveau, *Questions* n° 2405 ; — Ollivier et Mourlon, *Des saisies immobilières et des ordres*, n° 210.

ciliation sera, quelle que soit la valeur de l'immeuble, instruite et jugée comme matière sommaire.

La faculté d'intervenir n'appartient qu'au poursuivant. Les autres créanciers en sont forclos ; si la négligence du saisi leur donne de justes sujets de craintes pour la cause commune, ou s'ils sont menacés d'une collusion frauduleuse entre ce dernier et le demandeur, le poursuivant, par son intervention au procès, sauvegardera les intérêts de tous. S'il s'abstient, on doit présumer que tout chemine sans péril.

Il peut se faire que l'immeuble non payé ait pris de la valeur entre les mains du saisi et que les enchères promettent d'en obtenir une somme plus considérable que le prix d'acquisition. Les créanciers, que la résolution priverait de la différence des deux prix, peuvent alors prévenir le préjudice et écarter le vendeur en acquittant eux-mêmes, à son égard, les obligations de l'acheteur, et en lui faisant compte de tous les frais occasionnés par l'instance en résolution. Le créancier qui aura usé de cette latitude deviendra, par le fait de la subrogation légale de l'article 1251, 1°, cessionnaire de la créance résultant de la vente, et à ce titre il sera investi de toutes les garanties de privilége et d'action résolutoire auxquelles le vendeur avait droit de prétendre (1).

(1) *Supra*, p. 251. Le créancier subrogé serait-il recevable à maintenir l'action résolutoire et à la suivre à son profit? Evidemment oui! Seulement ses cocréanciers pourraient invoquer à son encontre le bénéfice dont il s'est prévalu auprès du demandeur primitif et l'éliminer à son tour en lui remboursant le prix de cession de la créance du vendeur. Si maintenant l'on suppose que celui qui a été écarté comme subrogé au vendeur, veuille, en sa qualité de créancier, ressaisir par

Après avoir assigné le saisi en résolution, le vendeur est tenu en outre de notifier sa demande au greffe du tribunal où se poursuit la vente. Le greffier qui reçoit cette notification doit aussitôt en avertir le tribunal. S'il oublie de le faire, l'action résolutoire subsistera malgré l'adjudication, et il sera responsable envers l'adjudicataire de la dépossession que celui-ci viendrait à subir de la part de l'ancien vendeur (1).

La demande une fois notifiée et dénoncée en temps utile, le tribunal sursoit à l'adjudication et fixe un délai pour le réglement de l'action résolutoire. C'est là une double obligation dont les juges ne peuvent se dispenser sous aucun prétexte. Fût-il démontré que la résolution est impossible, fût-il reconnu qu'elle n'est qu'une fraude concertée entre le vendeur et le saisi, la loi est sur l'un et l'autre point également impérative.

un second paiement avec subrogation, et la créance du prix de vente, et l'action résolutoire qui la protége, sa prétention sera rejetée dans tous les cas, car son but serait d'obtenir, au détriment des autres créanciers, un avantage qu'il ne peut pas revendiquer de son chef. Etablie avant tout au profit du créancier *qui certat de damno vitando*, la subrogation ne doit pas devenir, au service de la cupidité ou de la mauvaise foi, un moyen d'enrichir injustement certain créancier au préjudice d'un autre tout aussi favorable que lui-même (Mourlon, *Revue pratique*, t. III, p. 460 à 478; *Saisie immobilière et ordre*, n° 217).

(1) Cpr. Ollivier et Mourlon, *Saisie immobilière*, n° 220; — Dalloz, *R. A.*, V° *Vente publique d'immeubles*, n° 1206; — Paris, 26 juin 1852. — La doctrine de M. Chauveau (*Questions*, n° 2407), que cette éviction engagerait la responsabilité du poursuivant, me paraît inadmissible. Le poursuivant peut intervenir, il est vrai, mais il n'est point partie à l'instance. Il n'est informé de la demande en résolution ni directement ni indirectement. A quel titre dès lors l'obliger de faire connaître au tribunal un acte dont lui-même peut ne pas soupçonner l'existence? (Cpr. Ollivier et Mourlon, *loc. cit.*)

Le délai est fixé sur la demande du poursuivant ou de tout autre créancier ayant une hypothèque inscrite ou dispensée d'inscription. Le vendeur étant intéressé à cette fixation autant et plus même que les créanciers qui la réclament, c'est contre lui qu'on devra la poursuivre. Le délai arbitré en son absence ne l'obligerait en rien. Cette demande, qui n'est plus qu'un incident de la saisie, sera portée au tribunal devant lequel l'expropriation est pendante. Elle s'introduira sans préliminaire de conciliation, par un simple acte d'avoué à avoué.

Si le vendeur ne veille pas à terminer définitivement son instance en résolution avant l'arrivée du terme assigné par les juges, « *il sera,* dit le Code, passé outre à l'adjudication. » Cette déchéance toutefois n'est pas sans appel ; elle peut fléchir devant un retard amené par des causes graves et dûment justifiées. Lors, par exemple, que le demandeur exposera qu'en dépit de ses efforts pour mener l'affaire aussi rapidement que possible, la marche de la procédure a été ralentie par des circonstances indépendantes de sa volonté, le tribunal sera libre de venir à son secours et de lui accorder dans sa sagesse un délai supplémentaire modéré.

Le vendeur qui, dans les délais fixés, obtient un jugement définitif de résolution, doit, avant de requérir la distraction de l'immeuble, signifier ce jugement au saisi et à son avoué. La signification au poursuivant ne sera nécessaire qu'autant qu'il aura usé de son droit d'intervenir au procès. En dehors de ce cas, la partie saisie le représente légalement, lui aussi bien que les autres créanciers.

Faudrait-il pareillement, dans l'hypothèse où l'action résolutoire aurait été rejetée, exiger la signification au vendeur du jugement qui l'aurait débouté de sa demande? Pour mon compte, je crois, avec MM. Ollivier et Mourlon, que cette formalité n'est pas indispensable à la reprise des poursuites. Je ne vois personne qui puisse se prévaloir de ce qu'elle a été négligée. Le vendeur, en effet, n'y gagnerait rien, et le saisi n'a pas d'intérêt à s'en plaindre, puisqu'en définitive cette omission n'a causé aucun préjudice à qui que ce soit.

Du principe posé par l'article 717, que la demande en résolution ne peut plus arrêter l'adjudication, lorsqu'elle n'a pas été définitivement réglée dans le délai prescrit par le tribunal, il s'ensuit que le vendeur qui ne présentera pas avant l'adjudication un jugement de résolution passé en force de chose jugée, se trouvera, quoi qu'il arrive et sans retour, irrévocablement déchu du droit de reprendre l'immeuble saisi.

L'incapacité du vendeur ne serait même pas une fin de non-recevoir contre cette déchéance. C'est aux tuteurs et curateurs qu'il incombe de satisfaire aux prescriptions de la loi. Les termes absolus de notre article et le refus d'un amendement proposé par M. de Ressigeac, en vue d'introduire une exception au profit des incapables, lèvent toute incertitude à ce sujet (1).

Peu importe du reste que le prix de vente soit ou

(1) Cpr. *Moniteur* du 16 janvier 1841 (année 1841, p. 120); — Chauveau, *Questions*, n° 2405; — Duvergier, *Collection des lois*, année 1841, p. 265; — Dalloz, *R. A.*, V° *Vente publique d'immeubles*, n° 1187; — Ollivier et Mourlon, *op. cit.*, n° 228; — Séligman, *op. cit.*, n° 62.

non exigible. Les considérations tirées en 1841, de ce que la saisie du gage ne suffit pas pour affranchir le débiteur des liens du terme, restèrent sans influence sur l'assemblée, et il fut formellement reconnu dans la discussion que la saisie rendrait exigible *de plano* la créance du vendeur (1).

Bien plus, l'adjudication serait pareillement incommutable, quand même le retard dans le jugement de l'action résolutoire ne serait sous aucun rapport imputable au demandeur et proviendrait de causes qui ont invinciblement dominé le bon vouloir des parties. Sans doute en pratique les choses se passeront rarement de la sorte, car il est peu vraisemblable, en une telle circonstance, que les magistrats se refusent à prononcer un nouveau sursis. Mais si par hasard le cas se présentait, il n'en serait pas moins impossible d'atténuer la rigueur de l'article 717 (2).

Une question plus embarrassante, à laquelle cette solution peut donner ouverture, c'est de savoir sur qui doivent retomber les frais de la demande dont le vendeur a été déchu. Evidemment, si la déchéance est le résultat de l'incurie ou de la mauvaise foi des juges, la partie lésée pourra recourir contre eux par la voie de la prise à partie ; mais comme il n'en sera pas ainsi

(1) Cpr. Deuxième rapport de M. Paschalis à la Chambre des députés (*Moniteur* de 1841, p. 1129, — 27 avril); — Discussion à la Chambre des députés, discours de M. Teste à la séance du 15 janvier 1841 (*Moniteur* du 16, année 1841, p. 120 et suiv.); — Chauveau, t. V, pages 280, 290, 292, 293 et 296; — Dalloz, *R. A.*, v° *cit.*, n° 1188; — Ollivier et Mourlon, n° 228; — Séligman, n° 63.

(2) Cpr. Chauveau, *Questions*, n° 2406 *ter*; — Dalloz, *R. A.*, v° *cit.*, n° 1201; — Ollivier et Mourlon, n° 228.

pour l'ordinaire, il y a un intérêt véritable à rechercher qui devra subir les frais nécessités par l'instance en résolution.

M. Chauveau les met à la charge de l'immeuble saisi. « Le vendeur, dit-il, devra obtenir jugement en « paiement des frais avec collocation au rang de sa « créance sur l'immeuble saisi. Ce jugement devra « être rendu par le tribunal appelé à prononcer sur « la demande en résolution elle-même. Le tribunal « ne prononcera pas la résolution dans son dispositif, « mais, dans ses motifs, il la déclarera fondée, con- « damnera le saisi aux dépens pour l'avoir combattue, « et dira que les frais faits seront ajoutés au montant « de la créance du vendeur comme frais de pour- « suite (1). »

MM. Ollivier et Mourlon pensent au contraire que le saisi doit seul être atteint. « C'est par sa faute, « disent-ils, que les frais en litige ont eu lieu. S'il a « été actionné en résolution de son contrat, c'est « qu'il n'a point satisfait à ses obligations ; si la de- « mande formée contre lui a constitué une instance « onéreuse, c'est qu'il a eu tort de la combattre. Il « doit réparation du préjudice qu'il a occasionné (2). »

Entre ces deux systèmes, il y a place à une hésitation sérieuse. D'une part, en effet, il y aurait quelque chose de bizarre à faire supporter au poursuivant et aux créanciers inscrits l'effet d'une instance qui a été introduite dans le but d'arrêter l'expropriation et

(1) *Questions*, n° 2406 *quater*; — V. aussi Dalloz, *R. A.*, v° *cit.* n° 1202.

(2) N° 229.

où ils ont, en quelque sorte, eu gain de cause, puisqu'elle n'a pas abouti. Mais, par contre, la condition que font au saisi MM. Ollivier et Mourlon me semble bien rigoureuse. Ainsi posés en présomption générale, les torts du débiteur ne sont-ils point exagérés? Est-il bien vrai que ce soit toujours sa faute qui pousse à l'exercice du droit de résolution? N'y a-t-il point d'injustice à le rendre forcément responsable des résistances qui ont fait tomber les poursuites du vendeur? J'estime que sur ces deux chefs on a poussé trop loin la sévérité. Assurément, c'est le retard de l'acheteur à solder son prix qui a été la cause première de l'action résolutoire; mais ce retard, le plus souvent, ne sera pas négligence; s'il n'a pas payé, c'est qu'il avait terme : or, *qui a terme ne doit rien*. Quant aux entraves suscitées à la marche de la procédure, il est possible qu'en fait, elles soient plus encore l'œuvre du poursuivant que celle de l'acheteur. C'est au premier, non moins qu'au second, qu'importe l'insuccès de l'action résolutoire. Rarement il manque d'intervenir. Afin d'ajourner la décision, il exploite sans réserve jusqu'aux dernières ruses de la chicane, car il sait qu'un jugement prononcé en temps utile peut lui enlever même l'espérance du paiement qu'il réclame.

Faut-il conclure de là que le vendeur devra prélever les frais sur le montant du prix de l'immeuble exproprié? Je crois qu'à tout prendre, ce procédé sera le plus naturel. Imposer aux créanciers les dépens d'une instance qui leur était contraire et où ils ont triomphé, peut être insolite, je l'avoue, mais où est l'iniquité?

Si le gain qu'ils font est légitime, dira-t-on pour cela que le vendeur a mérité la perte qu'il essuie? Que pourraient, de bonne foi, lui reprocher ses adversaires, sinon d'avoir usé de son droit et d'avoir été malheureux. On objecte sa renonciation tacite, mais évidemment le moyen porte à faux : le texte qui établit cette présomption légale n'a en vue ni le poursuivant, ni les créanciers inscrits. C'est au regard seulement de l'adjudicataire que le vendeur est réputé renonçant. « La sommation, lisons-nous dans l'article 692, portera qu'à défaut de former sa demande en résolution et de la notifier au greffe avant l'adjudication, il sera définitivement déchu, *à l'égard de l'adjudicataire,* du droit de la faire prononcer. » Et plus loin, l'article 717 ajoute : « Si faute par le vendeur de se conformer aux prescriptions du tribunal, l'adjudication avait eu lieu avant le jugement de la demande en résolution, L'ADJUDICATAIRE *ne pourrait pas être poursuivi à raison des drois des anciens vendeurs.* » Le tribunal peut donc, sans se contredire, étendre la collocation du vendeur aux frais de l'action résolutoire, bien que par l'adjudication il ait implicitement reconnu la renonciation de ce dernier à l'exercice de son droit de résolution.

Je ne veux pas dire cependant qu'il n'y ait jamais lieu de mettre à la charge du saisi les frais de la demande restée infructueuse. Je ne verrai même pas qu'on dût agir autrement lorsque, comme le disent MM. Ollivier et Mourlon, c'est par sa seule faute que sont dues les sommes en litige. C'est là un point laissé à l'appréciation discrétionnaire des juges. Toutes les fois donc que les obstacles apportés au règlement de l'action résolutoire seront la conséquence d'une opposition systématique ou frauduleuse de la part du saisi, tous les frais que sa mauvaise foi aura rendus inutiles seront mis à sa charge. Et quand, à l'inverse, on ne pourra lui imputer ni une défense intempestive, ni le défaut de paiement d'un prix exigible avant la saisie, on se bornera à ajouter les dépens à la créance du vendeur, et celui-ci sera colloqué pour le tout au rang que lui réservera son privilége.

Il va de soi, bien entendu, que le vendeur serait exclusivement responsable, s'il était démontré que c'est ensuite de son apathie et de sa négligence que l'affaire n'a pas reçu de solution définitive antérieure à l'adjudication.

M. Chauveau soulève encore cette autre difficulté : Quel doit être l'effet du jugement d'adjudication lorsqu'il a été rendu le jour même où a été prononcée la résolution de la vente? D'après le savant jurisconsulte, l'adjudication sera toujours annulée. « La position du vendeur est la plus favorable (1). » MM. Bioche et Dalloz professent aussi la même opinion (2). Leur exemple toutefois ne saurait m'entraîner. En l'espèce, une décision absolue me paraît arbitraire. Quoique portant la même date, la résolution et l'adjudication peuvent très bien, ainsi que l'observent MM. Ollivier et Mourlon, avoir eu lieu à des heures différentes; or, comme la validité de celle-ci ne dépend d'autre

(1) *Questions*, n° 2407 *bis*.

(2) Cpr. Bioche, V° *Saisie immobilière*, n° 548, et Dalloz, *R. A.*, V° *cit.*, n° 1203.

chose que de sa priorité sur celle-là, la différence entre les heures, quand elle est clairement établie, offre, pour déterminer lequel des deux actes a précédé l'autre, un point de départ à la fois logique et assuré. Si les heures auxquelles les deux jugements ont été rendus sont inconnues ou les mêmes, la contestation sera vidée *ex æquo et bono,* et par conséquent, dans la plupart des cas, à l'avantage du vendeur. La faveur qu'il mérite ne doit pas descendre néanmoins jusqu'à une aveugle complaisance pour ses intérêts, et, s'il apparaît visiblement aux magistrats que la justice n'est pas de son côté, leur devoir est d'écarter sa demande en déclarant l'adjudication valide et irrévocable (1).

Le zèle de M. Chauveau pour la protection du vendeur l'a également conduit à décider que l'action résolutoire pourrait être reprise à nouveau lorsque l'adjudication viendrait à être révoquée par suite d'une surenchère, d'une folle enchère ou de la cassation d'un jugement servant de base à l'adjudication (2).

Ici encore je trouve la solution trop radicale. Par-

(1) Ollivier et Mourlon, n° 230. — Au nombre des circonstances de nature à entraîner la déchéance du vendeur, les mêmes jurisconsultes indiquent les suivantes : celle où le saisi n'est plus débiteur que d'une faible partie de son prix d'acquisition; celle où, par suite de quelque événement heureux, l'immeuble vendu a pris, depuis la vente, une plus-value considérable; celle où les créanciers qui pouvaient écarter le vendeur en acquittant le reliquat de sa créance, ne l'ont pas fait faute de ressources.

(2) *Questions,* n° 2407 *bis*; — V. aussi Bioche, V° *Saisie immobilière,* n° 547; — Dalloz, *R. A.*, V° *Vente publique d'immeubles,* n° 1201; — Lyon, 9 mars 1858; — Cass. rej., 6 juin 1860.

faitement rationnelle dans le cas où l'adjudication a été annulée à raison d'un vice de procédure ou parce que la personne qui l'avait poursuivie n'avait pas qualité pour la faire prononcer, elle est au contraire inadmissible dans l'hypothèse d'une surenchère ou d'une folle enchère. Nous savons en effet que le droit de résolution s'éteint toutes les fois qu'une sentence définitive n'a pas résilié la vente avant l'expropriation consommée ; or l'adjudication prononcée dans les formes légales, dépouille le saisi immédiatement et à toujours. L'immeuble, dont il a cessé d'être propriétaire, ne rentrera plus, quoi qu'il arrive, dans l'actif de son patrimoine. Ni la surenchère, ni la folle enchère n'ont pour résultat d'anéantir l'adjudication existante ; cette dernière se maintient jusqu'au moment où une autre la remplace, à tel point que lorsque l'immeuble vient à périr avant d'avoir été adjugé à un nouvel acquéreur, c'est le premier adjudicataire, et non le saisi, qui légalement doit en supporter la perte. Si donc l'adjudication intervenue après une surenchère ou sur une folle enchère constitue plutôt la substitution d'un adjudicataire à un autre que l'annulation rétroactive de la première adjudication, les effets de celle-ci, en ce qui concerne l'action résolutoire du vendeur, seront par là même nécessairement irrévocables (1).

L'article 838 du Code de procédure a étendu la disposition de l'article 717 aux adjudications prononcées

(1) Cpr. Colmet d'Aage, *Leçons de procédure civile*, sur l'article 717 du Code de procédure civile, t. II ; — Ollivier et Mourlon, n° 231 ; — Séligman, n° 67 ; — Verdier, *Transcription*, t. II, n° 689 *bis* ; — Bordeaux, 9 février 1850 ; — Nîmes, 26 décembre 1860.

après surenchère sur aliénation volontaire : « Les effets de ces adjudications, lisons-nous dans le dernier alinéa, sont réglés à l'égard du vendeur et de l'adjudicataire par les dispositions de l'article 717 ci-dessus. »

Quant aux ventes de gré à gré, le principe de l'art. 1654 conserve tout son empire. L'innovation n'a pas atteint davantage les ventes qui, bien que faites en justice ou par-devant notaires, sont assimilées aux aliénations amiables : les licitations, les ventes de biens de mineurs, celles d'immeubles appartenant à une femme dotale ou dépendant d'une succession bénéficiaire ou vacante, sont restées invariablement soumises au régime du Code Napoléon. L'adjudication sur conversion de saisie est elle-même impuissante à purger l'action résolutoire, si c'est avant l'accomplissement des formalités de l'art. 692 que la conversion s'est opérée.

Quatre espèces d'adjudication auront donc seules la propriété d'affranchir l'immeuble adjugé du droit de résolution des précédents vendeurs. Ce sont :

1° Les adjudications sur saisie (art. 717. C. pr.) ;

2° Les adjudications après surenchère du dixième sur aliénation volontaire (art. 838 C. pr.) ;

3° Les adjudications sur délaissement (1) ;

4° Les adjudications sur conversion de saisie, lorsque la sommation prescrite par l'art. 692 a été signifiée au vendeur antérieurement à la conversion. Dans cette hypothèse, en effet, la conversion n'a pu

(1) Elles ne diffèrent pas des adjudications sur saisie : « La vente de l'immeuble délaissé, nous dit l'art. 2174, est poursuivie dans les formes prescrites pour les expropriations. »

cico à *un ou deux ans,* à partir de l'exigibilité du prix de vente (1).

Une deuxième opinion, défendue par les Cours royales de Paris, Bastia, Nancy et Douai, appliquait à toutes les aliénations la disposition de l'art. 717 du Code de procédure. En adressant au vendeur les notifications à fin de purge, on devait l'avertir, comme dans la sommation de l'art. 692, que faute par lui de déclarer, avant l'échéance du délai fixé pour la surenchère, s'il entend ou non invoquer son droit de résolution, il sera présumé s'en être départi pour s'en tenir purement à son droit de préférence dans l'ordre (2).

Enfin un troisième projet, dont la donnée devait un jour faire fortune dans notre législation, fut présenté par les Facultés de Paris, Caen, Strasbourg et Poitiers, et par les Cours royales de Riom, Angers, Limoges, Rouen, Metz et Pau. Il est impossible, disaient ses partisans, de réglementer le privilége du vendeur sans réorganiser du même coup l'action résolutoire, qui en est le complément dangereux. Evidemment on ne peut, sans tuer le crédit, la conserver telle qu'elle existe ; mais d'autre part, la supprimer au complet, c'est anéantir la force du contrat, violer impunément la sainteté des conventions. Un seul moyen paraît assurer à toutes ces exigences une satisfaction convenable, c'est la publicité de l'action résolutoire. Subordonner son existence à la conservation du privilége, tel est, d'après ce système, le remède le plus

(1) V. *Documents relatifs au régime hypothécaire,* t. I, p. 141 et 178.

(2) V. *Documents,* t. I, *Introduction,* p. CCIV, et t. III, pages 149, 153, 154 et 159.

sûr. Occulte, le droit de résolution devient pour la propriété une menace permanente; public, il est ce qu'il doit être, une sauvegarde contre la fraude, un abri contre la mauvaise foi (1).

A la suite de ces trois projets, une théorie plus radicale se fit jour sous le patronage de la Cour de Montpellier. Réunissant en un système général les données fournies séparément par chacun d'eux, elle aboutissait aux conclusions suivantes :

1° Que la durée de l'action résolutoire serait réduite à deux ans, à partir de l'exigibilité de la créance du vendeur;

2° Que la disposition de l'article 717 du Code de procédure serait applicable à toutes les ventes faites par autorité de justice;

3° Que dans les aliénations amiables, le vendeur serait déchu de son droit de résolution dès qu'il aurait comparu à l'ordre;

4° Que le vendeur qui aurait reçu le paiement de la moitié du prix serait forclos du droit de faire résoudre la vente;

5° Enfin, que l'action résolutoire serait éteinte toutes les fois que l'acte de vente n'aurait pas été transcrit dans les six mois de sa date (2).

(1) Cpr. *Documents*, t. I, Introduction, p. CCIII, t. III, pages 149, 156, 163, 167, 172 et 177. — La Faculté de Paris et la Cour royale d'Angers avaient conclu à ce que, après la perte du privilége, l'action résolutoire fût non recevable *contre les créanciers inscrits et les tiers détenteurs*. La Cour de Limoges, généralisant cette idée, proposa de déclarer déchu, *à l'égard de tous les tiers sans distinction*, le vendeur dont le privilége serait éteint antérieurement à la demande en résolution.

(2) *Documents*, t. I, pages 300 à 322.

avoir lieu que par le consentement du vendeur; la sommation qu'il a reçue l'a lié à la poursuite et rendu partie intéressée au débat. Or, en s'associant à la conversion, il a implicitement renoncé à son action résolutoire. En vain dirait on, comme l'ont fait quelques jurisconsultes (1), qu'après la conversion, l'acquéreur pouvant se procurer tous les renseignements propres à l'éclairer sur l'origine de la propriété qu'il achète, le motif qui a dicté l'exception de l'art. 717 fait ici complétement défaut, car si la déchéance portée par cet article se justifie par les difficultés souvent insurmontables qu'éprouve l'adjudicataire à s'édifier sur les prétentions des anciens vendeurs, ce n'est pas là toutefois son *unique fondement.* Une autre considération, non moins puissante en elle-même et qui ne perd rien de son poids dans l'espèce qui nous occupe, a plus vivement peut-être frappé le législateur : C'est qu'il serait injuste autant qu'irrationnel d'admettre le vendeur à faire révoquer à son profit une adjudication qu'il a ratifiée tacitement en laissant aboutir sous ses yeux une procédure qu'il était libre d'arrêter. « Lorsque « le vendeur est appelé à la saisie, disait M. Persil « dans son rapport à la Chambre des pairs, il devient « partie dans la poursuite. L'autoriser après cela à « demander la résolution de l'adjudication, ce serait « admettre, contre toute morale, qu'il peut trahir la « foi publiquement promise aux tiers par lui invités « à se rendre adjudicataires. Sa présence à l'adjudica-

(1) Devilleneuve, 1841 — 3,394; — Paignon, n° 206; — Chauveau, *Questions*, 2441; — Bioche, V° *Saisie immobilière*, n°s 709 et 800; — Séligman, n° 731.

« tion et la part qu'il y a prise démontrent qu'il a opté
« pour son privilége, et par suite renoncé à son action
« résolutoire (1). »

SECTION IV.

Déchéances résultant de la loi du 23 mars 1855.

La loi du 2 juin 1841 était sans doute un pas important dans la voie des améliorations, mais les limites étroites entre lesquelles on prit à tâche d'enfermer le principe qu'elle proclamait, ménageaient aux législateurs à venir un vaste champ à explorer. Le zèle pour la réforme n'eut pas d'ailleurs le temps de se refroidir. La même année 1841, une enquête solennelle fut ouverte sur les modifications à introduire dans le régime hypothécaire. Le problème de l'action résolutoire eut naturellement sa place parmi les questions posées par le garde des sceaux. Trois solutions principales divisèrent les novateurs appelés à le résoudre.

Un premier système, proposé par la Cour d'Aix et la Faculté de Rennes, conservait entier le droit de résolution et se bornait simplement à en restreindre l'exer-

(1) *Moniteur* de 1841, p. 568 (7 mars); — Cpr. Duvergier, *Collection des lois*, année 1841, p. 276, note 1; — Ollivier et Mourlon, *op. cit.*, n° 252; — Mourlon, *Transcription*, t. II, n° 762, note 1. — Dans cette note écrite à l'adresse de M. Séligman, l'auteur fait judicieusement observer que si la faveur de l'adjudicataire n'avait eu d'autre motif que son ignorance au sujet du droit de résolution des propriétaires précédents, il serait impossible d'appliquer l'article 717 au vendeur dont le privilége *était déjà inscrit à la date de la saisie.*

Pagination incorrecte — date incorrecte

NF Z 43-120-12

cice à *un ou deux ans,* à partir do l'exigibilité du prix de vente (1).

Une deuxième opinion, défendue par les Cours royales de Paris, Bastia, Nancy et Douai, appliquait à toutes les aliénations la disposition de l'art. 717 du Code de procédure. En adressant au vendeur les notifications à fin de purge, on devait l'avertir, comme dans la sommation de l'art. 692, que faute par lui de déclarer, avant l'échéance du délai fixé pour la surenchère, s'il entend ou non invoquer son droit de résolution, il sera présumé s'en être départi pour s'en tenir purement à son droit de préférence dans l'ordre (2).

Enfin un troisième projet, dont la donnée devait un jour faire fortune dans notre législation, fut présenté par les Facultés de Paris, Caen, Strasbourg et Poitiers, et par les Cours royales de Riom, Angers, Limoges, Rouen, Metz et Pau. Il est impossible, disaient ses partisans, de réglementer le privilége du vendeur sans réorganiser du même coup l'action résolutoire, qui en est le complément dangereux. Evidemment on ne peut, sans tuer le crédit, la conserver telle qu'elle existe ; mais d'autre part, la supprimer au complet, c'est anéantir la force du contrat, violer impunément la sainteté des conventions. Un seul moyen paraît assurer à toutes ces exigences une satisfaction convenable, c'est la publicité de l'action résolutoire. Subordonner son existence à la conservation du privilége, tel est, d'après ce système, le remède le plus

(1) V. *Documents relatifs au régime hypothécaire,* t. I, p. 141 et 178.

(2) V. *Documents,* t. I, *Introduction,* p. CCIV, et t. III, pages 149, 153, 154 et 159.

sûr. Occulte, le droit de résolution devient pour la propriété une menace permanente; public, il est ce qu'il doit être, une sauvegarde contre la fraude, un abri contre la mauvaise foi (1).

A la suite de ces trois projets, une théorie plus radicale se fit jour sous le patronage de la Cour de Montpellier. Réunissant en un système général les données fournies séparément par chacun d'eux, elle aboutissait aux conclusions suivantes :

1° Que la durée de l'action résolutoire serait réduite à deux ans, à partir de l'exigibilité de la créance du vendeur ;

2° Que la disposition de l'article 717 du Code de procédure serait applicable à toutes les ventes faites par autorité de justice ;

3° Que dans les aliénations amiables, le vendeur serait déchu de son droit de résolution dès qu'il aurait comparu à l'ordre ;

4° Que le vendeur qui aurait reçu le paiement de la moitié du prix serait forclos du droit de faire résoudre la vente ;

5° Enfin, que l'action résolutoire serait éteinte toutes les fois que l'acte de vente n'aurait pas été transcrit dans les six mois de sa date (2).

(1) Cpr. *Documents*, t. I, Introduction, p. CCIII, t. III, pages 149, 156, 163, 167, 172 et 177. — La Faculté de Paris et la Cour royale d'Angers avaient conclu à ce que, après la perte du privilége, l'action résolutoire fût non recevable *contre les créanciers inscrits et les tiers détenteurs*. La Cour de Limoges, généralisant cette idée, proposa de déclarer déchu, *à l'égard de tous les tiers sans distinction*, le vendeur dont le privilége serait éteint antérieurement à la demande en résolution.

(2) *Documents*, t. I, pages 300 à 322.

L'enquête n'eut pas de résultat, le projet de loi en vue duquel elle avait eu lieu ne fut jamais soumis aux Chambres.

Mais en 1850, quand la question de la réforme hypothécaire s'agita devant l'Assemblée législative, l'action résolutoire dût attirer de nouveau l'attention des jurisconsultes.

Deux systèmes différents se trouvèrent aux prises devant la commission de l'Assemblée : l'un, proposé par le Gouvernement et admis par le Conseil d'Etat, voulait que le droit de résolution ne fût opposable aux tiers qu'autant qu'il résulterait d'une clause expresse du contrat; l'autre, dont M. Pougeard avait développé le principe dans son étude *De l'amélioration du régime hypothécaire*, demandait hardiment la suppression de l'action résolutoire dans les rapports du vendeur avec les tiers qui ont acquis de l'acheteur des droits réels sur l'immeuble vendu.

La proposition du Gouvernement était trop timide pour avoir des chances de succès. Aussi fut-elle mise à l'écart sans résistance. Le pacte commissoire, disait-on, deviendrait bientôt une clause de style qui figurerait infailliblement dans tous les contrats de vente. Cette demi-publicité n'enlèverait aucune des entraves que le danger de la résolution apporte au crédit; elle ne serait au mal signalé qu'un remède insignifiant et sans effet.

Restait la notion de M. Pougeard. Le vent de l'époque poussait aux mesures radicales et énergiques, la commission se l'appropria. Elle supprima l'action résolutoire en ce qui concerne les sous-acquéreurs, les créanciers inscrits et les concessionnaires de droits réels sur l'immeuble vendu, dans tous les cas où la transcription faite par ce tiers serait *antérieure à la mention de la demande en résolution qui aurait été faite en marge de la transcription de la vente* (1).

C'était, on le voit, la suppression à peu près complète de l'action résolutoire à l'égard des tiers. Ceux-là seuls y restaient exposés qui n'avaient transcrit leur titre que postérieurement à la demande du vendeur et qui avaient pu, lors de la transcription, être instruits d'une manière nette et positive des poursuites qui menaçaient, entre les mains de leur auteur, la solidité des droits qu'ils avaient acquis.

A peine ce projet fut-il déféré à la Chambre qu'une opposition menaçante se manifesta de la part des jurisconsultes. M. Rouher, alors garde des sceaux, vint lui prêter un important appui par un amendement devenu célèbre et dont la Cour de Limoges avait eu l'initiative en 1843 (2).

« D'où vient, disait M. Rouher, que l'action résolu-
« toire a été jugée un danger dans le Code civil ? C'est
« qu'elle est occulte, c'est qu'elle s'exerce subrepti-
« cement, c'est qu'elle intervient alors que le privilège
« est éteint, et qu'elle est, pour ainsi dire, supplétive

(1) C'est le système adopté en Italie par le Code civil de 1865. Aux termes de l'article 1511 de la loi italienne : « L'accomplissement de la condition résolutoire, stipulée par le contrat de vente ou légalement sous-entendue, pour le cas où l'acheteur n'exécuterait pas ses obligations, ne préjudiciera jamais aux tiers qui auront acquis des droits sur l'immeuble antérieurement à la transcription de la demande en résolution. »

(2) *Supra* p. 319, note 1.

« du privilége, de la négligence, du défaut de pré-
« caution, quelquefois même de la collusion de la part
« du vendeur; en cela elle était un véritable péril.
« Eh bien ! je viens proposer de la rendre publique,
« ou plutôt de rattacher son existence et sa viabilité
« à la viabilité et à l'existence même du privilége.
« Quand j'aurai aliéné ma propriété, si je néglige de
« conserver mon privilége, si j'en donne mainlevée,
« je perdrai, par voie de conséquence forcée, le bé-
« néfice de mon action résolutoire, de telle sorte que
« la publicité du privilége lui-même constitue la pu-
« blicité de l'action résolutoire (1). »

Sur ce terrain la discussion s'engagea vive, passionnée, entraînante. Lutte solennelle des principes de droit pur contre les théories humanitaires des économistes modernes, ce débat mémorable restera toujours comme un des plus beaux monuments de nos fastes parlementaires.

L'action résolutoire, disaient les partisans du système de la commission, est inutile au vendeur, elle est inique vis-à-vis de l'acquéreur, elle est essentiellement préjudiciable aux tiers, et enfin, ce qui est plus grave encore, elle est un obstacle au développement du crédit immobilier et partant contraire à l'intérêt social.

Elle est inutile au vendeur, car le privilége de l'article 2103 lui assure une garantie suffisante contre tout événement. S'il n'est pas désintéressé, qu'il sai-

(1) Séance du 15 décembre. — *Moniteur* de 1850, pages 3583 et 3584 (16 décembre).

sisse l'immeuble! Et alors de deux choses l'une, ou bien les enchères atteindront un chiffre supérieur au prix de vente, et il sera payé, ou bien elles s'arrêteront à une somme inférieure, et alors il pourra se rendre adjudicataire, se faire colloquer au premier rang et, par ce moyen, rentrer indemne dans sa propriété. Si l'on objecte qu'il est onéreux pour le vendeur de recourir aux procédures lentes et coûteuses de la saisie, il est permis de répondre que la résolution ne s'opère pas non plus sans dépenses, et que, par suite des embarras et des difficultés de toute espèce que le défendeur manquera rarement de susciter, elle peut entraîner des longueurs non moins redoutables que celles de la saisie.

Elle est inique vis-à-vis de l'acquéreur : vainement aura-t-il soldé la majeure partie de son prix, vainement aura-t-il décuplé le revenu de l'immeuble, tant que sa dette n'est pas entièrement couverte, il demeure sous le coup de l'action résolutoire, aussi bien que s'il était débiteur du prix tout entier, et, si modique que puisse être la somme restée due, le discrédit qui le frappe par suite de la fragilité de son droit, subsiste entier et absolu, comme au cas où le vendeur n'aurait pas reçu un centime. Que l'on suppose, par exemple, un fonds estimé 100,000 francs sur lequel il n'est dû au vendeur que 40,000 francs ; si l'acquéreur est menacé par une action résolutoire susceptible de réagir contre les tiers, il se trouvera avoir dans son patrimoine une valeur nette de 60,000 francs qui ne servira pas même à lui procurer du crédit. L'acheteur qui voudra revendre sera donc la proie des spéculateurs hasardeux, qui, en retour des risques du marché, lui imposeront toujours les plus dures conditions.

Le droit de résolution est essentiellement préjudiciable aux tiers. Inconnu, il est vis-à-vis d'eux une source de surprises et de fraudes inévitables; public, il met leur sort à la merci du vendeur. Si ce dernier invoque son privilége, il y aura un ordre, et les créanciers viendront après lui; si au contraire il poursuit la résolution, il reprendra sa chose, et les créanciers ne toucheront plus rien. Et quand, par surcroît, le vendeur sera déloyal, la faculté de résolution deviendra entre ses mains une arme vraiment désastreuse; il rançonnera les créanciers et les intimidera par ses menaces. « En exerçant mon privilége, leur dira-t-il, je vous laisse des chances d'obtenir un dividende, mais si vous n'acceptez pas mes conditions, je reprendrai l'immeuble, et vous perdrez alors la totalité de vos créances. »

Enfin, au-dessus des intérêts particuliers, il y a l'intérêt social. Il exige que la propriété territoriale se développe dans sa fécondité, que l'amélioration de la culture augmente le plus possible les productions du sol, afin que la nation puisse se fournir à bon marché les aliments nécessaires à sa subsistance. Or la terre ne peut produire et s'améliorer sans le crédit, et ce crédit si nécessaire à sa fécondation, il est tué par l'action résolutoire. Cette odieuse prérogative du vendeur jette partout la défiance, écarte les acheteurs, entrave la circulation des biens et paralyse le mouvement des capitaux. Quel homme sensé consentirait à payer un immeuble sur lequel pèse l'éventualité d'une action résolutoire? Quel capitaliste accepterait pour sûreté du prêt le plus insignifiant une hypothèque purement aléatoire? Quel sous-acquéreur oserait entreprendre sur un terrain qu'il peut perdre d'un moment à l'autre, des travaux qui ne se traduiraient même pas en une plus-value immédiate et sensible? Si donc on veut donner de l'essor au crédit, il est indispensable que la propriété devienne, au service de l'acquéreur, un gage sérieux de solvabilité. Mais, pour arriver là, il faut avant tout supprimer l'action résolutoire. « Tant que vous la conserverez, dit « M. Dupont de Bussac, sachez que votre crédit « foncier est mort-né, vous aurez attaché à ses flancs « une cause perpétuelle de ruine. »

En résumé, l'action résolutoire, loin de simplifier la marche des affaires, entrave tout, complique tout, puisqu'elle peut survenir postérieurement aux formalités de la purge et jusqu'après la clôture de l'ordre. Elle est inique, puisqu'elle fait perdre à l'acquéreur le bénéfice de la plus-value de l'immeuble. Elle est illogique, car son but, qui est de rétablir la situation existante au jour de la vente, n'est en réalité qu'une chimère; en effet, après un certain laps de temps, l'état de l'immeuble sera, pour l'ordinaire, tellement modifié, qu'en général ce rétablissement sera un fait impossible. Enfin la solidité des arguments qui la combattent est si bien reconnue, que les jurisconsultes romains l'avaient écartée, et que dans les pays où l'organisation du crédit foncier est la plus savante, dans la Prusse, la Pologne, le Hanovre, le Wurtemberg et l'Autriche, les législations nouvelles n'ont pas hésité à la proscrire.

Telle est la thèse que développèrent avec un admirable talent les adversaires de l'action résolutoire. MM. Vatimesnil, Michel (de Bourges) et Dupont de Bussac épuisèrent à sa défense tout ce que la vigueur du raisonnement, la profondeur de l'érudition et les charmes de l'éloquence peuvent donner à la parole de séduction et d'entraînement; mais deux voix puissantes entre les plus autorisées s'élevèrent pour la combattre, et, par l'ascendant de leur conviction, la solidité de leur dialectique et l'énergie de leur démonstration, MM. Valette et Crémieux enlevèrent comme d'assaut, à une majorité de 414 voix contre 225, le maintien de l'action résolutoire et l'adoption de l'amendement Rouher.

Si l'on examine avec attention, dirent-ils, les griefs imputés à l'action résolutoire, on ne découvre partout que des appréciations fausses, des affirmations inexactes ou des exagérations sans portée. Ainsi on a soutenu que le droit de résolution était inutile au vendeur et que sa créance du prix était suffisamment sauvegardée par le privilége de l'article 2103; or c'est là une étrange erreur! Lorsque l'immeuble non payé est d'une valeur considérable, le privilége, il est vrai, pourra bien mettre le vendeur à l'abri de tout péril, mais une loi doit rechercher de préférence les hypothèses qui se rencontrent le plus fréquemment dans la pratique, et les statistiques établissent que les sept douzièmes des expropriations sur saisie, ont pour objet des immeubles dont la valeur ne dépasse pas douze cents francs. Prenons pour exemple une de ces ventes, et recherchons de quelle manière les choses vont se passer : « Il faudra des saisies, des procès-« verbaux, des cahiers de charges, des placards, des « annonces dans les journaux, et tous les incidents « possibles de la saisie immobilière. Vous aurez en-« suite des réglements d'ordre, et lorsque vous serez « arrivés nécessairement à un état de frais montant « à 200 ou 300 francs, vous dites au vendeur : Que « nous importe? Vous prendrez ce qui vous est dû « en argent. Sur votre créance de 600 à 700 francs, « vous aurez à défalquer une somme de 200 à 300 « francs. Voilà ce que vous répondrez à un paysan « qui n'est pas payé et qui redemande son bien : Sui-« vez les règles de la procédure, passez à l'expro-« priation; adressez-vous à un avoué, il fera marcher « votre affaire; apposez des placards, faites des an-« nonces, un ordre, et vous serez colloqué (1). »

Et si le nouvel acheteur a revendu l'immeuble en détail, au lieu d'une instance en résolution que le vendeur poursuivrait à la fois contre les divers sous-acquéreurs par une seule et même action, il faudra multiplier les saisies, exproprier séparément chacun des propriétaires d'une parcelle revendue, amonceler frais sur frais, désagréments sur désagréments, le tout, en fin de compte, pour faire gagner le fisc.

L'intérêt de l'acquéreur dont on se préoccupe avec tant de sollicitude, ne mérite pas à ce point d'attirer l'attention. Avant de se procurer de l'argent sur le terrain qu'il n'a pas payé, qu'il commence lui-même à se libérer de sa dette, qu'il acquitte d'abord son

(1) V. Discours de M. Valette à l'Assemblée législative (*Moniteur* de 1850, p. 2012, 18 décembre).

prix, et alors sa propriété pourra légitimement circuler et devenir le gage de ses obligations nouvelles. Mais, a-t-on dit, la résolution l'empêche de profiter même de la plus-value que l'immeuble aurait acquise depuis la vente! Sur ce point, nous l'admettons, la critique est fondée. C'est à tort cependant qu'on verrait dans le vice qu'elle relève un mal irrémédiable; le moyen de prévenir l'injustice est facile. Il suffira de décider par une disposition additionnelle que, lorsque la valeur de l'immeuble s'est accrue ou que des acomptes ont été versés, la restitution ou les indemnités à la charge du vendeur qui reprend son bien seront affectées spécialement aux créanciers hypothécaires de l'acheteur.

Nous ne serons pas plus entrepris pour donner satisfaction à l'intérêt des tiers. Une extension fort simple de l'article 717 du Code de procédure, permettra de purger l'action résolutoire à la suite d'une aliénation amiable de la même manière qu'après une expropriation sur saisie.

Enfin, ce qu'on reproche surtout au droit de résolution du vendeur, c'est de déprécier la propriété foncière et d'être la ruine du crédit immobilier. Or, qui croira jamais qu'on puisse organiser le crédit en détruisant les sûretés du vendeur? Qui donc sera assez naïf pour s'imaginer d'affermir la confiance des capitalistes en ébranlant le droit de propriété? On s'est prévalu de l'autorité du droit romain, mais c'est là une assertion purement gratuite; car si les jurisconsultes de Rome n'ont pas sous-entendu légalement la clause résolutoire dans toutes les ventes, ils laissèrent du moins les parties libres de la stipuler. N'est-il pas évident qu'ils l'eussent proscrite d'une manière absolue, s'ils l'avaient jugée aussi dangereuse que ses détracteurs veulent bien le prétendre. On a également invoqué l'appui des législations étrangères! Mais assurément on a pas été mieux inspiré : Ni en Autriche, ni en Prusse, ni dans aucun des pays où la loi s'est attachée avec le plus de soin à la garantie des tiers, l'action résolutoire n'a été supprimée; partout, au contraire, elle a été maintenue comme droit réel et simplement soumise, en cette qualité, à être inscrite sur les registres publics (1).

Cette résolution, qu'on attaque avec tant de fureur, a conquis le suffrage de tous les siècles, les romains l'ont autorisée, les nations de l'Europe l'ont accueillie, sachons la respecter chez nous. Elle n'est à craindre que parce qu'elle est occulte, rendons-la publique, c'est la seule réforme à patronner. Cherchons à faire circuler les capitaux honnêtement, loyalement; mais gardons-nous de favoriser les stratagèmes de la mauvaise foi. N'asseyons pas audacieusement le crédit des insolvables sur la propriété d'autrui, et surtout n'allons pas lui sacrifier à l'aveugle les droits les plus respectables comme les principes les plus sacrés.

« Venir nous dire, s'écriait M. Valette, il nous « convient pour établir notre crédit foncier de détruire « des droits que les parties ont stipulé, ont entendu « conserver lors même (car le projet va jusque-là), « lors même que la stipulation est expresse, lors même « que le vendeur a formellement déclaré qu'il n'enten-

(1) M. Valette produisit à cet égard des preuves irrécusables (*Moniteur* de 1850, p. 3612, — 18 décembre).

« dait aliéner que sous la condition qu'on le payerait ;
« c'est outre-passer les bornes ; ce n'est pas là un bon
« plan de réforme hypothécaire. Je dis que c'est s'en-
« gager dans une lutte contre les besoins sociaux,
« contre les besoins du peuple, contre ses habitudes ;
« on provoque ainsi une multitude de fraudes, et, en
« définitive, il faudrait que l'utilité du crédit foncier
« fût établie d'une manière irrécusable, qu'il n'y eût
« pas l'ombre d'un doute à ce sujet, pour qu'on se
« décidât à détruire des clauses volontaires, qui ont
« pour elles la sanction d'une longue suite de siècles,
« et qui ont passé successivement dans les diverses
« législations de l'Europe......

« Comment ! voilà un droit formellement stipulé,
« le droit de reprendre mon immeuble si vous ne me
« payez pas ; voilà ce droit qui est sacrifié à ce crédit
« hypothétique, à ce crédit précaire d'un homme qui
« veut, n'accomplissant pas ses obligations, se don-
« ner les moyens d'emprunter de l'argent ou de faire
« des aliénations ; c'est là la base sur laquelle on
« voudrait asseoir l'anéantissement d'une clause qui
« vous apparaît dans l'antiquité et que vous retrou-
« verez dans tous les codes modernes ! Je dis que
« c'est là un faux point de vue, et que vous ne devez
« pas encourager un homme à chercher un emprunt,
« à trouver de l'argent lorsqu'il n'accomplit pas ses
« obligations..... Nous devons organiser les droits,
« les réglementer tous, mais non sacrifier les uns en
« vertu d'une idée préconçue pour mieux faire fruc-
« tifier les autres (1). »

(1) *Moniteur* de 1850, p. 3612 (18 décembre).

J'ai déjà dit à quelle imposante majorité ce remarquable discours entraîna le vote de l'amendement Rouher, mais les événements politiques du mois de décembre 1851 empêchèrent le projet d'arriver à la troisième lecture et firent rester à l'état de documents les savantes décisions de l'Assemblée législative.

En 1855, lorsqu'on s'occupa de rétablir la transcription, le Conseil d'Etat reproduisit la proposition de M. Rouher. Le Corps législatif, qu'avaient éclairé les travaux antérieurs, l'admit sans beaucoup de résistance, et la formula dans les termes suivants, sous l'article 7 de la loi du 23 mars :

« L'action résolutoire, établie par l'article 1654 du Code Napoléon, ne peut être exercée après l'extinction du privilége du vendeur, au préjudice des tiers qui ont acquis des droits sur l'immeuble, du chef de l'acquéreur, et qui se sont conformés aux lois pour les conserver. »

Cet article établit donc une nouvelle fin de non-recevoir contre l'exercice de l'action résolutoire. Trois conditions sont requises pour que cette fin de non-recevoir soit opposable au vendeur. Il faut :

1° Que le privilége soit éteint ;

2° Que la déchéance soit invoquée par un tiers ayant acquis du chef de l'acquéreur des droits sur l'immeuble ;

3° Que ces droits aient été conservés conformément aux lois.

Il résulte de là que les législateurs de 1855 n'ont nullement modifié le droit de résolution en tant qu'il s'exerce par l'action personnelle et que, même dans les rapports du vendeur avec les tiers concessionnaires de droits réels sur l'immeuble, l'innovation de l'article 7 ne serait plus applicable si ces droits n'avaient pas été consolidés par l'accomplissement des formalités prescrites pour leur conservation.

On doit en outre, et encore que les conditions énoncées plus haut se trouvent réunies, refuser le bénéfice de la fin de non-recevoir à toute personne qui, à un titre quelconque, serait légalement tenue de veiller au maintien du privilége. Le bon sens et la logique commandent cette extension de l'article 941. Comment admettre, en effet, que celui-là pût profiter de la perte du privilége, qui est lui-même responsable à l'égard du vendeur du préjudice que cette perte lui a causé (1).

A part cette exception, le vendeur sera irrévocablement privé de son action résolutoire toutes les fois qu'étant dessaisi de son privilége il se trouvera en présence de tiers qui ont acquis du chef de l'acquéreur des droits réels sur l'immeuble, et les ont conservés en se conformant aux lois. Mais, je le répète, le concours des trois conditions est rigoureusement nécessaire, à tel point que si l'une d'elles vient à manquer, le droit commun de l'article 1654 reprend tout son empire.

Ces notions étant posées, il me reste à faire connaître quelles sont dans la pratique les espèces diverses que régira notre article 7.

1° Le vendeur non payé a expressément renoncé à son privilége, ou bien il en a consenti la radiation à

(1) Cpr. Mourlon, *Transcription*, t. II, n° 811.

son acheteur ou à un sous-acquéreur. Il est déchu par le fait du double droit qu'il tenait des articles 1654 et 2103, 1°. La renonciation, en effet, est classée par l'article 2180 au nombre des faits qui entraînent l'extinction légale du privilége, et la mainlevée n'est autre chose qu'une renonciation implicite (1).

2° Une clause particulière de l'acte de vente porte que l'immeuble vendu ne sera pas affecté par privilége au paiement du prix. Le vendeur, privé de son privilége par cette convention, conserve-t-il néanmoins son action résolutoire? On pourrait le soutenir en argumentant du texte de la loi : la demande en résolution, porte l'article 7, n'est plus recevable au préjudice des tiers postérieurement à l'extinction du privilége; or, dans l'espèce, il serait faux de présenter le privilége comme éteint puisqu'en réalité il n'a jamais pris naissance.

L'esprit de la loi repousse énergiquement cette interprétation. Ce que le législateur avait en vue, c'était de prévenir les dangers qu'offrait l'action résolutoire en demeurant occulte; ce qu'il a voulu essentiellement, c'est qu'elle ne pût jamais nuire à ceux qui n'avaient pas eu moyen de la prévoir; or, c'est précisément à un résultat contraire qu'aboutit la solution proposée, puisqu'en maintenant le droit de résolution dans le cas où le privilége n'existe pas, elle en permettrait l'exercice en dehors de toute publicité (2).

(1) Cpr. Rivière et Huguet, *Questions sur la Transcription*, n° 363; — Mourlon, *Transcription*, t. II, n°s 796 et 803; — Verdier, *Transcription*, t. II, n° 586.

(2) Cpr. Mourlon, *Transcription*, t. II, n°s 799 et 800.

3° La vente n'a pas été transcrite et le vendeur non payé n'a pas requis d'inscription ; l'acheteur a revendu l'immeuble et le tiers acquéreur a fait transcrire son titre. Le vendeur originaire a-t-il perdu son privilége? Il faut distinguer : S'il est encore dans les quarante-cinq jours de la première aliénation, son privilége subsiste, et il peut le conserver nonobstant la transcription de la revente, soit en prenant lui-même une inscription directe, soit en faisant transcrire la première vente; si, au contraire, le délai de quarante-cinq jours est expiré, le privilége est éteint, et avec lui disparaît le droit de résolution (1).

4° La transcription n'a pas eu lieu ; le vendeur a fait inscrire son privilége, mais l'inscription est périmée : est-il déchu du droit de résolution? Non, si l'immeuble est encore entre les mains de l'acheteur, car la péremption de l'inscription n'entraîne pas la perte du privilége et il reste toujours maître d'opérer le renouvellement. Oui, au contraire, si l'immeuble a été aliéné et que le nouveau propriétaire ait fait transcrire, car le privilége n'étant pas inscrit et ne pouvant plus l'être, l'action résolutoire solidarisée avec lui ne doit pas survivre à son extinction (2).

5° La vente a été transcrite, le conservateur a inscrit d'office, mais le vendeur a laissé périmer l'inscription. L'article 1654 est-il opposable s'il survient

(1) Cpr. Mourlon, *Transcription*, t. II, n° 793 ; — Verdier, *op. cit.*, t. II, n° 688.

(2) Cpr. Rivière et Huguet, *Questions*, n° 368 ; — Troplong, *Transcription*, n°s 292 et 293 ; — Mourlon, *Transcription*, t. II, n° 801 ; — Verdier, *op. cit.*, t. II, n° 588.

une nouvelle vente, suivie de transcription? Dans l'opinion de ceux qui prétendent que la péremption de l'inscription entraîne déchéance du privilége, lors même que l'acte est transcrit (1), l'action résolutoire n'est plus recevable. Pour moi, qui tiens avec les partisans du système contraire que la transcription conserve l'efficacité du privilége, encore que l'inscription d'office soit périmée (2), je dois admettre le vendeur à se prévaloir quand même de la faculté de résolution (3).

6° Un tiers acquéreur a fait au premier vendeur et aux créanciers inscrits des notifications à fin de purge. Aucune surenchère n'a eu lieu dans le délai fixé. L'action résolutoire est-elle maintenue? Non, car d'après le § 3 de l'article 2180, le privilége s'éteint par l'accomplissement des formalités et conditions prescrites aux tiers détenteurs pour purger les biens par eux acquis; seulement, comme l'acquéreur n'obtient sa libération que par le paiement ou la consignation de la somme qu'il a offerte, et que l'immeuble reste affecté jusque-là à la garantie des créanciers inscrits, il est entendu que si le prix n'est pas acquitté,

(1) Cpr. Troplong, *Hypothèques*, t. I, n° 286 et suiv., *Transcription*, n° 294; — Aubry et Rau, *D'après Zachariæ*, § 280, note 8, t. II, p. 814; — Paris, 30 novembre 1860; — Cass. civ. rej., 2 décembre 1863, et l'observation de M. Dutruc sur ce dernier arrêt (Dalloz, *R. P.*, 1864, I-57).

(2) Cpr. Rivière et Huguet, *Questions*, n° 367; — Mourlon, *Transcription*, t. II, n° 694; — Pont, *Des hypothèques*, n° 274; — Flandin, *Transcription*, t. II, n° 1104 à 1106; — Verdier, *Transcription*, t. II, n° 514.

(3) Cpr. Gauthier, *Transcription*, n° 222 et 223; — Verdier, *op. cit.*, t. II, n° 587.

le privilége dont l'extinction n'a pu être que conditionnelle, recouvre *ipso facto* toute sa force, et que du même coup renaît avec lui le droit de poursuivre la résolution (1).

C'est en vain qu'on objectera que si le privilége est éteint quant au droit de suite, il subsiste quant au droit de préférence, car je répondrai que c'est principalement au point de vue du droit de suite que l'action résolutoire a été associée au privilége, et que les tiers qui n'ont plus à redouter les effets de celui-ci, doivent être nécessairement à couvert du contre-coup de celle-là (2).

(1) Cpr. Mourlon, *Transcription*, t. II, n° 804.

(2) Cette décision a l'avantage de trancher en même temps la question si longtemps discutée entre les jurisconsultes, de savoir si le vendeur qui laisse clôturer l'ordre ouvert sur le prix de la revente, est déchu de son action résolutoire. L'intérêt de la solution est, à la vérité, bien amoindri par la disposition du nouvel article 717 du Code de procédure, qui a supprimé l'un des cas où la difficulté se présentait le plus fréquemment. Néanmoins le dissentiment peut se renouveler encore dans deux hypothèses différentes : 1° lorsque, comme dans l'espèce ci-dessus, la vente ayant été faite à l'amiable, les notifications à fin de purge n'auront pas amené de surenchère ; et 2° quand le poursuivant n'aura pas adressé au vendeur la sommation prescrite par l'article 692 du Code de procédure.

Il est certain que, suivant l'opinion que je partage, l'ouverture de l'ordre sera sans influence sur l'action résolutoire puisqu'elle sera dans tous les cas éteinte. L'ordre, en effet, ne pouvant être ouvert que postérieurement à la purge accomplie, il s'ensuit que l'immeuble purgé est à la fois affranchi et du privilége et du droit de résolution. Mais si l'on admet, avec les partisans du système contraire, que la purge n'est qu'un simple acheminement vers l'extinction du privilége, et que celui-ci ne disparaît en réalité que par le paiement, le doute redevient possible. Je crois cependant que lors même qu'on adopterait cette doctrine, l'action résolutoire n'en serait pas moins perdue si le vendeur avait laissé passer, sans l'introduire, les délais accordés pour faire les productions. La distribution du prix ayant éteint le privilége, il est indivi-

Dans les différents cas que je viens de parcourir, les trois conditions de l'article 7 se trouvant réunies, la perte du droit de résolution ne semble pas devoir être contestée ; mais une dernière hypothèse, sur laquelle la jurisprudence et les auteurs ont eu à prendre parti, a soulevé dans la science une controverse du plus haut intérêt :

Le vendeur peut-il se prévaloir de son action résolutoire au préjudice des créanciers de l'acquéreur, lorsque la faillite de celui-ci a été déclarée ou que sa succession a été acceptée sous bénéfice d'inventaire antérieurement à la transcription de la vente? Voilà la question. Elle naît, comme on le voit, du conflit de notre article 7 avec les articles 2108, 2146 du Code Napoléon, et l'article 448 du Code de commerce.

Avant tout, posons l'espèce : Primus a vendu son immeuble à Secundus. Ils n'ont fait transcrire la vente ni l'un ni l'autre ; puis Secundus est décédé et ses héritiers ont accepté sa succession sous bénéfice d'inventaire, ou bien il est tombé en faillite. Primus se présente alors et intente l'action résolutoire. Les créanciers de la succession ou les syndics, au nom de la masse, sont-ils en droit d'arrêter cette instance en lui opposant la fin de non-recevoir de l'article 7?

table que le droit de résolution, qui ne saurait survivre à ce dernier, ait dû par conséquent s'évanouir avec lui (Mourlon, *Transcription*, t. II, n° 805 ; — Verdier, *Transcription*, t. II, n°s 589 et 589 *ter*.).

La circonstance que le vendeur aurait fait réserve de son action résolutoire ne modifierait en rien mon avis, car il ne peut dépendre d'une volonté particulière d'empêcher un résultat qui découle inévitablement des principes proclamés par la loi (Cpr. Verdier, *Transcription*, t. II, n° 589).

Le principe de la solution est certain : Oui, si les trois conditions de l'article se rencontrent réunies ; non, si l'une d'elles fait défaut. Mais l'application du principe est plus délicate. Il faut rechercher séparément : 1° si le vendeur a laissé éteindre son privilége ; 2° s'il se trouve en présence des tiers, qui seuls ont droit d'invoquer l'exception de l'article 7.

A. Première question. — Le privilége du vendeur est-il éteint par la faillite de l'acquéreur, survenue avant la transcription de la vente?

Au premier abord l'affirmative paraît évidente. D'après l'article 2108, en effet, le privilége se conserve par la transcription de la vente, qui équivaut ici à l'inscription ; et aux termes des articles 2146 du Code Napoléon et 448 du Code de commerce, toute inscription est nulle si elle est prise après la faillite ou l'acceptation bénéficiaire. Cette question, cependant, est aujourd'hui une des plus difficiles de notre droit. Pour la traiter et la résoudre, il faut en effet connaître parfaitement le labyrinthe inextricable de toutes les difficultés que soulèvent les principes incertains de nos lois sur la publicité des diverses espèces de droits réels.

On a beaucoup écrit sur ce sujet, même trop écrit, peut-être ; aussi me bornerai-je à énoncer les solutions des principaux systèmes avec l'argument capital de chacun d'eux, sans entrer dans les détails infinis de toutes les controverses.

A la question que j'ai posée, quatre réponses ont été faites, et comme la première est donnée par deux systèmes bien distincts, on peut dire qu'il y a sur le sujet cinq opinions différentes.

PREMIÈRE RÉPONSE. — Le privilége du vendeur n'est pas éteint par la faillite; il n'est pas encore né.

Premier système. — Pour qu'il s'agisse de privilége, il faut se placer en dehors des relations que le vendeur peut avoir avec son acquéreur; or, si d'après les principes du Code Napoléon le seul consentement transfère la propriété, la loi du 11 brumaire an VII et la loi du 23 mars 1855 ont restreint les effets de ce principe entre le vendeur et l'acquéreur. Vis-à-vis des tiers, le vendeur reste propriétaire jusqu'à la transcription; tant qu'elle n'a pas eu lieu, il peut vendre valablement à de nouveaux acquéreurs l'immeuble qu'il a déjà vendu, et par conséquent il pourra le revendiquer. La faillite du premier acquéreur ne fait pas perdre au vendeur ce droit de revente : pourquoi lui enlèverait-elle son droit de revendication? Et s'il est admis à revendiquer contre la masse, que vient-on parler de privilége? Le privilége n'existe pas encore, il ne peut s'agir de son extinction. Il naîtra plus tard, quand la transmission de propriété aura été accomplie *erga omnes;* mais la transcription seule opérera ce phénomène, et, comme elle est la condition à laquelle la loi a attaché la vie du privilége, l'extinction de celui-ci ne sera pas plus possible après qu'elle aura été opérée qu'elle ne l'était auparavant. Jusqu'à la transcription le privilége est inutile et il n'existe pas. Il devient nécessaire au moment de la transcription, mais il naît avec elle, et il naît conservé.

Ce système appartient presque exclusivement à M. Paul Pont (1). Si le lecteur trouve qu'il y a encore dans cette argumentation bien des points faibles, bien des passages qui se lient difficilement entre eux, la faute, je crois, n'en est pas à la manière dont je l'ai exposé, mais au système lui-même. Il repose en effet sur une base entièrement fausse. La propriété, dans notre droit, est transmise *erga omnes* par le seul consentement; la loi de 1855 n'a pas dérogé en ce point au Code Napoléon. Au contraire, il a été bien entendu entre les rédacteurs que les principes de ce Code demeuraient intacts. On leur a apporté une seule exception en faveur de ceux qui, traitant avec le vendeur postérieurement à la vente, n'avaient aucun moyen de vérifier si ce dernier était ou non propriétaire de la chose. Pour eux seuls, les droits réels concédés antérieurement seront non avenus, si la transcription de l'acte qui les confère est postérieure à celle qu'ils auront requise eux-mêmes. Mais quant au vendeur, lui, il est dessaisi, et, loin de pouvoir revendiquer, il se trouvera exposé, en cas de revente, à l'action en garantie du premier acquéreur et de ses ayants-cause. Vis-à-vis des créanciers de l'acquéreur tout spécialement, il est donc faux de prétendre que le vendeur est propriétaire jusqu'à la transcription, et, s'il n'est plus propriétaire, il a besoin de son privilége pour écarter leurs prétentions. Le privilége, pour être quelque chose de sérieux, doit donc naître en même temps que la vente, avant la transcription, et puisque, d'a-

(1) *Traité des priviléges et hypothèques*, n°° 252 et suiv.; — Cpr. Dijon, 19 juillet 1864.

près l'art. 2108, la transcription seule peut le conserver, c'est une erreur de prétendre que le privilége naît conservé. Au point de vue de la question particulière qui nous occupe, de savoir si le privilége est éteint par la faillite de l'acquéreur survenue avant la transcription de la vente, ce n'est donc pas une solution que de répondre avec M. Paul Pont : Le privilége n'est pas né, comment voulez-vous qu'il soit éteint? Oui le privilége existe, par conséquent votre fin de non-recevoir tombe d'elle-même, et la difficulté se dresse devant vous entière et menaçante.

Deuxième système. — M. Valette est l'auteur du deuxième système (1). Quant à la solution, elle est la même que celle présentée par M. Paul Pont, et la fin de non-recevoir par laquelle il écarte la question posée est encore ici celle que j'ai combattue plus haut : Le privilége ne prend naissance que par la transcription; par conséquent, il naît conservé, et évidemment il ne peut s'agir de rechercher s'il a été éteint par quelque événement antérieur. Mais le résultat est défendu par des arguments différents, et l'opinion de M. Valette a ainsi mérité l'honneur de devenir un système à part.

Dans un régime hypothécaire bien ordonné, dit M. Valette, un droit réel ne doit pas exister avant le fait qui le rend public; or, dans notre droit, c'est la transcription de la vente qui rend le privilége public: donc le privilége ne naît qu'avec la transcription. Ce

(1) V. Revue pratique, t. XVI, p. 435, 436, 441 et 458. — Cpr. *De l'effet ordinaire de l'inscription en matière de priviléges sur les immeubles.*

syllogisme serait parfait, si la proposition qu'il sous-entend était démontrée. M. Valette est-il bien sûr que notre régime hypothécaire soit parfait? C'est là pourtant la base de tout le système. Son auteur est parti, ce me semble, de cette idée préconçue que le privilége devait naître conservé, et pour arriver à cette conclusion il a imaginé ce qu'on appelle en doctrine la théorie du *dessaisissement partiel*. M. Valette admet bien avec nous que la transcription n'est pas nécessaire pour la translation des droits réels, et que l'acquéreur est *erga omnes* propriétaire de la chose vendue à partir de la conclusion de la vente, seulement, et c'est là le système, il veut que la propriété ne lui en soit acquise que sous la déduction du privilége que le vendeur est censé s'être retenu sur l'immeuble. Le privilége n'est plus ici un droit réel attaché par la loi à la qualité de la créance; c'est une parcelle, un démembrement de la propriété comme le serait une servitude ou un usufruit que le vendeur se serait réservé au moment du contrat. Or les droits de cette nature ont toujours pu subsister indépendamment de toute transcription. Il est vrai que, par une faveur spéciale à l'acquéreur, celui-ci pourra consolider sur sa tête et affermir complétement, au moyen de la transcription, la propriété incertaine et démembrée qu'il avait eue jusque-là; mais en même temps, en vertu de l'article 2108, le droit réel que le vendeur avait conservé sur sa chose puisera dans cette même transcription une vie nouvelle, et deviendra le véritable privilége tel qu'il est établi par nos lois pour la garantie de l'acquittement du prix de vente. Au point de vue spécial que j'examine, il résulte donc de tout ceci que ce privilége naît conservé, et que par suite on n'est pas recevable à demander s'il a pu être éteint avant sa naissance.

Cette théorie a séduit beaucoup de bons esprits. Elle a cependant deux torts très graves : le premier, c'est d'être sortie tout d'une pièce de l'imagination de son auteur pour expliquer et légitimer un résultat qui paraissait désirable; le second, c'est de n'avoir aucune base ni dans l'histoire, ni dans la loi, et d'être au contraire en contradiction formelle avec les précédents et des textes du Code explicites et certains.

Je n'entrerai pas ici dans les détails d'une réfutation historique (1), les limites de mon étude m'obligent à me borner aux textes, et encore sur ce point me contenterai-je d'une triple observation :

1° La théorie du dessaisissement partiel viole l'article 2106 du Code Napoléon, d'après lequel le privilége est un droit attaché par la loi à la qualité de la créance, sans qu'il soit besoin de recourir, pour expliquer sa nature, à des réserves et à des déductions plus ou moins sous-entendues.

2° Elle est en contradiction manifeste avec l'article 6 de la loi de 1855, d'après lequel la transcription est tout au moins nécessaire pour la conservation du privilége avant la transcription de la revente; ce qui serait complétement inexplicable si le privilége n'était pas autre chose qu'une servitude retenue sur l'immeuble.

(1) Elle a été savamment exposée par M. Duverger, *Revue pratique*, t. XVIII, p. 457 et suiv.

3° Enfin, elle se heurte à la règle de l'article 2105, qui fait primer le privilége du vendeur par certains créanciers de l'acquéreur. Or, si le privilége était un vrai démembrement de propriété retenu sur la chose au profit du premier, jamais les ayants-cause du second ne pourraient prétendre se faire payer sur un objet qui n'appartient pas à leur débiteur.

De tout ce qui précède, il faut donc conclure que le système de M. Valette n'est pas plus admissible que celui de M. Paul Pont (1).

Les trois systèmes qu'il me reste maintenant à apprécier se réunissent d'abord sur un point commun qui les sépare entièrement des deux qui précèdent. Tous trois ils admettent que le privilége naît en même temps que la vente indépendamment de la transcription, que par conséquent il ne naît pas conservé. Ils reconnaissent d'autre part que la transcription est nécessaire à la conservation du privilége, et ils se trouvent ainsi forcément amenés à rechercher si la faillite antérieure à cette transcription est réellement une cause d'extinction du privilége; en d'autres termes, puisque toute la question se réduit là, si la faillite empêche toute transcription postérieure de produire son effet au profit du vendeur.

L'argumentation qui amène nos trois systèmes sur ce terrain est celle-là même que j'ai fait valoir pour écarter les théories de MM. Pont et Valette.

Aux termes de l'article 2095, « le privilége est un

(1) Cpr. M. Duverger, *Revue pratique*, t. XVIII, p. 456 et suiv.; — Mourlon, *Transcription*, t. II, n°s 264 et suiv.; — Verdier, *Transcription*, t. II, n° 504, p. 314 à la note.

droit que la qualité de la créance donne à un créancier d'être préféré aux autres créanciers, même hypothécaires. » L'article 2103, d'un autre côté, met au nombre des créanciers privilégiés, « le vendeur, sur l'immeuble vendu, pour le paiement du prix. » Le vendeur, par cela seul qu'il est vendeur, a donc un privilége pour la garantie de sa créance. Or la vente est parfaite par le seul consentement indépendamment de la transcription; le privilége prend donc naissance, lui aussi, indépendamment de la transcription et à partir du moment où le contrat est formé.

Mais ce premier point étant admis, il s'en présente un second : si le privilége naît sans qu'il soit besoin de le rendre public, la publicité lui est néanmoins indispensable pour qu'il produise son effet.

« Entre les créanciers, porte l'article 2106, les priviléges ne produisent d'effet, à l'égard des immeubles, qu'autant qu'ils sont rendus publics par l'inscription sur les registres du conservateur des hypothèques, de la manière déterminée par la loi, et à compter de la date de cette inscription. »

« Le vendeur privilégié, ajoute l'article 2108, conserve son privilége par la transcription du titre qui a transféré la propriété à l'acquéreur, et qui constate que la totalité ou partie du prix lui est due ; à l'effet de quoi, la transcription du contrat faite par l'acquéreur vaudra inscription pour le vendeur et pour le prêteur qui lui aura fourni les deniers payés, et qui sera subrogé aux droits du vendeur par le même contrat : sera néanmoins le conservateur des hypothèques tenu, sous peine de tous dommages et intérêts envers les tiers, de faire d'office l'inscription sur son registre, des créances résultant de l'acte translatif de propriété, tant en faveur du vendeur qu'en faveur des prêteurs, qui pourront aussi faire faire, si elle ne l'a été, la transcription du contrat de vente, à l'effet d'acquérir l'inscription de ce qui leur est dû sur le prix. »

Le privilége du vendeur, tant qu'il n'est pas inscrit, n'a donc aucune utilité ; mais dès que l'inscription est venue le rendre public, il acquiert toute sa force et produit tous les effets qu'il est dans sa nature d'engendrer. L'inscription, du reste, n'est pas ici la forme obligatoire de la publicité. Pour le vendeur, la transcription du contrat de vente vaut inscription. Il en résulte que l'acquéreur n'a pas seul intérêt à ce qu'elle soit effectuée, mais que l'accomplissement de cette formalité présente même pour le vendeur une importance capitale.

De tout ceci je conclus que le privilége du vendeur ne peut être conservé que par l'inscription ou, ce qui est équivalent quant à lui, par la transcription de la vente.

Il faut rechercher maintenant si l'inscription ou la transcription pourront être effectuées dans tous les cas.

Sur ce point une distinction est nécessaire entre les deux effets qu'il est dans la nature du privilége de produire, entre le droit de suite et le droit de préférence.

Pour conserver le droit de suite, l'inscription, en conformité de l'article 6 de la loi de 1855, doit avoir lieu avant la transcription de la revente ou au moins dans les quarante-cinq jours de la vente.

Quant au droit de préférence, ni l'article 2108 du Code Napoléon, ni la loi de 1855 ne fixent de délai pour le conserver, et l'inscription peut être prise en principe tant que la chose est entre les mains de l'acquéreur ; en sorte qu'une inscription prise quinze ans ou vingt ans après la vente donnera au vendeur le droit de primer tous les créanciers, même hypothécaires, de son acquéreur.

Mais, et j'arrive ainsi à la question qui fait l'objet de mon étude, la faillite de l'acquéreur ou l'acceptation bénéficiaire de sa succession ne fait-elle pas exception à ce principe?

On sait qu'à teneur des articles 2146 du Code Napoléon et 448 du Code de commerce, ces deux événements fixent d'une manière irrévocable les relations des créanciers, les uns à l'égard des autres, sans qu'il leur soit possible de s'assurer des droits de préférence par des inscriptions postérieures.

La question est de savoir : d'abord, si la transcription, valant inscription pour le privilége du vendeur, est comprise dans la prohibition de nos deux articles, et en second lieu si, l'affirmative une fois admise, il faut en conclure que le privilége est éteint dans le sens de l'article 7 de la loi de 1855. — C'est ici que se séparent les trois derniers systèmes.

DEUXIÈME RÉPONSE. — *Troisième système.* — Le privilége n'est pas éteint dans l'espèce; il est simplement suspendu.

Cette doctrine appartient à un arrêt de la Cour de cassation, du 1er mai 1860. Il ne se prononce pas ouvertement sur la première partie de la difficulté : peu importe, dit la Cour, que le privilége puisse encore être conservé par une transcription postérieure à la faillite, ou que cela soit impossible. Même en admettant cette dernière opinion, on ne serait point encore dans l'espèce prévue par l'article 7 de la loi de 1855. Cet article, en effet, suppose que le privilége est éteint; or, dans le cas posé, le privilége subsiste; il serait tout au plus suspendu, et si le jugement déclaratif venait à être rapporté, ou si un concordat sans condition remettait le failli à la tête de ses affaires, rien ne s'opposerait plus à ce qu'une transcription vînt donner alors toute sa force au privilége (1).

Troisième réponse. — *Quatrième système.* — Le privilége est réellement éteint, à moins cependant que l'on ne soit encore dans les quarante-cinq jours de la première vente.

Ce système a été présenté par MM. Aubry et Rau (2). Il se confond dans son principe avec celui qu'il me reste à examiner; il est seulement moins absolu, en ce qu'il permet au vendeur de transcrire afin de conserver son droit de préférence, toutes les fois que la faillite survient dans le délai fixé par l'article 6 de la loi de 1855 pour assurer, en transcrivant la vente, le droit de suite sur l'immeuble vendu. Je dirai plus bas pourquoi je réprouve ce tempérament.

Quatrième réponse. — *Cinquième système.* — Le privilége du vendeur est éteint, dans le sens de l'article

(1) Devilleneuve, 1860, I-602; — Cpr. Dijon, 13 juillet 1864 (J. du P., année 1864).

(2) § 278, note 6 *in fine*, t. II, p. 802.

7 de la loi du 23 mars 1855, par la faillite de l'acquéreur ou par l'acceptation bénéficiaire de sa succession, lorsque ces événements surviennent avant la transcription de la vente (1).

Nous avons vu que, d'après les articles 2106 et 2108 combinés, le privilége du vendeur ne pourrait être conservé que par l'inscription, ou ce qui revient au même, quant à lui, par la transcription.

Le cours des transcriptions conservatrices des priviléges de vendeur doit donc être arrêté par les mêmes faits qui interdisent ou annulent l'inscription conservatrice de tous autres droits de préférence. Par conséquent, après la faillite, le vendeur ne peut pas plus transcrire la vente en vue de conserver son privilége qu'il ne serait admis à prendre une inscription ; et, s'il ne peut plus le conserver, il ne saurait pas davantage lui faire produire ses effets ; or, s'il n'a plus d'effets, c'est évidemment un privilége éteint.

Je reconnais sans doute avec la Cour de cassation que si la déclaration de faillite venait à être révoquée d'une manière complète, l'obstacle qui arrêtait la transcription étant levé, cette transcription redeviendrait possible et le privilége recevrait une vie nouvelle ; mais je me refuse à conclure de là que le privilége n'est pas éteint, suivant le sens de l'article 7 de la loi de 1855. Cet article, en effet, signifie que l'action réso-

(1) Cpr. Troplong, *Transcription*, n°s 282, 295 et 296 ; — Mourlon, *Examen critique*, Appendice, n° 379, et *Transcription*, t. II, n°s 643 et suiv. ; — Flandin, *De la Transcription*, t. II, n°s 1177 à 1180 ; — Dumolard, *Privilége et action résolutoire du vendeur en cas de faillite de l'acquéreur*, p. 24 ; — Demangeat sur Bravard, *Traité de droit commercial*, t. V, p. 289 à la note.

lutoire ne pourra pas être intentée contre certaines personnes dès que le privilége ne leur sera plus opposable ; or, tant que durera la faillite, le privilége ne pourra pas être invoqué; pourquoi donc recourrait-on à l'action résolutoire sous-prétexte qu'un fait postérieur peut faire revivre le privilége? Si le privilége renaît, l'action en résolution revivra en même temps ; mais tant que l'exercice de l'un est suspendu, on peut bien dire que pour l'autre cette suspension équivaut à une extinction, et argumenter autrement, c'est vraiment recourir à des subtilités indignes d'une discussion sérieuse.

Je n'accepte pas non plus la théorie mitigée de MM. Aubry et Rau, et voici pourquoi :

L'article 6 de la loi de 1855 ne s'occupe nullement de la conservation du droit de préférence, mais bien de celle du droit de suite. C'est du reste un des points sur lesquels il n'y a eu aucune confusion entre les rédacteurs, et il faut leur en savoir gré. L'article 6 prévient la fraude d'un acquéreur qui, sans faire transcrire, s'empresserait, afin de purger le privilége de son vendeur, de revendre à un tiers complaisant, qui, lui, transcrirait de suite, avant que le premier vendeur eût procédé à cette formalité. La loi a donné à celui-ci un délai suffisant pour déjouer cette fraude ; elle n'a pas fait autre chose. Mais au point de vue du droit de préférence qui nous occupe, la loi de 1855 n'a rien innové ; elle a tout laissé sous l'empire du Code Napoléon. D'un côté, elle n'a pas assigné au vendeur un terme fatal pour publier utilement son privilége et le rendre par là opposable aux autres créanciers ; et, d'autre part, elle ne lui a pas non plus imparti un délai favorable pendant lequel il n'aurait rien à craindre des événements qui empêchent les droits de préférence, même valablement acquis, de se maintenir par la publicité de l'inscription.

Je puis donc conclure que par la faillite de l'acquéreur ou l'acceptation sous bénéfice d'inventaire de sa succession, le vendeur est déchu du droit qu'il avait de conserver son privilége en faisant transcrire la vente, et que par le fait ce privilége est éteint (1).

Pourtant il se présente encore une dernière difficulté. Tant que la vente n'a pas été transcrite, la masse peut être évincée par de nouveaux acquéreurs auxquels le vendeur aurait consenti une seconde vente et qui, eux, auraient transcrit. La masse aurait sans doute dans cette hypothèse une action en garantie contre le vendeur; mais on conçoit des espèces où elle aurait intérêt à empêcher l'éviction et où, pour ce motif, elle requerrait elle-même la transcription de la vente. — On peut se demander alors si cette transcription, opérée à la requête de la masse, vaut inscription pour le vendeur et conserve son privilége?

La solution de cette difficulté est sans influence sur la question à résoudre. A supposer même que le privilége du vendeur vînt à revivre dans les circonstances prévues ci-dessus, il n'en serait pas moins éteint suivant le sens qu'attribue à ce mot notre article 7. En effet, si le privilége revivait, ce ne serait pas par le fait du vendeur, et ce qu'a voulu l'article 7 c'est que le vendeur, qui ne pourrait plus *lui-même* donner

(1) Cpr. Flandin, *op. et loc. cit.*; — Mourlon, *op. cit.*, n° 659.

force et vigueur à son privilége, fût incapable de remplacer celui-ci par l'action résolutoire.

D'ailleurs cette possibilité de restituer au privilége une efficacité quelconque par la transcription requise au nom de la masse, me paraît elle-même absolument inadmissible. Le droit de transcrire, dans le but de consolider la vente, est tout entier en faveur de la masse, et ce serait le retourner contre elle que de valider une transcription entraînant la conservation du privilége. Dans le sens technique d'une dénonciation aux tiers de la mutation de propriété, la transcription sera encore possible et vaudra comme telle, mais, comme inscription, l'article 448 du Code de commerce l'annule, et par suite elle ne pourra plus en produire les effets (1).

Ces observations faites, je passe à l'examen de la seconde question.

B. Deuxième question. — Le vendeur qui veut exercer son action résolutoire au préjudice de la masse ou contre les créanciers de la succession bénéficiaire, se trouve-t-il en présence de tiers ayant acquis sur l'immeuble des droits conservés conformément aux lois?

Ceux qui adoptent l'un des trois premiers systèmes que j'ai exposés sur la question précédente, n'ont pas à se préoccuper de celle-ci pour donner une solution à la difficulté qui nous occupe.

Si l'on admet en effet, avec MM. Pont et Valette ou avec la Cour de cassation, que le privilége du vendeur

(1) Cpr. Dumolard, *op. cit.*, p. 24.

n'est pas éteint par la faillite survenue avant la transcription de la vente, évidemment il faut décider aussitôt que le vendeur conserve son action résolutoire, parce que la première condition à laquelle notre article 7 à subordonné la fin de non-recevoir qu'il a établie ne se rencontre pas dans l'espèce (1).

Mais si l'on reconnaît, suivant l'opinion que je partage, que le privilége est perdu, comme cette première condition est remplie, il faut nécessairement rechercher ce qu'il en est des deux autres.

Trois systèmes principaux ont été présentés sur la question.

Le premier système est défendu par M. Troplong. D'après lui, la faillite confère à la masse une sorte de saisine, une espèce de gage spécial qui peut la faire considérer comme un tiers suivant l'esprit de l'art. 7. Cet article, en effet, a voulu lier d'une façon indissoluble l'action résolutoire au privilége, et dès que celui-ci est éteint on doit forcément admettre, pour être logique, que celle-là est également perdue (2).

Cette théorie est de tous points inacceptable. Les créanciers qui constituent la masse ne cessent pas après la faillite d'être des ayants-cause de leur débiteur. Ils ne sont pas des tiers ; ils n'ont pas acquis de droits réels sur la chose, et, par le fait, nous ne sommes pas dans les termes de la seconde condition prévue par l'article 7.

(1) Cpr. Pont, *Revue critique*, t. XVI, p. 289 et suiv., 385 et suiv.; — Verdier, *Transcription*, t. II, nos 390 et suiv. ; — Cass., 1er mai 1860.

(2) Cpr. Troplong, *Transcription*, nos 295 et 296 ; — Lesenne, *Transcription*, n° 127 ; — Sellier, *Transcription*, n° 239 ; — Nancy, 6 août 1859. — *Confer*, Cass. req. rej., 5 août 1860.

Un deuxième système a été formulé par MM. Rivière et Huguet. Strictement attachés aux termes de la loi, ces auteurs décident que le vendeur, malgré la perte de son privilége, conserve le bénéfice de son action résolutoire, à l'encontre des créanciers de la faillite, jusqu'au jour où les syndics auront pris au nom de la masse l'inscription commandée par l'article 490 du Code de commerce. Les créanciers du failli, disent-ils, ne sont pas des tiers dans le sens de l'article 7 ; le jugement déclaratif ne change rien à leur condition primitive, ce n'est que par l'inscription requise à leur profit que prend naissance le droit réel qui les habilite à se prévaloir utilement de la déchéance du vendeur (1).

Enfin une troisième opinion, que j'approuve pleinement pour ma part, supprime cette distinction et décide que le vendeur conserve toujours son action résolutoire contre la masse, même après l'inscription de l'article 490, et en supposant qu'à partir de cette époque les créanciers sont devenus de vrais créanciers hypothécaires.

Cette doctrine se fonde tout entière sur le sens restreint du mot *tiers* dans l'article 7, que j'essaie d'expliquer. Pour moi, tel que je le comprends, l'article 7 est le corollaire des autres dispositions de la loi de 1855, mais il n'est pas fait pour les hypothèses que cette loi n'avait pas en vue. Or, je crois l'avoir démontré, le cas de faillite survenue entre la vente et la transcription de celle-ci est, quant au privilége, uni-

(1) *Questions sur la transcription*, nos 370 à 376. — Cpr. Rivière, *Revue critique*, t. XV, p. 433 et suiv.; — Flandin, t. II, no 1191.

quement régi par le Code Napoléon; pourquoi en serait-il autrement quand il s'agit de l'action résolutoire?

Les tiers, dont parle l'article 7, sont donc exclusivement, à mon avis, les tiers acquéreurs ou, si l'on veut, les sous-acquéreurs de l'immeuble (1). La loi de 1855, en effet, n'a voulu qu'une chose, décider que, dans les espèces réglementées par elle, le vendeur négligent, qui aurait perdu son privilége, ne pourrait plus le recouvrer indirectement au moyen de son action en résolution. Mais la loi de 1855 ne s'est occupée du privilége qu'au point de vue du droit de suite; l'article 7 ne parle donc que des tiers à qui ce droit de suite pouvait être opposé. Quant au droit de préférence, il continue d'être régi par le droit commun. Les tiers, contre lesquels ce droit pourra être invoqué, resteront donc ainsi sous l'empire de l'article 1654 du Code Napoléon, c'est-à-dire que vis-à-vis d'eux l'action résolutoire demeurera entièrement indépendante du privilége. Cette solution est en harmonie parfaite avec le caractère incomplet de la loi de 1855, et de plus elle a l'avantage immense d'arrêter bien des injustices. Tout se tient dans une loi; or, celle du 23 mars 1855 n'a accordé au vendeur aucun délai pendant lequel son droit de préférence pourrait être utilement sauvegardé. Une faillite survenue même le lendemain de la vente l'en dépouillerait d'une façon irrévocable. Les quarante-cinq jours de l'article 6 ne sont malheureusement pas faits pour cette hypothèse. Peut-on sup-

(1) Cpr. Demangeat sur Bravard, *Traité de droit commercial*, t. V, p. 292 à la note.

poser que cette même loi, inapplicable au droit de préférence dans ses dispositions de faveur, se retournerait au contraire contre lui dans les déchéances qu'elle prononce? Cette théorie me paraît inadmissible, et, pour ma part, je crois fermement au système que je propose.

En résumé, sur le point de savoir si le vendeur est privé de son privilége et de son action résolutoire par la faillite de l'acquéreur ou l'acceptation bénéficiaire de sa succession survenues antérieurement à la transcription de la vente, trois opinions ont été soutenues, si du moins l'on se borne au résultat : l'une laisse subsister au profit du vendeur et le privilége et la faculté de résolution ; l'autre lui refuse ces deux garanties; la troisième enfin adopte un système mixte : elle supprime le privilége en maintenant le droit de résolution. C'est, on l'a vu, à cette dernière doctrine que je me suis rallié. J'ai déclaré le privilége éteint en vertu des articles 2146 du Code Napoléon et 448 du Code de commerce; mais, comme le vendeur est en présence de créanciers et que les tiers dont la loi de 1855 parle dans son article 7, me paraissent être uniquement les sous-acquéreurs de l'immeuble, j'ai fait voir comment les deux autres conditions auxquelles cet article avait soumis la fin de non-recevoir qu'il institue, faisaient défaut dans l'espèce; et, en conséquence, j'ai validé, nonobstant la faillite de l'acquéreur prononcée avant la transcription de la vente, l'application pure et simple de l'article 1654 du Code Napoléon.

Je dois dire, en terminant, que cette théorie, sinon

dans les motifs dont je l'ai appuyée, du moins dans ses conclusions, est aujourd'hui l'opinion dominante (1).

On a vu, par ces quelques détails sur l'application de l'article 7 de la loi de 1855, qu'il existe une union intime entre le privilége et l'action résolutoire. Il ne faudrait pas toutefois exagérer les conséquences de cette connexité ; on s'exposerait, en les poussant dans leurs limites extrêmes, à dépasser l'intention du législateur : ainsi, quand une instance en résolution a été valablement introduite, il n'y a pas à se préoccuper de la perte du privilége survenue postérieurement. Peu importe qu'il vienne à s'éteindre avant qu'elle soit jugée; cette circonstance n'empêche pas qu'elle ne suive utilement son cours : Attendu, dit la Cour de Riom, qu'il serait contraire à la justice que le défendeur pût bénéficier des retards que sa résistance illégitime a apportés à la reconnaissance du droit du demandeur; que, pour apprécier la légitimité d'une action il faut se reporter à l'époque où elle a été intentée, et que le jugement, quelle qu'ait été la durée du procès, rétroagit au jour de la demande et se traduit en une déclaration que la prétention était bien ou mal fondée au moment où elle a été déférée aux tribunaux (2).

(1) Cpr. Aubry et Rau, *D'après Zachariæ*, § 278, texte et note 8, t. II, p. 802; — Mourlon, *De la Transcription*, t. II, nos 817 et suiv.; — Dumolard, *op. cit.*, p. 25 et suiv.; — Demangeat sur Bravard, *op. cit.*, t. V, p. 291 et 292 à la note; — Grenoble, 13 mars 1858.

(2) Riom, 7 juin 1859; — Mourlon, *Transcription*, n° 808; — Verdier, *Transcription*, n° 589 *quater*.

CHAPITRE VI.

Des effets de la résolution.

Les conséquences de la résolution encourue sont absolument les mêmes, soit qu'elle ait lieu en vertu de l'article 1654, soit qu'elle dérive d'un pacte commissoire exprès. De quelque manière qu'elle se produise, elle a nécessairement pour résultat de replacer les parties dans la situation où elles se seraient trouvées s'il n'y avait pas eu vente. J'examine les effets de cet anéantissement rétroactif de l'aliénation : 1° entre les parties contractantes; 2° vis-à-vis des tiers.

SECTION Ire.

Des effets de la résolution entre les parties contractantes.

L'acheteur doit restituer la chose vendue avec ses accessoires, et indemniser le vendeur des détériorations survenues par sa faute ou provenant du fait des personnes dont il répond (1). Il est pareillement tenu de faire compte de tous les fruits qu'il aurait perçus dans l'intervalle (2). Du moment que l'on considère la

(1) Cpr. Toullier, t. VI, n° 563; — Duvergier, *Vente*, t. I, n° 452; — Aubry et Rau, *D'après Zachariæ*, § 302, 3°, t. III, p. 54; — Dalloz, *R. A.*, V° *Vente*, n° 1382.

(2) Cpr. Toullier, t. VI, n° 563; — Duvergier, *Vente*, t. I, n° 452; — Duranton, t. XVI, n° 366; — Troplong, *Vente*, t. II, n° 652; — Aubry et Rau, *D'après Zachariæ*, *loc. cit.*; — Dalloz, *R. A.*, V° *Vente*, n° 1870; — Larombière, t. II, sur l'art. 1184, n° 45; — Bordeaux, 6 août 1831; — Cass., 23 juillet 1834; — Cass., 18 juin 1854 et 31 décembre 1856.

vente comme n'ayant jamais existé, la perception qu'il en a faite se trouve n'avoir pas eu de juste cause. D'autre part, il ne peut exciper de sa bonne foi, puisque c'est par sa négligence à remplir ses obligations qu'il est dépouillé de sa propriété. Cette solution, du reste, est seule en rapport avec les exigences de l'article 1183, et, bien que dans certains cas le législateur ait fait exception à la règle, il n'y a évidemment pas de raison pour y déroger dans notre espèce. L'acheteur étant en faute, sa position n'inspire aucun intérêt, et, comme le disaient énergiquement les jurisconsultes romains, *Nihil penes eum residere oportet ex re in qua fidem fefellit* (1).

Le Code a même poussé plus loin la rigueur. Non-seulement il exige que l'acquéreur *ne conserve rien* de la chose, mais en outre l'article 1184 le rend passible de dommages-intérêts pour le préjudice causé par l'inexécution du contrat.

De son côté, le vendeur est obligé de rendre les sommes qu'il aurait touchées sur le prix. La vente étant réputée n'avoir jamais eu lieu, les paiements reçus se trouvent avoir été faits sans cause. Et comme l'article 1183 serait violé si le contrat résolu conservait quelque effet à l'encontre de l'acheteur, le même

(1) L. 5, D. *De lege commissoria*. Le vendeur ne serait pas maître de demander les intérêts du prix en offrant d'abandonner à l'acquéreur les fruits que la chose aurait produits *medio tempore*. Une telle option est inconciliable avec le principe que la résolution remet la chose vendue dans l'état où elle serait si elle n'avait pas changé de maître. — Cpr. Troplong, *Vente*, t. II, n° 652; — Duvergier, *Vente*, t. I, n° 454; — Marcadé, sur l'article 1654, n° 4; — Massé et Vergé, *Sur Zachariæ*, t. IV, p. 309, note 17; — Dalloz, *R. A.*, V° *Vente*, n°s 1377 et 1378; — Cass., 23 juillet 1834.

motif qui soumet le vendeur à la restitution du capital, le rend de plus débiteur des intérêts à partir du jour où les acomptes ont été versés. Il ne serait pas équitable d'ailleurs qu'il cumulât le revenu d'une portion du prix avec la jouissance de l'objet vendu, et les fruits de la chose lui faisant retour, il devient, par une juste réciprocité, comptable des intérêts (1). Il ne serait pas même autorisé à les retenir en renonçant à réclamer les fruits, car il est rare que la valeur de ceux-ci soit égale au montant des intérêts, et la loi veut que les contractants soient remis dans le même état que s'il n'y avait point eu d'aliénation.

Cette obligation imposée au vendeur peut paraître dure s'il y a longtemps que les acomptes lui ont été payés et si l'on observe qu'il peut les avoir dépensés légitimement sans s'enrichir ; mais il faut se rappeler que l'article 1184 permet d'attribuer des dommages au vendeur, et que ce dernier aura toujours la ressource de demander aux tribunaux, soit à être dispensé, à titre d'indemnité, de la restitution des intérêts, soit à être mis à couvert du préjudice par une allocation directe de dommages évalués en argent (2).

Le vendeur doit rembourser à l'acheteur les dépenses nécessaires dans leur intégralité et les dépenses utiles jusqu'à concurrence de la plus-value. Quant aux

(1) Cpr. Toullier, t. VI, n° 563 ; — Duranton, t. XVI, n° 366; — Troplong, *Vente*, t. II, n° 652 ; — Duvergier, *Vente*, t. I, n°s 452 et 453 ; — Massé et Vergé, *Sur Zachariæ*, t. IV, p. 309, note 17 ; — Dalloz, V° *Vente*, n°s 1372 et 1375; — Colmar, 11 avril 1826; — Bordeaux, 6 août 1831.

(2) Cpr. Troplong, *Vente*, t. II, n° 652 ; — Dalloz, *R. A.*, V° *Vente*, n° 1380; — Cass., 23 juillet 1834.

impenses voluptuaires, il est impossible de les mettre à sa charge; l'acheteur aura simplement la faculté de reprendre tout ce qui sera susceptible d'être détaché de l'immeuble sans dégradation. La même décision serait applicable aux impenses utiles, si elles s'élevaient à un chiffre tellement considérable que le vendeur n'aurait pas moyen d'y faire face. Il n'est pas au pouvoir de l'acheteur de le priver, en lui imposant des charges excessives, du droit de résolution qu'il tient de l'autorité de la loi.

Une autre conséquence de l'article 1183, c'est que la résolution fait revivre *de plano* les servitudes auxquelles était assujettie la chose vendue et qu'avait éteintes, depuis la vente, la confusion momentanément opérée sur la tête de l'acquéreur. Il en serait de même de celles que grevaient un fonds de l'acheteur au profit de l'héritage vendu et qui auraient pareillement pris fin en vertu de la règle : *Nemini res sua servit.*

Contrairement à ce qu'ordonne l'article 1673, à propos du retrait conventionnel, l'acheteur est non-recevable à répéter les frais et loyaux coûts du contrat. La raison de la différence est facile à saisir. Celui qui subit le réméré n'est reprochable d'aucune faute, il eût été injuste par conséquent de lui infliger sans motif une peine inévitable. Mais l'acheteur qui ne paie pas est loin de mériter la même faveur. Sa négligence a seule amené la résolution, et l'inexécution de son engagement est une faute dont il doit supporter tout le poids (1).

(1) Cpr. anal., Aubry et Rau, *D'après Zachariæ*, § 357, note 17, t. III, p. 292.

Si le vendeur n'était pas propriétaire de la chose qu'il a vendue et qu'il fût seulement en voie de prescrire, pourrait-il ajouter à sa possession la possession intérimaire de l'acquéreur? Le doute naît ici du point de savoir si l'acheteur dont le titre d'acquisition est résolu peut être présenté comme l'auteur de son vendeur. Pour qu'il y ait lieu à la jonction des possessions, il faut, suivant l'art. 2235, qu'entre le premier possesseur et le second il existe un rapport d'auteur à ayant-cause; or, peut-on dire, il est difficile de voir un auteur dans celui qui, en vertu de la résolution, restitue la chose vendue à son propriétaire, et un ayant-cause dans celui qui se borne simplement à ressaisir ce qui lui appartient.

Ce raisonnement n'a jamais prévalu (1). S'il y a dans la possession un fait sur lequel l'effet rétroactif de la condition est sans influence, et s'il est faux de dire, comme l'a fait Toullier (2), que, *pendente conditione*, l'acheteur est censé avoir possédé pour le compte du vendeur, n'oublions pas du moins que la rétroactivité a été introduite pour l'avantage du vendeur, et qu'elle ne saurait tourner à son préjudice. Si la résolution n'était aux yeux de la loi qu'une rétrocession forcée, le vendeur, devenu acheteur, serait régulièrement l'ayant-cause de l'acquéreur primitif, et la relation exigée par l'art. 2235 se trouvant réalisée, rien n'empêcherait évidemment l'accession des possessions. Si

(1) Troplong, *De la prescription*, t. I, nos 428 et 452; — Aubry et Rau, *D'après Zachariæ*, § 181, note 5, t. II, p. 88; — Marcadé, *De la prescription*, sur l'art. 2235, n° 3.

(2) Tome VI, n° 563.

donc elle est acquise au vendeur quand même il a été dessaisi de la propriété, comment voudrait-on lui en refuser le bénéfice, alors que, par une faveur exceptionnelle, on le considère comme n'ayant pas cessé d'être propriétaire. Au surplus, la possession étant un moyen d'arriver à la propriété par la prescription, elle devient un véritable accessoire de la chose, et, comme telle, elle est comprise dans l'obligation de l'acheteur de rendre l'objet avec tout ce qui en dépend.

Si, depuis l'aliénation, le vendeur s'est marié sous le régime de communauté, l'immeuble repris deviendra commun, car la faculté de résoudre la vente étant unie par un lien intime au droit de réclamer le paiement, l'époux, en cédant à la communauté sa créance du prix, lui a cédé par le fait son action résolutoire.

La résolution de la vente pour défaut de paiement ne donne pas lieu à la restitution des droits de mutation qui ont été payés, et n'exempte pas de les acquitter, s'ils ne l'ont pas été encore ; car, d'après les lois de l'enregistrement, dès qu'un droit a été régulièrement perçu ou qu'il a dû l'être, aucun événement postérieur ne peut obliger la régie à le restituer (1). Il y a plus, c'est que le retour de la propriété sur la tête du vendeur est lui-même assujetti à un nouveau droit de mutation. Conformément à une distinction établie par l'art. 12 de la loi du 27 ventôse an IX, ce droit est plus ou moins élevé, suivant que l'acheteur a été ou non mis en possession de l'immeuble. Dans le premier cas, c'est-à-dire lorsqu'il y a eu entrée en jouissance, la

(1) Loi du 22 frimaire, an VII, art. 60.

résolution est envisagée comme une revente et soumise en cette qualité au droit proportionnel. Dans la seconde hypothèse, au contraire, l'anéantissement du contrat n'entraîne que la perception du simple droit fixe de 5 fr. Les choses étant demeurées entières, il est peu probable que les parties aient voulu, sous prétexte de non-paiement, dissimuler une rétrocession (1).

SECTION II.

Des effets de la résolution à l'égard des tiers.

En règle générale, la résolution, comme en droit romain et dans notre ancienne jurisprudence, est opposable aux tiers et confère au vendeur le droit de revendiquer l'objet contre tout détenteur. Les droits réels constitués sur la chose et les aliénations consenties par l'acquéreur s'évanouissent en même temps que la vente originaire : *Resoluto jure dantis, re-*

(1) L'art. 12 de la loi du 27 ventôse an IX est ainsi conçu :

« Les jugements portant résolution de contrats de vente pour défaut de paiement quelconque sur le prix d'acquisition, lorsque l'acquéreur ne sera point entré en jouissance, ne seront assujettis qu'au droit fixe d'enregistrement, tel qu'il est réglé par l'art. 68 de la loi du 22 frimaire an VII. »

Si l'on s'attache aux règles rigoureuses du droit fiscal, il n'y a rien à déduire de l'espèce prévue vis-à-vis de celle qui ne l'est pas, et, sous le régime du Code, le jugement qui constate la résolution n'étant pas plus translatif de propriété lorsqu'il intervient après la mise en possession, que lorsqu'il est rendu avant la délivrance, il résulterait uniquement de la distinction de l'art. 12, que la résiliation survenue *rebus integris* est taxée à 5 fr. par un texte spécial, tandis que celle prononcée depuis l'entrée en jouissance n'est soumise au même droit qu'à teneur de l'ar-

solvitur et jus accipientis (1). Toutefois, ce principe, rigoureusement absolu lorsqu'il s'agit d'actes de disposition, doit recevoir un tempérament quant aux actes d'administration pure. Malgré l'effet rétroactif de la condition, l'acheteur aura pu les faire de manière à lier le vendeur vis-à-vis des tiers. Ainsi j'admettrai, par analogie de l'article 1673, que les baux par lui passés sans fraude devront tenir nonobstant la résolution (2).

Mais il en sera autrement, je l'ai dit, des actes qui constituent une aliénation; l'acheteur étant réputé n'avoir jamais eu la propriété, et le propriétaire ayant seul le droit de les faire, ils seront mis à néant comme émanés *à non domino*. Il en résultera que le vendeur

ticle 68 de la loi du 22 frimaire an VII, dont la disposition limite à 3 fr. (aujourd'hui 5 fr.), la perception pour « tous jugements contenant des dispositions définitives qui ne peuvent donner lieu au droit proportionnel. » (Cpr. art. 3).

Malheureusement cette observation, aussi rationnelle que juste, n'a pas convaincu la régie de l'enregistrement, et il est regrettable que la jurisprudence se soit toujours prononcée en sa faveur pour le paiement du droit proportionnel (Cpr. Championnière et Rigaud, *Traité des droits d'enregistrement*, t. I, n° 485).

(1) Cpr. Duranton, t. XVI, n° 365; — Troplong, *Vente*, t. II, n° 651; — Aubry et Rau, *D'après Zachariæ*, § 302, 3°, t. III, p. 54; — Massé et Vergé, *Sur Zachariæ*, t. IV, p. 309, note 17; — Dalloz, *R. A.*, V° *Vente*, n° 1365; — Duvergier, *Vente*, t. I, n° 432; — Demolombe, *Des obligations*, t. II, n°s 517 et suiv.; — Rouen, 7 décembre 1809; — Rouen, 13 juillet 1815; — Cass., 8 décembre 1811; — Paris, 15 novembre 1816; — Cass., rej., 30 avril 1827; — Montpellier, 29 mai 1827; — Cass., 26 mars 1828; — Bordeaux, 6 juillet 1841.

(2) Cpr. Toullier, t. VI, n° 576; — Duranton, t. XVI, n° 365; — Duvergier, *Vente*, t. I, n° 467, *Louage*, t. I, n°s 83 et 539; — Troplong, *Vente*, t. II, n° 651; — Aubry et Rau, *D'après Zachariæ*, § 369, note 9, t. III, p. 358; — Dalloz, *R. A.*, V° *Vente*, n° 1369; — Demolombe, *Des obligations*, t. II, n°s 399, 464 et 538.

qui a obtenu la résolution reprendra la chose franche et libre de toutes servitudes, hypothèques et charges quelconques concédées par l'acheteur, et que si elle a été aliénée, le sous-acquéreur sera forcé de la remettre entre ses mains. Ce dernier sera-t-il en outre contraint de restituer les fruits? Je ne le pense pas : la faveur des articles 549 et 550 ne peut lui être refusée, par la raison qu'il savait que le prix était encore dû; la circonstance qu'il a été averti de la dette dont la chose était grevée, ne le constitue pas en mauvaise foi; car, d'un côté, il lui était naturellement permis de croire que son auteur s'acquitterait, et, d'autre part, un titre résoluble n'est pas un titre vicieux (1). La bonne foi du tiers acquéreur lui ouvrirait également le bénéfice de l'article 555 s'il avait élevé des constructions sur l'immeuble. Le propriétaire réintégré ne serait pas admis à en exiger la suppression, et il n'aurait que le choix ou de rembourser au constructeur la valeur des matériaux et de la main d'œuvre, ou de lui tenir compte du montant de la plus-value (2).

(1) Cpr. Duvergier, *Vente*, t. I, nos 455 et 456; — Dalloz, *R. A.*, Vo *Vente*, nos 1388 et 1389. J'excepterai pareillement de l'obligation de restituer les fruits les tiers fermiers ou locataires qui auraient *medio tempore* acquitté le montant des loyers ou fermages entre les mains de l'acquéreur. La raison en est que celui-ci, étant en possession de la créance, avait le droit d'exiger la prestation de ces redevances, et que, suivant la remarque qu'en a faite la Cour suprême, l'effet rétroactif de la résolution accomplie ne saurait avoir pour résultat de faire revivre vis-à-vis du vendeur des obligations dont les tiers se sont valablement libérés par le paiement qu'ils ont fait à l'acheteur, en vertu du contrat dont la résolution a été ultérieurement prononcée (Cpr. Cass., 18 juillet 1854; — Demolombe, *Des obligations*, t. II, no 540).

(2) Cpr. Duvergier, *Vente*, t. I, no 456; — Dalloz, *R. A.*, Vo *Vente*, no 1389.

Lorsque, dans l'intervalle qui s'est écoulé entre la vente et la résolution, le vendeur aura constitué des droits réels sur la chose vendue, ces droits, qui n'étaient *pendente conditione* que purement éventuels, obtiendront par suite du retour de la chose au pouvoir de celui qui les aura consentis, leur pleine et entière efficacité. C'est encore là une conséquence de la fiction légale, qui efface après l'événement de la condition résolutoire la propriété intérimaire de l'acheteur, et suppose rétroactivement que l'objet recouvré n'est jamais sorti du patrimoine du vendeur (1).

(1) Cette décision est conforme à la doctrine qu'enseigne la majorité des auteurs à propos du retrait conventionnel (Cpr. Merlin, *Répertoire*, V° *Hypothèque*, sect. II, § 3, art. 3, n° 5; — Delvincourt, t. III, p. 292, note 4; — Duranton, t. XVI, n° 278; — Persil, *Régime hypothécaire*, t. I, sur l'art. 2118, n° 4; — Duvergier, *Vente*, t. II, n° 20; — Troplong, *Des privilèges et hypothèques*, t. II, n° 468 *quater*; — Pont, *Des privilèges et hypothèques*, n° 639; — Larombière, *Des obligations*, t. II, sur l'art. 1181, n° 8; — Demolombe, *Des obligations*, t. II, n°s 410 et 411). Grenier, qui a seul refusé au vendeur le droit d'hypothéquer *interea* l'immeuble grevé à son profit d'une réserve éventuelle de résolution (*Traité des hypothèques*, t. I, n° 153), n'a évidemment pas tenu compte du principe posé par l'article 2125 du Code civil, d'après lequel « Ceux qui n'ont sur l'immeuble qu'un droit suspendu par une condition, ou *résoluble* dans certains cas, ou sujet à rescision, ne peuvent consentir qu'une hypothèque soumise aux mêmes conditions ou à la même rescision. » Au surplus, le motif allégué par Grenier et qui consiste à dire que le vendeur sous clause résolutoire n'a *pendente conditione* qu'un *jus ad rem* impuissant à lui conférer le droit d'hypothéquer l'immeuble, ce motif, dis-je, est démenti par le texte même des articles 1664 et 1673, qui disposent en matière de réméré, l'un que le vendeur « peut exercer son action contre un second acquéreur quand même la faculté de réméré n'aurait pas été déclarée dans le second contrat; » l'autre que le retrayant recouvre son héritage « exempt de toutes les charges et hypothèques dont l'acquéreur l'aurait grevé. » (Cpr. M. Demolombe, *loc. supr. cit.*)

APPENDICE

De la revendication des meubles.

Indépendamment de la faculté de résolution dont je viens de parler, et dans le but de fournir au vendeur d'effets mobiliers une garantie de plus contre les éventualités de perte qui le menacent, l'article 2102 lui permet de saisir-revendiquer au préjudice de l'acheteur les objets qu'il a livrés sans en avoir reçu le paiement.

Ce droit est soumis aux quatre conditions suivantes :

1° Que la vente ait été faite sans terme ; 2° que la chose vendue soit encore en la possession de l'acheteur ; 3° qu'elle se trouve dans le même état qu'à l'époque de la livraison ; 4° enfin que la revendication soit poursuivie dans la huitaine de la délivrance.

En droit romain, où la vente n'avait d'autre effet que d'engendrer des obligations et où le transport de la propriété ne s'opérait que postérieurement au contrat par la tradition et le paiement du prix, le droit de revendication s'expliquait sans effort. Le vendeur sans terme qui, avant d'être payé, consentait au retirement immédiat, n'aliénait rien de son *dominium* sur la chose, et si plus tard l'acheteur ne s'exécutait pas, il revendiquait la possession en vertu de son titre de propriétaire. Mais dans notre législation où, d'après les articles 1138 et 1583, la propriété se transfère par le seul accord des parties, en l'absence de toute tradition, et encore que le prix reste dû tout entier, la revendication devient plus difficile à comprendre. Evidemment elle ne peut porter sur la propriété elle-même, car le vendeur ici n'est plus propriétaire et nous ne revendiquons que ce qui nous appartient. Cependant notre texte doit avoir un sens, et, puisqu'il ne peut y être question d'une revendication proprement dite, cherchons du moins quelle est la nature de ce droit spécial que l'article 2102 4° accorde au vendeur d'effets mobiliers.

A cette question délicate on a fait trois réponses différentes.

Suivant un premier système, soutenu par M. Duranton et accepté depuis par MM. Bravard et Demangeat, la revendication organisée par l'article 2102 4° n'est rien autre chose que l'action en résolution exercée à l'encontre des créanciers de l'acheteur.

Le débat s'engage-t-il entre les parties contractantes? il faut appliquer le droit commun ; l'exercice de l'action résolutoire est réglé par les articles 1184 et 1654. Le conflit s'élève-t-il au contraire entre le vendeur et les créanciers de l'acheteur? le droit de résolution ne sera opposable à ceux-ci que sous les réserves énoncées dans l'article 2102 4°. La loi, disent les partisans de cette opinion, s'est surtout préoccupée de l'intérêt du crédit ; elle n'a pas voulu exposer aux déceptions d'une préférence exclusive pour le vendeur les tiers qui, ayant vu la chose non payée en la possession de l'acheteur, s'étaient promis qu'elle entrerait, de même que les autres biens de ce dernier, dans leur gage commun. Si le vendeur est diligent, huit jours lui suffiront pour se renseigner sur la solvabilité de l'acheteur et prendre ses mesures en conséquence ; mais si, trop confiant, il laisse la huitaine s'écouler sans s'inquiéter du recouvrement de son prix, il se montre indigne de la protection du législateur. Sa déchéance est la suite de son incurie, qu'il en supporte le poids et ne vienne pas, au moyen d'un recours imprévu, tromper dans leur attente des créanciers qui n'ont à s'imputer aucune faute (1).

Ce système ne me paraît pas à l'abri de la critique. En définitive il aboutirait presque toujours à écarter l'application de l'article 1654. Dans quelle circonstance, en effet, le vendeur est-il intéressé à faire résoudre la vente ? C'est assurément lorsque l'acheteur n'est pas en état d'acquitter le prix ; or, comme il est très rare qu'un acheteur insolvable ne soit pas obligé envers d'autres que son vendeur, celui-ci se trouvera pour l'ordinaire aux prises avec la masse des créanciers, et sera réduit par là même à la garantie aléatoire de l'article 2102 4°.

Ce reproche, quelque grave qu'il soit, ne suffirait peut-être point toutefois pour rejeter *à priori* l'inter-

(1) Cpr. Duranton, t. XVI, nos 204 et 380 ; t. XIX, n° 120 ; — Bravard et Demangeat, *Traité du droit commercial*, t. V, p. 575, note 1, et p. 577, note 1.

prétation que je viens de résumer, si elle n'avait pas d'ailleurs le tort bien autrement sérieux de blesser d'un même coup et les termes de l'article 1654 et l'esprit de l'article 2102.

L'article 1654, on s'en souvient, établit le droit de résolution pour défaut de paiement d'une manière générale et sans distinguer si l'objet vendu est meuble ou immeuble, si la vente est conclue avec ou sans terme, si l'acheteur a ou non des créanciers. Cela posé, comment admettre que le Code, qui avait d'abord organisé cette garantie dans une mesure aussi large, l'ait ensuite restreinte jusqu'à l'anéantir dans un article qui a précisément pour but de sauvegarder et d'étendre les garanties du vendeur? Comment admettre surtout qu'il ait circonscrit la faculté de résolution avec une telle sévérité, alors qu'il laissait au privilège sur le meuble vendu tout son effet, à l'encontre des ayants-cause de l'acheteur? Si, comme le veut Duranton, l'intérêt des créanciers était la considération dominante dont s'inspiraient les rédacteurs de notre article, il faut convenir que les résultats répondent mal à leur intention. Le vendeur, privé de son action résolutoire, provoquera la vente du meuble en vertu de son privilège, recevra par préférence le prix obtenu aux enchères et reviendra, pour se mettre à couvert des frais de justice, exercer son recours sur les autres biens appartenant à l'acheteur. Si, au contraire, il avait pu résilier directement le contrat, il aurait à la vérité repris sa chose, mais au moins les autres créanciers n'auraient pas eu à subir son concours sur le reste du patrimoine de leur débiteur. Ainsi, on le voit, cett prétendue protection du droit des tiers n'aboutit en réalité qu'à compromettre davantage les intérêts pour lesquels nos adversaires affichent tant de sollicitude et de zèle (1).

Un second système, enseigné par M. Troplong, considère le droit établi par l'article 2102 comme tout à fait indépendant du principe général de l'article 1654. La revendication, dans cet ordre d'idées, ne serait pas autre qu'un nouveau secours institué au profit du vendeur de meubles. Seulement cette ressource, plus énergique et plus prompte, elle ne pourra lui être utile qu'autant qu'il aura vendu sans terme, qu'il sera dans la huitaine de la délivrance, et que l'objet demeuré au pouvoir de l'acheteur n'aura subi aucune transformation. Ce mode de procéder a le double avantage de mettre le vendeur à l'abri des délais que les juges ont le pouvoir d'accorder et de lui permettre d'autre part d'éviter les lenteurs d'une procédure, en agissant par voie de saisie, sur la simple autorisation du président du tribunal. On peut se demander, il est vrai, comment le vendeur est admis à reprendre sa chose sans recourir à la résolution, alors que l'article 1583 déclare la propriété acquise à l'acheteur, même dans le cas où il ne paie pas le prix. Mais cet antagonisme, qui serait invincible si on ne s'attachait qu'à la règle de l'article 1583, « se résout par une simple exception « introduite à la règle générale en faveur d'un cas

(1) Cpr. Valette, *Traité des privilèges*, p. 116 à 118, aux notes; — Mourlon, *Examen critique*, n° 129; — Pont, *Traité des privilèges et hypothèques*, n° 155; — Paris, 18 août 1829, 20 juillet 1831, 10 juillet 1833, 11 novembre 1837; — Rouen, 29 novembre 1837; — Cass. Rej., 9 décembre 1835.

« particulier : Toutes les fois qu'il n'y a pas lieu à « revendication, le principe de l'article 1583 conserve « toute sa force, et notre article est loin de le ren- « verser. » Ainsi, réciproquement, toutes les fois que le vendeur se trouve dans les conditions voulues par l'article 2102 4°, il est rétabli dans sa propriété instantanément et par cela seul qu'il a l'intention de la revendiquer. « La revendication suppose de plein droit « qu'il n'y a pas eu de vente valable et que l'aliénation « n'a pas été consommée (1).

Cette opinion n'a pas rencontré de partisans. Pour quiconque a réfléchi sur ces lignes de l'illustre écrivain, il a paru inadmissible qu'une vente pût être résolue de plein droit par l'omnipotence de la volonté du vendeur, sans formalités judiciaires, en dehors de toute convention à cet égard et uniquement à raison de cette circonstance, que l'acheteur a tardé quelques jours d'acquitter le prix. Une pareille rigueur blesse la logique aussi bien que l'équité, répugne à l'esprit général de notre Code, sévit mal à propos contre l'acheteur qui la souffre, et souvent devient un remède désastreux contre le vendeur qui l'emploie.

Dans aucun cas la loi n'a frappé l'inexécution des charges d'une pénalité aussi exorbitante ; nulle part elle n'a admis qu'un contrat pur et simple pût, faute d'exécution et à l'insu de l'intéressé, être dissous de plein droit par le seul fait et suivant le bon plaisir de celui qui a rempli son obligation. Moins violente dans ses châtiments, elle entoure de son égide le débiteur en

(1) Troplong, *Hypothèques*, t. I, n° 193.

retard, et lui ménage, contre une déchéance peut-être injuste, la salutaire garantie de l'intervention des tribunaux. Confiante en la sagesse des magistrats, elle leur soumet l'appréciation du litige, et laisse à l'impartialité de la justice le pouvoir discrétionnaire de venir au secours de l'infortune en accordant un délai au défendeur de bonne foi.

Un fait qui prouve davantage encore combien ce caractère pénal des résolutions de plein droit était opposé aux tendances de nos législateurs, c'est que sous l'article 1656, là où ils supposaient la clause la plus favorable à la toute puissance du vendeur, ils exigeaient encore que celui-ci mît l'acheteur en demeure de s'exécuter avant de se prévaloir contre lui de l'arrivée de la condition résolutoire; or, si même en présence d'une convention portant qu'à défaut de paiement à telle époque, la vente sera résolue de plein droit, le Code veut qu'on prévienne le débiteur de ne pas s'endormir dans une confiance trompeuse, comment s'expliquer que sous l'article 2102 il déclare anéantie *de plano* une vente conclue dans les termes ordinaires et où les contractants n'ont en rien modifié la situation qui leur est faite par le droit commun?

Mieux que tout autre, l'éminent auteur sait qu'un système en droit n'est qu'une rêverie d'imagination, s'il n'est justifié par un texte; aussi, là-dessus, ne le trouverons-nous pas en défaut : le texte qu'il invoque il est sous nos yeux, c'est l'article 2102 4°. Malheureusement le choix ne répond guère aux besoins actuels de la cause. Soutenir que l'article 2102 suppose la résolution lorsqu'il admet le vendeur non payé à revendiquer l'objet vendu, c'est, ou je m'abuse, trancher la discussion par le point en litige. Que la résolution soit une condition indispensable de la revendication, je l'accorderai sans peine s'il était établi que ce droit n'a d'autre fondement que la propriété et qu'il en est par essence un corrélatif nécessaire; mais il n'en est pas ainsi. Si le propriétaire est toujours recevable à revendiquer, ce n'est pas pour autant un privilége qui lui soit exclusif. L'objet de la revendication peut être autre chose que la *plena in re potestas;* ce peut être un droit restreint à la simple détention de la chose, par exemple la possession d'un objet reçu pour sûreté d'une créance. J'en trouve la preuve dans ce droit afférant au créancier gagiste de revendiquer *jure pignoris* le gage qu'on lui a soustrait, et dans l'application que fait de ce principe le premier alinéa de l'article 2102, lorsqu'il nous montre le bailleur revendiquant pour la garantie de ses loyers ou fermages les meubles que le locataire a enlevés par fraude de la ferme ou de la maison louée. Où est dès lors la nécessité de soutenir que la revendication entraîne virtuellement la résolution de la vente?

Il est d'ailleurs un texte dont l'objection n'a pas été prévue et qui, lui aussi, proteste contre la doctrine du savant magistrat, c'est l'article 1134 : « Les conventions légalement formées tiennent lieu de loi à ceux qui les ont faites. — *Elles ne peuvent être révoquées que de leur consentement* MUTUEL, ou pour les causes que la loi autorise. » Sans doute, M. Troplong, qui voyait dans l'article 2102 4° une dérogation à l'article 1583, y aurait vu sans plus de difficulté une des causes de révocation *que la loi autorise;* seulement, si les preuves à l'appui de cette nouvelle thèse s'étaient étayées de la même base que l'argumentation fournie sur la première, je crains fort que la démonstration n'eût laissé derrière elle bon nombre d'incrédules.

Mais ce n'est pas uniquement en théorie qu'apparaissent les défauts du système de M. Troplong, ils deviennent plus sensibles encore par l'injustice des résultats auxquels il aboutit en pratique. L'acheteur, en effet, qui a laissé passer des semaines et des mois sans payer le prix, y est traité plus favorablement que celui qui, par un retard fort excusable, ne s'est pas libéré dans les huit jours de la tradition. Le premier, s'il paie *inter moras litis,* conservera le bénéfice de la vente, il pourra même obtenir du tribunal un terme de grâce; tandis que le second, soumis aux formes expéditives de la saisie-revendication, sera livré sans défense, entièrement à la merci du vendeur. Et ce n'est pas tout : Supposons qu'un vendeur non payé reconnaisse le lendemain du contrat qu'il a fait une mauvaise affaire, ou qu'un tiers intéressé vienne surprendre sa bonne foi par la perspective d'un marché plus avantageux, il se hâtera de revendiquer, et l'acheteur, au mépris d'une convention légalement conclue, se trouvera privé *ipso facto* du légitime avantage qu'il espérait retirer de l'opération. C'est en vain qu'il offrira le paiement un jour plus tard; c'est en vain qu'il présentera des fidéjusseurs; il succombera dans cette lutte inégale, et les tribunaux eux-mêmes seront impuissants à le protéger.

L'iniquité, on le voit, est criante ; et, ce qu'il y a de plus bizarre, c'est que le vendeur n'en est pas toujours à couvert. Ainsi il peut arriver qu'un négociant se soit défait à de bonnes conditions d'une marchandise difficile à écouler, et que, par politesse, il l'ait remise à l'acheteur avant d'en avoir touché le prix. Au bout de quelques jours, ne recevant pas le paiement, il commence à songer aux précautions. Deux moyens lui sont ouverts : revendiquer l'objet ou faire résoudre la vente. Quant à la résolution, il est certain qu'il n'y recourra pas car elle a pour lui le double inconvénient de l'obliger à reprendre une marchandise dont le retour lui serait préjudiciable et de laisser le vendeur nanti pendant le cours de la procédure. Sera-t-il au moins plus heureux avec la revendication ? Sous un rapport, oui, car en dessaisissant l'acheteur de la possession de l'objet, il se met à l'abri des aliénations frauduleuses ; mais en ce qui touche au maintien de la vente, sa position n'en devient pas meilleure. Bon gré mal gré, il faut qu'il y renonce. La revendication, elle aussi, dissout le lien juridique et ramène à nouveau dans les magasins du vendeur la chose qu'il s'applaudissait tant d'en avoir vu sortir (1).

Une doctrine aussi mal fondée dans son principe, aussi profondément injuste dans ses applications, serait, de la part des législateurs, un contre-sens inexplicable, et, pour la pratique, un fléau désastreux.

Enfin, d'après une troisième opinion, développée par M. Valette dans son *Traité des priviléges,* la re-

(1) Cpr. en ce sens Mourlon, *Examen critique,* n° 130.

vendication de l'article 2102 4° est un droit *sui generis* absolument distinct de la faculté de résolution, c'est la *revendication du droit de rétention*. Ce système, basé sur les documents historiques, est à la fois le plus conforme aux textes, le plus équitable en pratique et le plus satisfaisant en législation.

Nous connaissons déjà la théorie romaine établie aux Institutes par le § 41 *De divisione rerum*. La tradition dans les ventes à terme dépouillait le vendeur de son droit de propriété, tandis que, dans les ventes au comptant, la délivrance faite à crédit lui laissait, avec le *dominium*, la prérogative de revendiquer jusqu'entre les mains des tiers la possession de la chose non payée.

En passant dans notre ancienne jurisprudence, les données du droit romain subirent deux modifications remarquables : on accorda au vendeur un privilége pour sûreté de sa créance, et dans tous les contrats de vente on sous-entendit le pacte commissoire.

La revendication, au contraire, resta à peu près ce qu'elle était à Rome ; seulement, pour que l'exercice en fût recevable, d'une part on exigea que la chose fût encore à l'état où elle se trouvait au moment de la livraison, et, d'un autre côté, on obligea le vendeur à se pourvoir dans un délai très restreint, que la coutume ne déterminait pas, mais que les interprètes limitaient ordinairement à huit jours (1).

« Le vendeur, dit Pothier, est toujours demeuré « propriétaire, suivant le paragraphe *Venditæ*, aux

(1) Cpr. Bourjon, *Droit commun de la France*, t. III, p. 689.

« Institutes, *De rerum divisione*. Il faut pour cela « que la chose soit encore en nature. Si elle avait « changé de forme et n'était plus reconnaissable, « comme si de la laine on avait fait des ouvrages, le « vendeur ne pourra plus la revendiquer. Observez « aussi que le long temps qui s'est écoulé depuis la « vente fait présumer que le vendeur a donné terme, « et a en conséquence transféré la propriété par la « tradition (1). »

A part ces restrictions de détails, on le voit, nos coutumes françaises annotées par les anciens auteurs s'en tenaient exactement à la formule des Institutes et du Code. Le texte de l'ancienne coutume de Paris n'était pas moins explicite en ce sens que le langage des commentateurs : « *Celui*, porte l'article 194, *qui vend aucune chose mobilière sans jour et sans terme, espérant être payé promptement, il peut sa chose poursuivre en quelque lieu qu'elle soit transportée,* POUR ÊTRE PAYÉ DU PRIX QU'IL L'A VENDUE. » Ce n'est donc point en vue de résilier le contrat que le vendeur *poursuivait* sa chose; le but de la revendication, c'est la coërcition de l'acheteur, c'est l'exécution de la vente par le paiement du prix, son complément naturel. Aussi Dumoulin, apostillant ces derniers mots : « *Pour être payé du prix,* » ajoutait-il en termes énergiques, « *et pour la recouvrer* ET EN DEMEURER SAISI *jusques à ce qu'il soit payé.* »

Lors de la réformation de 1580, l'article 194 prit place dans la nouvelle coutume de Paris sous le N° 176,

(1) Sur l'article 458 de la *Coutume d'Orléans*.

et tous les jurisconsultes qui commentèrent ce texte depuis Dumoulin reproduisirent littéralement la solution de leur devancier (1).

Voilà par quelle filiation historique le droit de revendication pénétra dans le Code civil. Il reste à définir maintenant la partie de la disposition nouvelle et à préciser ce que veut dire notre article 2102 lorsqu'il déclare dans son alinéa 4 que le vendeur peut, à défaut de paiement, revendiquer les effets mobiliers par lui vendus afin d'en empêcher la revente. Évidemment il adopte lui aussi l'interprétation de Dumoulin. A la vérité, le fondement de la revendication n'est plus le même, attendu que le vendeur aujourd'hui n'agit plus en qualité de propriétaire; mais, dans ses résultats comme dans son objet, le droit reste de tous points ce que l'avaient fait les Institutes, la revendication de la possession de la chose. L'acheteur, en effet, pourrait revendre au comptant les marchandises dont lui-même doit encore le prix et frustrer par là le vendeur primitif de son privilége et de son action résolutoire. La loi, qui a prévu le danger, permet alors à ce vendeur trop crédule de ressaisir le droit de rétention dont il s'est imprudemment départi et de reprendre, par ce moyen, la position dans laquelle l'article 1612 l'autorisait à se maintenir. Ce n'est donc pas la propriété de l'objet que poursuit le vendeur non payé, puisque la vente, devenue parfaite par le seul consen-

(1) Cpr. Ferrière, sur l'article 176 de la *Coutume réformée*, n° 5; — Brodeau, *ibid.*, n° 3; — Pothier, sur l'article 458 de la *Coutume d'Orléans*, dont la première partie est conçue dans les mêmes termes que l'article 176 de celle de Paris.

tement, a rendu l'acheteur propriétaire absolu; ce qu'il revendique, c'est la garantie que le Code assure à quiconque vend sans jour ni terme, le droit de rétention. Ce qu'il veut, ce n'est pas anéantir le contrat, c'est recouvrer la possession de la chose tout en laissant subsister la vente.

Avec cette explication, rien n'est plus naturel que l'économie de notre article 2102. Ainsi envisagées au point de vue d'une *reprise de gage*, les bornes dans lesquelles on a resserré l'exercice de la revendication se justifient d'elles-mêmes. S'il est nécessaire que la vente ait eu lieu au comptant, c'est que le droit de rétention n'existe pas dans les ventes à terme. Si le délai de la poursuite est limité à huit jours, c'est que, passé ce laps de temps, il est naturel de supposer que, sans inquiétude au sujet de sa créance, le vendeur a, comme le disait Pothier, tacitement consenti à un terme. La condition que la chose soit restée dans l'état où elle était à l'époque du retirement, tient à ce que la revendication ayant pour but de rétablir la situation telle qu'elle était avant la délivrance, ce rétablissement devient impossible si l'objet vendu a subi dans l'intervalle des transformations de nature à le rendre méconnaissable. Enfin le motif qui a fait exiger que la chose vendue fût encore entre les mains de l'acheteur, je le trouve dans la maxime de l'article 2279 : *En fait de meubles la possession vaut titre* (1).

(1) Ce système a été soutenu par M. Vuatrin dans un concours en 1839 et exposé plus tard par M. Valette dans son *Traité des priviléges* (n° 90). Il est aujourd'hui généralement adopté en doctrine. Cpr. Aubry et Rau *D'après Zachariæ*, § 356, t. III, p. 288; — Mourlon, *Examen critique*,

Après avoir réglé l'exercice des droits de privilége et de revendication par lesquels il assure le paiement du prix dans les ventes mobilières, le quatrième alinéa de l'article 2102 termine en annonçant qu' « il n'est rien innové aux lois et usages du commerce sur la revendication. » Cette réserve finale de notre article m'amène naturellement à dire quelques mots de la situation particulière qui est faite au vendeur de meubles par la faillite de l'acheteur.

Aux termes de l'article 550 du Code de commerce, le vendeur non payé ne peut se prévaloir contre l'acheteur failli ni du privilége, ni de la revendication institués en sa faveur par le n° 4 de l'article 2102 du Code civil. Son droit, assimilé par le fait de l'union à celui d'un créancier chirographaire, se trouve limité dès lors à une simple action en paiement qui vient se confondre inaperçue avec les poursuites collectives de la masse. On empêche, au moyen de cette déchéance, que l'égalité soit rompue, et on évite aux créanciers le risque de voir disparaître des valeurs mobilières dont la présence dans les magasins de leur débiteur les avaient rendus confiants en sa solvabilité. Aussi la loi se montre-t-elle moins impitoyable, lorsque les effets vendus n'ont jamais figuré en la possession du failli. Il s'opère dans ce cas un retour favorable au vendeur : s'il n'a pas livré les marchandises, il est maître de les retenir entre ses mains (art. 577), et s'il en a fait la délivrance, il peut les revendiquer tant

n° 131 ; — Pont, *Priviléges et hypothèques*, n° 155 ; — Dalloz, *R. A.* V° *Priviléges et hypothèques*, n° 371 ; — Demolombe, *Des obligations* t. II, n° 502.

que la tradition n'en aura pas été effectuée dans les magasins de l'acheteur ou dans ceux du commissionnaire chargé de les vendre pour le compte de celui-ci (art. 576). Je pense même que cette fin de non recevoir, dérivant de la mise en possession effective de l'acheteur ou de son mandataire, n'est pas opposable au vendeur lorsque la tradition s'est accomplie depuis le jugement déclaratif de faillite; car, à cette époque, le destinataire étant dessaisi, les marchandises n'ont jamais été à sa disposition, et les syndics, qui n'ont pu les retirer que comme dépositaires, les ont reçues grevées du droit de revendication qui compétait à l'expéditeur au jour du dessaisissement et que l'arrivée postérieure de l'envoi dans les magasins de la faillite n'a pas eu la propriété d'anéantir (1).

Refuser au vendeur toute espèce de secours, c'était ruiner le crédit et favoriser la fraude, car souvent le failli spécule sur l'éloignement et l'ignorance de ses fournisseurs pour dissimuler à leur préjudice une partie du déficit, ou multiplier ses commandes à la dernière heure, afin de se faire un actif apparent qui lui permette d'obtenir un concordat par des offres de dividendes avantageux.

Toutefois, comme il importait de ne pas compromettre mal à propos la stabilité des opérations commerciales, l'article 576 ajoute que la revendication ne sera plus admissible « si avant leur arrivée les marchandises ont été vendues sans fraude sur factures et

(1) Renouard, *Faillites et banqueroutes*, t. II, p. 370; — Delamarre et Lepoitvin, *Traité de droit commercial*, t. VI, p. 411; — Bravard et Demangeat, *Traité de droit commercial*, t. V, p. 544.

connaissements ou lettres de voiture signés par l'expéditeur. »

Cette condition de la signature de l'expéditeur n'était pas exigée par l'ancien texte, mais elle fut insérée dans le nouveau Code afin que le destinataire ne pût pas revendre avec une apparence légale toutes les fois que le vendeur primitif n'aura pas signé et l'acte qui fait preuve de la vente et le titre qui constate l'expédition.

Dans le cas où la revendication est permise, le poursuivant est tenu d'établir l'identité des effets qu'il réclame ; il doit en outre « rembourser à la masse les acomptes par lui reçus, ainsi que toutes avances faites pour frêt ou voitures, commission, assurances ou autres frais, et de payer les sommes qui seraient dues pour les mêmes causes. »

La seconde partie de cette disposition me semble par trop rigoureuse. Poussée aussi loin, cette obligation de restituer devient pour le vendeur un sacrifice bien onéreux. S'il est infiniment juste qu'il rende les acomptes qu'il a perçus, par contre il peut objecter avec non moins de raison que ce n'est pas sa faute si les marchandises lui font retour, et que par conséquent il n'est pas rationnel de mettre à sa charge exclusive des dépenses faites toutes entières dans l'intérêt de l'acheteur. Cette réclamation serait sans doute fort légitime, mais on ne s'y est pas arrêté, probablement dans le but de donner à la masse une sorte de compensation pour le préjudice que lui cause le recours exceptionnel ouvert au profit du vendeur.

La revendication étant fondée sur le défaut de paiement, les syndics sont toujours admis à exiger la livraison des marchandises en acquittant le prix; seulement cette mesure doit au préalable être autorisée par le juge-commissaire. L'intervention de ce magistrat est une garantie contre toute connivence frauduleuse entre le vendeur et l'administration de la faillite.

Les demandes en revendication s'adressent aux syndics, conformément au deuxième alinéa de l'article 443. Une sentence judiciaire n'est pas ici indispensable; les syndics ont le pouvoir, avec l'approbation du juge-commissaire, d'acquiescer sans autre aux prétentions des demandeurs. Si pourtant il s'élevait des difficultés entre les deux parties, la contestation serait soumise à l'examen du tribunal de commerce.

En présence de cette revendication spéciale, que l'article 576 du Code de commerce accorde au vendeur non payé, on s'est demandé si c'était là un régime d'exception uniquement applicable, ou si c'était au contraire un droit distinct de la faculté de résolution, un bénéfice indépendant de celui consacré pour toutes les ventes par l'article 1654 du Code civil. A ne consulter que l'article 550, il est incontestable que l'action résolutoire survit à la faillite, car ce texte n'enlève au vendeur que le privilége et la revendication qu'il tient de l'article 2102; mais si on invoque l'esprit de la loi, on est conduit forcément à la solution opposée. Aussi décide-t-on généralement aujourd'hui que le droit résultant de l'article 576 se confond avec le droit de résolution lui-même (1).

(1) Cpr. Troplong, *Vente*, t. II, n° 645; — Pardessus, *Cours de droit commercial*, t. II, n° 289, et t. IV, n° 1288; — Renouart, *Faillites et*

Si, nonobstant la faillite, le contrat suivi de livraison demeurait, faute de paiement, résoluble *jure communi*, on ne s'expliquerait pas l'utilité des conditions auxquelles est subordonnée l'exercice de la revendication, et on comprendrait moins encore qu'il fût permis au vendeur de reprendre la propriété pendant trente ans, alors qu'il lui est interdit de ressaisir la possession même pendant huit jours. A quoi bon tant de prévoyance pour maintenir l'égalité entre les créanciers, si on laisse au pouvoir de l'un d'eux un moyen si redoutable de la détruire à son avantage ! En outre, l'article 576 démontre par la manière dont il est conçu, aussi bien que par les règles qu'il édicte, que le droit de résolution a été compris implicitement parmi les déchéances de l'article 550. Si l'action résolutoire eût existé en matière de faillite, les rédac-

banqueroutes, t. II, p. 308 ; — Aubry et Rau, *D'après Zachariæ*, §. 356, t. III, p. 284 ; — Mourlon, *Examen critique*, n° 140 ; — Rivière, *Répétitions sur le Code de commerce*, p. 612 ; — Bravard et Demangeat, *Traité de droit commercial*, t. V, pages 533 et suiv. ; — Dalloz, *R. A.*, V° *Faillite*, n° 1041 ; — Paris, 20 juillet 1831 ; — Paris, 10 juillet et 16 août 1833 ; — Limoges, 4 février 1835 ; — Paris, 24 août 1839 ; — Rennes, 23 août 1847.

Toutefois M. Demangeat fait judicieusement observer que les principes du Code Napoléon reprennent leur empire lorsque le vendeur, instruit de la faillite du destinataire, n'a pas effectué la délivrance des marchandises. « L'article 2102 4° du Code Napoléon, dit le savant auteur, suppose que la chose vendue a été livrée à l'acheteur, et l'article 550 du « Code de commerce refuse au vendeur le privilége et la revendication « que le droit commun lui accorde dans ce même cas de *livraison faite* « *à l'acheteur* » (Sur Bravard, *op. cit.*, t. V, p. 578, note 1). Je déciderai même, comme l'a fait la Cour de cassation, que si une époque avait été convenue pour le retirement, la seule échéance du terme suffirait, ainsi que le veut l'article 1657, pour résilier la vente de plein droit et sans mise en demeure (6 juin 1848).

teurs auraient fait connaître dans quelles circonstances il était possible d'employer cette voie; tout au moins ils n'auraient autorisé la revendication qu'en termes restrictifs; or, le Code est resté muet à cet égard, et la présomption qu'on pourrait tirer de la forme de l'article 576 fait elle-même défaut puisque la disposition en est toute directement attributive. Bien plus, si *revendication* dans l'esprit du législateur n'avait pas eu le sens et la portée de *résolution*, la nature du droit ainsi qualifié serait pour la pratique un problème insoluble, pour l'interprète une énigme sans mot. On ne dira pas, assurément, que le vendeur agit en qualité de propriétaire! Sous une législation où la vente, parfaite par le seul consentement, transmet la propriété à l'acheteur « quoique la chose n'ait pas encore été livrée, ni le prix payé, » une telle réponse serait un incroyable non-sens. C'est en vain qu'on soutiendrait que la vente est résolue *ipso jure* par cela seul que le paiement n'avait pas eu lieu lorsque le jugement déclaratif a été rendu; cette assertion serait aussitôt détruite et par l'article 1184 du Code civil, d'après lequel la condition résolutoire sous-entendue n'opère pas de plein droit, et par l'article 578 du Code de commerce qui, en laissant aux syndics le pouvoir de désintéresser le vendeur et de maintenir le marché, prouve clairement que le contrat subsiste malgré la déclaration de faillite (1).

Y aurait-il plus de succès à rattacher la revendica-

(1) Cpr. Renouart, *op. cit.*, t. II, p. 375; — Mourlon, *Examen critique*, n° 131; — Demangeat, sur Bravard, *op. cit.*, t. V, p. 550, note 1; — Cass., 23 février 1858.

tion à la responsabilité des risques? Pas davantage! Cette responsabilité, l'article 1138 l'inflige à l'acheteur avant même qu'il ait pris livraison. Enfin on n'y verra pas non plus, comme sous l'article 2102 C. N., une saisie *jure pignoris* (1); car, outre que les travaux préparatoires n'y font aucune allusion, le remboursement par le vendeur des acomptes qu'il a touchés prouve jusqu'à l'évidence que la reprise de la chose a pour effet immédiat de résilier la vente.

Quant à concilier maintenant cette prohibition de l'action résolutoire avec le silence de l'article 550, ce sera chose facile pour ceux qui envisagent la revendication de l'article 2102 comme étant la résolution poursuivie à l'encontre des créanciers de l'acheteur. Dans ce système, le texte est irréprochable. Lorsqu'il y a faillite, en effet, le conflit s'engagera toujours entre le vendeur et la masse des créanciers; dès lors proscrire la revendication, c'est rendre en même temps impossible la demande en résolution. Mais, dans le système de la reprise possessoire, la difficulté devient plus embarrassante; je crois cependant qu'il est un moyen, même à ce point de vue, d'expliquer la rédaction de l'art. 550 sans l'accuser d'imprévoyance. La loi ne mentionne pas la faculté de résolution, d'accord; mais s'ensuit-il qu'à peine d'inconséquence, je doive ou déclarer maintenue cette ressource du droit commun ou la confondre avec la revendication? Pas le moins du monde! Le Code n'a pas parlé, c'est qu'au fonds il n'avait rien à dire; dès qu'il instituait plus loin une

(1) Voyez cependant Delamarre et Lepoitvin, *Traité de droit commercial*, t. VI, p. 402.

garantie spéciale que les législateurs présentaient eux-mêmes comme ayant toute la force de l'action en résolution (1), qu'était-il besoin d'un refus formel? Celle-ci était virtuellement mais nécessairement exclue. S'il a frappé d'une interdiction directe le privilége et la revendication de l'art. 2102, c'est qu'il ne remplaçait ces sûretés par aucune autre; au contraire, en introduisant la revendication de l'art. 576, il modifiait l'action résolutoire, et, par suite, la contradiction dans laquelle l'application de l'art. 1654 se trouvait avec le droit exceptionnel des faillites, le dispensait d'écarter, par une défense expresse, le bénéfice existant *jure communi*. Du reste, à supposer même que tel ne soit pas l'esprit de l'article 550, cela ne prouverait pas que la revendication de l'art. 2102 fût une véritable résolution. Tout ce qu'il en résulterait, ce serait une lacune dans le texte; sans doute c'est là un expédient dangereux, mais il paraîtra légitime en l'espèce, si on prend en considération cette circonstance, d'ailleurs bien favorable, que les législateurs de 1838 ne connaissaient pas l'ingénieuse solution de M. Vuatrin, et qu'en acceptant les idées alors dominantes en pratique, ils ne se sont pas rendu compte de la valeur attribuée au mot revendication dans l'article 2102.

(1) V. Rapport de M. Tripier au nom de la 2me commission de la Chambre des pairs.

TABLE DES MATIÈRES.

DROIT ROMAIN.

NOTIONS PRÉLIMINAIRES.

DES EFFETS DE LA CONDITION DANS LES ACTES JURIDIQUES.

DU PACTE COMMISSOIRE.

PRINCIPES GÉNÉRAUX.

DROIT FRANÇAIS.

PREMIÈRE PARTIE.

JURISPRUDENCE ANTÉRIEURE AU CODE NAPOLÉON.

INTRODUCTION.

DE LA RÉSOLUTION POUR INEXÉCUTION DES CHARGES DANS L'ANCIEN DROIT.

DE LA RÉSOLUTION DE LA VENTE

POUR DÉFAUT DE PAIEMENT DU PRIX DANS L'ANCIEN DROIT FRANÇAIS.

SECONDE PARTIE.

DROIT FRANÇAIS MODERNE.

NOTIONS GÉNÉRALES.

DU DROIT DE RÉSOLUTION

ACCORDÉ AU VENDEUR NON PAYÉ.

APPENDICE.

FIN DE LA TABLE.

www.ingramcontent.com/pod-product-compliance
Ingram Content Group UK Ltd.
Pitfield, Milton Keynes, MK11 3LW, UK
UKHW020319200726
13857UKWH00001B/219

9 782011 953452